DITAN ZHENGCEXIA
GONGYINGLIAN YUNYING BOYI JI XIETIAO YANJIU

低碳政策下供应链运营
博弈及协调研究

向小东　◎著

中国财经出版传媒集团

经济科学出版社
Economic Science Press

·北京·

图书在版编目（CIP）数据

低碳政策下供应链运营博弈及协调研究/向小东著.
北京：经济科学出版社，2024.10. -- ISBN 978 - 7 - 5218 -
5964 - 5

Ⅰ. F252.1

中国国家版本馆 CIP 数据核字第 2024UA5678 号

责任编辑：李　雪　高　波
责任校对：王京宁
责任印制：邱　天

低碳政策下供应链运营博弈及协调研究
向小东　著
经济科学出版社出版、发行　新华书店经销
社址：北京市海淀区阜成路甲 28 号　邮编：100142
总编部电话：010 - 88191217　发行部电话：010 - 88191522
网址：www. esp. com. cn
电子邮箱：esp@ esp. com. cn
天猫网店：经济科学出版社旗舰店
网址：http：//jjkxcbs. tmall. com
固安华明印业有限公司印装
710 × 1000　16 开　20.5 印张　250000 字
2024 年 10 月第 1 版　2024 年 10 月第 1 次印刷
ISBN 978 - 7 - 5218 - 5964 - 5　定价：90.00 元
（图书出现印装问题，本社负责调换。电话：010 - 88191545）
（版权所有　侵权必究　打击盗版　举报热线：010 - 88191661
QQ：2242791300　营销中心电话：010 - 88191537
电子邮箱：dbts@ esp. com. cn）

前　　言

　　低碳政策下供应链运营博弈及协调是供应链管理领域的重要内容，是近几年管理科学研究领域的热点问题之一。在此背景下，本书首先阐述了各种低碳政策下供应链运营博弈及协调的研究现状，并指出了相关研究存在的不足。在此基础上，分三大部分展开具体研究：一是考虑制造商、零售商组成的二级供应链成员不同的权力结构，且政府作为最优低碳政策制定者关注更全面的社会福利，分别研究了碳税政策、碳补贴政策、碳限额与交易政策下，政府、制造商、零售商在短期一次性博弈时各博弈方的最优决策及整个系统的集中决策，在此基础上分别给出了各低碳政策下系统集中决策的利润分配方法。二是考虑供应商、制造商、零售商组成的三级供应链成员不同的权力结构，分别研究了碳税政策、碳补贴政策、碳限额与交易政策下供应商、制造商、零售商在短期一次性博弈情形时各博弈方的最优决策及三级供应链集中决策，在此基础上分别给出了各低碳政策下三级供应链的协调方法。三是对于供应商、制造商、零售商组成的三级供应链，分别研究了碳限额与交易政策、碳税政策、碳补贴政策下供应商、制造商、零售商在长期博弈关系中的最优决策及三级供应链长期关系中的集中决策，在此基础上分别给出了各种低碳政策下三级供应链长期关系中集中决策的利润分配方法。

　　本书可供经济、管理类高年级本科生、研究生及相关教师阅读，也可作为供应链管理和生产运作管理业界人士的参考书。

目　　录

第1章

绪　　论

1.1　研究背景

近年来，随着二氧化碳等温室气体排放量的增加和气候相对不利的变化，人类社会的生存和可持续发展受到了一定程度的威胁，许多国家纷纷采取措施以减少温室气体的排放。其中，碳税政策、碳补贴政策、碳限额与交易政策等就是常见的国际社会促进减排的重要政策措施。同时，由于各国政府大力开展气候变化宣传教育，倡导低碳消费，促使消费者低碳环保意识逐渐增强，对低碳产品愿意支付更高的价格或表现出更强的需求偏好。在此背景下，许多企业将减排纳入企业的运营决策中。无论在理论上还是现实里，企业的运营决策与其所在的供应链上下游企业的运营决策相互影响，存在博弈关系。同时，必须有效地解决供应链上下游企业间的协作问题，才能更好地推进减排工作。因此，从供应链的视角进行减排运营研究才能实现减排的最终目标。在此背景下，与政府各种低碳政策相关的供应链企业运营博弈及供应链协调成为近期管理科学研究领域的热点问题之一，许多学者对其进行了研究。

1.2 国内外研究现状及评述

1.2.1 低碳政策下二级供应链运营短期博弈研究

1.2.1.1 碳税政策下供应链运营博弈研究

以低碳化供应链为背景，李媛和赵道致（2013）分析了政府征收碳税对企业减排行为的影响，建立了政府及企业间的行为决策博弈模型。熊中楷等（2014）研究了由一个制造商与两个零售商组成的供应链及由两个制造商与一个零售商组成的供应链中碳税和消费者环保意识对制造商单位碳排放量、供应链成员利润的影响。张汉江等（2015）在政府征收碳税条件下建立了供应链无减排研发、制造商单独减排研发，以及供应商与制造商合作减排研发三种博弈模型，比较了不同情形下的供应链成员利润及减排量。基于经济订货批量（EOQ）模型，以一个两阶段的供应链系统为研究对象，李剑和苏秦（2015）研究了碳税政策对供应链上、下游企业决策的影响，进而对碳税政策实施及企业之间的合作等问题进行了探讨。在政府碳税外生条件下，甘秋明和赵道致（2015）建立了供应商与制造商减排研发成本分摊合作模型，分析了合作的条件及企业减排决策的相互影响。夏良杰等（2015）在政府征收碳税情形下，分析了供应商和占主导的制造商基于转移支付契约的供应链联合减排问题，比较了不同参数对供应商和制造商减排量及利润的影响。在消费者具有低碳偏好，政府对非减排企业征收碳税并对减排企业进行转移支付情形下，杨仕辉和范刚（2016）研究了占主导的供应商和制造商的两级供应链低碳减排问题，得出了供应链企业的最优减排量、最优产量和最优利润。程永伟和穆东（2016）设计了碳税无返还、碳税返还消费者、碳税返还零售商及向制造商、零售商共同征税四种供应链碳税模式，比较了四种碳税模式对供应链的产品定价、生产能力、减排努力、利润及碳排放强度的影响。在政府作为博弈参与人征收碳税背景下，魏守道和周建波（2016）构建了上下游企业组成的两级供应链博弈模型，从低碳技术研发水平、企业利润和碳排放总量方面研究了供应链低碳技术研发的策略选择。在考虑碳税和消费者低碳意识情形下，熊榆和罗青林（2016）分别分析了分散式供应链、成本分担和成本分担下纳什讨价还价模型三种不同情况下制造商和零售商的最优生产决策。零售市场在垄断和竞争两种情形下，周艳菊等（2017）比较研究了政府、制造商、零售商各个博弈参与方各自的最优决策，碳税在市场参与者间的转嫁和重新分配，以及消费者环保意识和二氧化碳价格等因素对均衡决策和社会福利的影响。在政府征收碳税和消费者低碳偏好情形下，程茜等（2018）建立了完全自利、零售商具有利他偏好和制造商具有利他偏好的供应链定价和减排博弈模型，分析了利他偏好属性对供应链成员决策的影响。

另外，陈旭和郝刚（Chen Xu & Hao Gang，2015）的研究表明，征收碳税会提高产品零售价格，且高效率企业的减排量和碳排放减少百分比都低于低效率企业。在供应商驱动的二级供应链中，白兰等

（Lan Bai et al.，2018）提出了基于消费者碳敏感度和碳税政策的分散和集中决策条件，且分析表明当碳税高于临界值时，碳减排量将减少，所以应适当征收碳税。在多层次供应链网络竞争的背景下，余敏等（Min Yu et al.，2019）研究了不同的排放税政策和产品差异对竞争性公司产品需求、价格、总排放量和总体利润的影响。在碳排放税条件下，对单一产品的单链系统和两个可替代产品具有竞争的双链系统，余伟等（Wei Yu et al.，2020）分别研究了由制造商、零售商组成的供应链集中和分散渠道结构下企业利润、产品污染排放量、消费者剩余和社会福利的变化情况。

1.2.1.2 碳补贴政策下供应链运营博弈研究

李友东和赵道致（2014）构建了制造商、零售商的纳什（Nash）博弈及斯塔克伯格（Stackelberg）博弈，分析了低碳研发成本分摊系数和政府低碳补贴等对供应链低碳化研发投入的影响，得出不同博弈形式下供应链成员低碳研发合作和政府补贴策略。基于消费者的购买意愿，夏西强（2017）建立了低碳产品制造商与普通产品制造商的博弈模型，分析了政府补贴和政府宣传对低碳产品、普通产品的单位零售价格、销售量、销售利润及环境的影响。为研究政府补贴消费者情况下的多产品供应链碳减排优化，考虑制造商和零售商构成的多产品供应链，俞超等（2018）运用 Stackelberg 博弈理论，分别构建了制造商和零售商在无政府补贴和政府补贴消费者时的博弈模型，求解得到了企业最优碳减排率、批发价和零售价。考虑两个制造商和一个零售商组成的供应链系统，胡培和代雨宏（2018）研究了制造商不同低碳产品定价策略下的消费者行为及政府补贴对制造商低碳产品竞争策略的影响。研究发现，政府提供足够补贴能提升市场中低碳产品的产量，同时降低整个供应链的碳排放。为了研究不同市场权力结构对低碳技术创新策略的影响，在政府对消费者购买低碳产品进行补贴的条件下，俞超等（2019）分别构建了以低碳产品制造商为主导、以普通产品制造商为主导及无市场主导模式下的博弈模型，得到了各制造商的最优策略。基于消费者策略行为，张艳丽等（2017）建立了无政府补贴、政府补贴给绿色产品制造商、政府补贴给绿色消费者三种情况的绿色供应链决策模型，分析了政府补贴对绿色产品制造商、普通产品制造商及零售商决策变量的影响。针对两级供应链中制造商主导、零售商追随的情境，杨仕辉等（2016）构建了 Stackelberg 博弈模型，分析了制造商和零售商在碳补贴政策下进行的生产和碳减排决策，以及制造商与零售商在竞争、半一体化和一体化三种情况下的碳减排效果。考虑技术溢出水平、产品水平差异与垂直质量差异，邓若冰和吴福象（2017）探讨了在不同研发模式下，企业研发投入决策和政府最优补贴政策，且发现政府补贴政策有利于提高企业研发投入的积极性与社会福利水平。为了研究低碳供应链减排合作的政府补贴问题，李友东等（2014）分别构建了纳什博弈、斯塔克尔伯格博弈和供应链集中决策三种模型，分析了企业的最优减排成本投入和政府的最优补贴率，并进一步讨论了政府补贴行为和企业选择减排合作行为之间的互动行为。考虑一个低碳产品制造商、一个普通产品制造商和一个零售商组成的供应链，朱庆华等（2014）比较了政府补贴给低碳产品制造企业和补贴给购买低碳产品的消费者两种情形，分析了政府补贴对博弈参与方决策变量的影响。郑月龙等（2023）考虑由制造商和零售商构成的两级供应链，引入政府碳减排补贴比例，区分无契约、成本分担契约及收益共享契约三种情形，以解决制造商和零售商之间是否签订契约或应该签订哪种契约的选择问题，揭示了谈判势力对供应链双方契约选择的影响。

另外，曲少建和周永义（Shaojian Qu & Yongyi Zhou，2017）应用报童模型研究了由制造商与占主导的零售商组成的供应链信息共享问题，发现政府通过给予低碳产品补贴，能诱导供应链实现最优运作。针对制造商和零售商组成的供应链，陈仁义等（Jen – Yi Chen et al.，2019）研究了单位生产补贴和创新努力补贴两种情形下政府的最优补贴金额。考虑到不同消费者的效用，引入替代消费者对过时产品的价值评估，将替代补贴分为低补贴和高补贴两种情况，李波等（Bo Li et al.，2018）建立了制造商和零售商（传统零售商和电子零售商）之间的博弈模型，分析了双渠道供应链中政府的消费补贴和替代补贴对环境友好型产品的影响。针对政府补贴下考虑企业社会责任的零售商主导型供应链决策问题，刘勇等（Yong Liu et al.，2019）建立了一个由政府、主导零售商和 n 个供应商组成的三阶段 Stackelberg 博弈模型，分析了政府补贴与否对供应链成员利润、企业社会责任努力水平和社会福利的影响，且与非政府补贴相比，一定范围的政府补贴能够促进供应链成员承担企业社会责任，提高供应链整体绩效和社会福利。考虑政府的低碳补贴政策，蒲旭金等（Xujin Pu et al.，2018）设计了两供应链中的两制造商分别选择都生产普通产品、一个生产普通产品而另一个生产低碳产品（有两种情况）、都生产低碳产品四种情形来研究消费者低碳偏好对供应链产品选择策略和市场均衡的影响。

1.2.1.3　碳限额与交易政策下供应链运营博弈研究

谢鑫鹏和赵道致（2013）分析了供应链上下游企业在完全不合作、半合作、完全合作情况下的减排效果，讨论了企业在减排过程中的相互作用、碳交易价格对减排效果的影响及社会福利的比较等问题。在碳排放总量限制和排放交易政策约束下，赵道致等（2014）分析了由两个制造商和一个占主导地位的零售商组成的两级供应链中联合减排问题。在碳排放权限额与交易政策环境下，丁志刚和徐琪（2015）建立了供应链低碳技术投资时机决策的基本模型。在此基础上，构建考虑供应链内部合作的低碳技术投资博弈模型，重点讨论了供应链上下游企业在对投资时机与转移支付比例进行决策的均衡策略。在碳排放总量与交易机制下，考虑碳减排的投资成本效应、产品销量的碳减排效应及碳市场价格与碳排放总量之间的反向关系，郭继东和马书刚（2017）构建了供应链成员之间的 Stackelberg 博弈模型。在允许碳排放权交易且消费者低碳偏好信息不对称情形下，楼高翔等（2016）研究了制造商的减排技术投资策略和供应链激励机制设计问题。在碳交易规制下，夏良杰等（2018）研究了一个制造商和两个零售商组成的供应链减排与低碳推广决策及零售商对制造商的成本信息分享问题，得到了零售商对制造商分享成本信息的条件，以及不同情形下的制造商减排和零售商低碳推广策略。在碳限额与交易政策下，考虑政府不明确制造商技术创新目标信息（信息不对称）情况下，蔡东等（2019）对制造商低碳技术创新投资决策和政府的激励合约展开了研究。另外，纪静娜等（Jingna Ji et al.，2017）构建了制造商与零售商组成的二级供应链的 Stackelberg 博弈模型，分析了碳排放总量限制和排放交易及消费者低碳偏好下双渠道供应链成员的减排行为。

1.2.1.4　多种低碳政策下供应链运营博弈研究

李晓妮和韩瑞珠（2016）建立了制造商与零售商二级供应链博弈模型，分析了碳税和补贴政策对企业定价及减排策略的影响。为探究碳减排政策下消费者环保意识能否从供应链的需求端达到供应链减排的目的，周维良和杨仕辉（2018）建立了由制造商和零售商所组成的两阶段动态博弈模型，分析对比了碳排放总量控制、碳交易政策及碳税政策这三种碳减排政策下，产品初始碳足迹、碳减排政策与消费者低碳环保意识对供应链减排量和利润的影响。在碳税机制下，考虑政府补贴和消费者低碳偏好，鹿艳芬等（2018）分别构造了制造商层、零售商层、需求市场层的利润最大化表达式，进而得到在碳税和产品绿色度约束下的双渠道供应链网络均衡模型，利用变分不等式的改进投影收缩算法得到网络均衡解。以生产商及零售商组成的低碳供应链集中决策模型为基准，曹斌斌等（2018）研究了单一销售模式及双销售模式下政府价格补贴、一次性补贴、碳税等政策对低碳供应链决策的作用机制，分析了各政策对供应链产品定价及利润的影响。从供应链碳排放差异及其对消费者低碳偏好敏感性差异两个角度出发，王垒等（2020）构建了拥有一个线上直销渠道的制造商和一个零售商的集中决策异质双渠道供应链模型。在考虑碳价、碳税及补贴等三种不同碳政策复合的情境下，分析复合碳政策组合对异质双渠道供应链的减排效果，以及对供应链生产决策的影响。考虑消费者的低碳偏好和供应链上下游企业碳减排边际成本的差异，易明和程晓曼（2018）研究了在碳税、碳限额与碳交易、碳补贴三种情境下绿色供应链企业的最优产品定价、绿色创新策略及合作条件。在基于政府向终端产品收取碳税的政策下，考虑以一个制造商为主导者、供应商为追随者的供应链，孟卫军等（2018）构建三阶段政企博弈模型，对无政府补贴、投入补贴、减排量补贴三种情形进行了比较分析。

将政府作为参与人研究政府征税及补贴决策，肖九兵和陈彦明（Jiuh‑Biing Sheua & Yenming J. Chen，2012）建立了三阶段博弈模型，分析对比了无政府政策、仅有税收政策、仅有补贴政策、同时有税收和补贴政策的四种情况下，供应商、制造商组成的绿色供应链企业的产量、利润和社会福利。考虑碳税是外生变量，罗瑞玲和范体军（Luo Ruiling & Fan Tijun，2015）研究了不同类型的碳补贴政策对生产商、零售商组成的供应链成员最优决策的影响，发现碳减排补贴与产量补贴都是既有利于增加供应链成员的收益又有利于提高社会福利。在碳交易与碳税混合政策下，程永伟等（Yongwei Cheng et al.，2017）建立了供应商与制造商分别作为领导者的 Stackelberg 博弈模型、纳什博弈模型，研究了在减排目标约束下，混合碳政策对供应链价格、生产率、利润、碳减排率的影响，并进行了比较分析。考虑到政府规制的作用及政府与供应链成员的互动，西亚德·若佳·莫达尼和莫特扎·若迪巴左克（Seyed Reza Madani & Morteza Rasti – Barzoki，2017）采用博弈论理论研究了政府作为领导者，两个竞争性供应链作为跟随者的供应链定价、绿色化策略，以及政府对绿色产品的补贴、对非绿色产品征收税率的决策。对于分别生产两种可替代的绿色产品中的一种的两个制造商及一个零售商组成的供应链，考虑政府向零售商收取由顾客支付的税款并向制造商支付补贴/罚款，那福·南旦·吉瑞等（Raghu Nandan Giri et al.，2019）建立了政府和供应链成员之间的非线性双层互动模型，借助标准非线性求解器 LINGO 14.0 进行了求解及分析。尹星等（Xing Yin et al.，2020）从供应链的角度研究了政府政策的制定，发现在其他条件相同的情况下，如果消费者对产品绿色水平非常敏感，产品绿色化成本高，或者碳排放造成的负面影响大，政府应该采取税收政策，而不是补贴企业的政策。以绿色金融和碳限额与交易为特征，丛静等（Jing Cong et al.，2020）研究了由供应商、制造商组成的具有不确定性收益的资本约束低碳供应链最优策略。结果表明，对于初始排放水平较高的制造商来说，低碳补贴比绿色财政补贴更为有效；绿色金融可以增加碳排放总量控制与交易方案对中、低排放水平制造商的正面效应，但收益率的不确定性可以降低正面效应；对于高排放制造商而言，在收益率不确定的情况下，总量管制和交易对制造商碳减排的负面影响较小。

1.2.2 低碳政策下二级供应链运营短期博弈及协调研究

1.2.2.1 碳税政策下供应链运营博弈及协调研究

考虑政府对碳排放征税及消费者对低碳产品存在偏好，杨惠霄和骆建文（2016）研究了随机需求下，批发价契约及收益共享契约中占主导的生产商与零售商组成的供应链的碳减排决策问题，发现收益共享契约能够协调供应链。对于市场需求率为时变函数且依赖于当前库存水平和销售价格的情形，张玉忠和柏庆国（2017）建立了供应商、零售商组成的供应链分散决策与集中决策模型，分别利用两部收费契约、批发价格契约得出了供应链协调的条件。以生产商和零售商组成的二级供应链为研究对象，张李浩等（2017）构建了生产商采用碳减排技术前后供应链的收益模型，发现收益共享契约能有效地协调采用碳减排技术前后的供应链，同时分析了减排率、碳税及单位碳排放量对订货量、收益和契约参数的影响。对于占主导的制造商、零售商组成的二级供应链，单而芳和王艳（2017）分别建立了供应链分散决策模型与集中决策模型，在此基础上用夏普利（Shapley）值法进行合作利润的分配，实现了供应链的协调。

考虑消费者行为偏好，马娜和娄高翔（Na Ma & Gaoxiang Lou，2012）使用博弈理论研究了占主导的供应商与零售商组成的供应链在碳税条件下联合减排问题，发现批发价格契约可协调供应链。基于时尚行业的各种实践，蔡灿明（Tsan‐Ming Choi，2013）构建了由制造商与零售商组成的时尚供应链模型，分析了批发价合约、降价合约下，碳税对零售商的最佳采购选择及供应链协调的影响。以碳税政策为基础，考虑消费者的低碳偏好，杨世辉和于军（Shihui Yang & Jun Yu，2016）比较了制造商与零售商组成的供应链的两种分散的 Stackelberg 博弈和集中决策三种不同情形下的定价、减排和广告策略，然后利用纳什讨价还价模型，为双方合作时的额外利润分配提供了解决方案，从而达到供应链帕累托最优。在政府碳税政策下，对于制造商和零售商组成的二级供应链，高洪虎等（Honghu Gao et al.，2018）建立了全面合作、完全不合作和减排成本分担的三种博弈模型，在此基础上提出了一个纳什协商批发价格的协调契约，实现了供应链的完美协调。考虑一个由制造商和零售商组成的供应链，在政府的碳税政策下，杨慧晓和陈文波（Huixiao Yang & Wenbo Chen，2018）研究了零售商提供的单独分享收入、单独分担投资成本、与制造商分享收入及投资成本、两者都不分享四种激励方案对制造商碳减排努力和两企业盈利能力的影响，最后分析了供应链协调的可能性。在均值—方差框架及碳税政策下，白庆国等（Qingguo Bai et al.，2020）建立了有技术投资和无技术投资中占主导的制造商、零售商组成的供应链分散系统的两个优化模型及集中决策模型，提出了收益共享契约和两部制契约。结果表明，前者不能协调供应链，后者只有在零售商规避风险的情况下才能协调供应链。

1.2.2.2 碳补贴政策下供应链运营博弈及协调研究

低碳经济背景下，考虑到市场上低碳产品和普通产品并存的情况，以两个制造商和一个零售商组成的供应链系统为研究对象，徐春秋等（2014）研究了低碳产品和普通产品的差别定价问题，在此基础上采用 Shapley 值法进行了供应链协调分析。针对占主导的制造商、零售商组成的低碳二级供应链，杨仕辉和付菊（2015）分别建立了有无政府对消费者补贴的分散决策模型和集中决策模型，采用罗宾斯坦（Rubinstein）讨价还价模型设计了使供应链协调的契约机制，实现了供应链的协调。对于由供应商主导的二级供应链，基于政府低碳价格补贴及改进的报童模型，分别针对单独补贴和同时补贴的情形，刘超和慕静（2016）建立了分散决策时的 Stackelberg 博弈模型和集中决策模型，发现同时补贴两个节点企业时供应链趋于协调，且优于只补贴其中一个企业的情形。考虑消费者低碳偏好和政府给予制造商碳减排投入总费用补贴、政府给予制造商单位产品碳减排量补贴两种模式，曹细玉等（2017）构建了两种碳减排补贴模式下的供应链博弈模型，研究发现在两种碳减排补贴模式下采用收益共享契约及成本分摊或补贴分享的策略可实现供应链协调。为了探讨占主导的制造商、零售商组成的二级低碳供应链选择集中决策时，政府究竟应该制定补贴制造商还是补贴消费者的政策来实现更好的政策效果，杨仕辉等（2017）建立了政策优化决策博弈模型，采用罗宾斯坦讨价还价模型求得了供应链协调的均衡解，同时发现两种政策各有所长，没有绝对优劣之分。针对由一个制造商与一个零售商构成的供应链，在考虑制造商与零售商共同绿色努力的基础上，曹裕等（2019）比较分析了无补贴策略、制造商补贴策略与零售商补贴策略三种单一补贴策略对供应链决策的影响，并进一步分析政府外部协调补贴策略与供应链内部协调补贴策略对供应链最优决策的调节作用。江佳秀等（2022）考虑制造商和一个具有企业社会责任的零售商组成的供应链，研究了政府碳补贴和企业社会责任对供应链减排策略的影响，表明碳补贴和企业社会责任实施水平都会促进减排并提高供应链整体绩效，且成本分担契约能协调供应链。

为了研究政府补贴在制造商与零售商组成的低碳供应链中的作用，考虑制造商在生产过程中产生碳排放，零售商在产品流通过程中产生碳排放，徐琦和肖丽君（Xu Qi & Xiao Lijun，2016）提出了低碳技术补贴和回收补贴两种政策下的两阶段博弈模型（在第一阶段政府制定补贴政策，在第二阶段供应链企业同时采取碳减排决策），获得了两种补贴政策下的最优补贴策略，发现两种补贴策略可以实现供应链协调。在政府直接向消费者提供补贴及产品需求为凸函数条件下，马克西姆·C. 科恩等（Maxime C. Cohen et al.，2016）研究了产品需求不确定性对各个博弈参与者的影响，发现政府对消费者补贴政策可以协调供应链企业的销售价格和生产水平。在政府补贴和消费者环保意识增强的背景下，詹士林等（Shilin Zhan et al.，2018）建立了制造商和零售商组成的二级供应链分散和集中决策模型，分析了消费者绿色敏感度对产品定价、绿色度等决策变量的影响，设计了供应链收益共享契约来协调分散决策模式下的供应链收益。对于占主导的制造商、零售商组成的供应链，石秀田等（Xiutian Shi et al.，2020）探讨了政府直接和间接补贴在减少碳排放总量方面的有效性，并研究了两部制关税、收入共享和讨价还价合同下的供应链协调问题。研究发现，只有讨价还价契约才能协调供应链，当制造商的讨价还价能力在一定范围内时，供应链才能实现帕累托改进。

1.2.2.3 碳限额与交易政策下供应链运营博弈及协调研究

在碳总量限制和排放交易政策下，假定产品市场需求受减排率影响，赵道致等（2014）研究了由制造商和占主导的零售商组成的供应链的协调问题，设计了由零售商驱动的收益共享契约进行供应链协调，实现了供应链系统帕累托（Pareto）改进。在政府采用总量限制与交易方式对制造企业碳排放进行规制情况下，李媛和赵道致（2016）建立了由制造商和占主导的零售商构成的单周期二级供应链集中决策与分散决策模型，分析了收益共享的寄售契约实现供应链协调的条件。在碳限额与交易政策下，考虑供应商主导、制造商跟随的二级供应链模型，杨仕辉和王平（2016）比较了分散决策、集中决策和收益共享契约下低碳供应链的经济效应，发现收益共享契约可以实现供应链协调。为了研究当上游制造商面临碳交易机制而采取碳减排行动，从而使下游制造商的生产成本上升的冲突型二级供应链的协调问题，蔡立燕等（2016）考虑了分散决策、集中决策、生产成本共担和减排收益共享四种情形，发现单一的生产成本共担契约或者减排收益共享契约无法实现供应链参与约束，更无法达到激励相容约束，故而该供应链难以实现协调。在碳限额与交易机制下，考虑供应商与占主导的制造商组成的二级供应链，采用 EOQ 库存模型，支帮东等（2017）构建了供应链成员企业碳减排的 Stackelberg 博弈模型，得出了理论最优碳减排策略。进一步分析发现，联合决策有助于促进碳减排并提升供应链整体绩效，并且成本共担契约可实现供应链的协调。

在总量管制与交易环境下，对于一个排放依赖制造商和一个排放许可证供应商组成的排放依赖型供应链，杜少甫等（Shaofu Du et al.，2013）研究了排放上限对相关排放依赖型供应链内决策的影响及社会福利分配公平性，发现在一定条件下，制造商和供应商有空间协调供应链以获得更多的利润。对于占主导的制造商与零售商组成的二级供应链，在允许排放权交易前提下，娄高翔等（Gaoxiang Lou et al.，2015）建立了减排投资 Stackelberg 博弈模型、减排投资集中决策模型，以及收益分享合约下的供应链协调模型。在碳限额与交易政策环境下，曹建等（Jian Cao et al.，2016）建立了以制造商为领导者，以零售商为跟随者的 Stackelberg 博弈模型，研究发现收益共享契约可以协调供应链。在碳排放总量限制及交易政策下，徐建腾等（Jianteng Xu et al.，2016）研究了由供应商主导、制造商跟随的二级低碳供应链系统的决策与协调问题，分析发现两部收费制合约能实现完美的供应链协调。在碳排放总量限制和排放交易政策下，对于制造商与零售商组成的二级供应链，蒋文和陈旭（Wen Jiang & Xu Chen，2016）研究了以制造商为领导者的 Stackelberg 博弈模型，以及二者的集中决策模型及供应链系统的协调问题。在碳限额与交易政策下，考虑消费者的低碳偏好，以制造商和零售商组成的二级供应链为研究对象，王钦鹏等（Qinpeng Wang et al.，2016）分别建立了零售商主导和权力平衡情形下的供应链碳减排博弈模型，设计了成本分担和批发价格溢价合约来协调供应链。在排放交易环境下，尼昆贾·默罕·默达克等（Nikunja Mohan Modak et al.，2018）研究了一个考虑制造过程中温室气体排放成本的制造商、零售商组成的供应链模型，对分散决策和集中决策的利润函数进行了分析和比较，并采用收益共享契约和非对称纳什谈判策略解决渠道冲突，实现渠道成员之间的剩余利润共享。

1.2.2.4　多种低碳政策下供应链运营博弈及协调研究

通过引入政府补贴、碳限额与交易两个政策变量，张学龙等（2016）构建了碳市场、企业、消费者三维交易模式，比较了占主导的制造商与零售商组成的供应链 Stackelberg 博弈和集中决策模型的结果，利用

Shapley 值法分配了集中决策时的利润。在碳交易、碳税混合政策下，程永伟等（2017）建立了供应商、制造商组成的供应链减排博弈模型，考虑供应商独立减排和供应链一体化共同减排两种情境下，混合碳政策对供应链定价、产能、减排率等的影响，并引入优先采购协议和碳排放约束 – 收益共享契约对供应链实施协调。在考虑碳税和政府补贴政策情形下，基于产品价格不变假设，庞庆华等（2017）研究了需求受消费者低碳偏好影响的供应链碳减排契约协调问题，给出了收益共享契约实现供应链碳减排协调所需的必要条件及系统最优减排量、最优订购量的确定方法。考虑碳税政策和政府对制造商的碳减排技术创新投入补贴，曹细玉和张杰芳（2018）构建了制造商、零售商组成的供应链博弈模型，根据协调条件给出了相应的成本分担与收益共享契约参数，得到了最优碳减排量和最优订货量。为了研究碳限额及交易下考虑低碳补贴和零售商低碳宣传的双渠道供应链联合减排策略问题，曹细玉等（2022）考虑一个制造商和一个零售商组成的双渠道供应链，建立了四类决策模型，分析了双渠道供应链协调条件。

将占主导的供应商、零售商组成的二级供应链作为研究对象，杨磊等（Lei Yang et al.，2014）建立了基本模型（无碳配额约束，碳排放成本不考虑），碳排放模型（考虑碳排放成本，付费排放模型），碳减排交易模型（有配额，即配额与交易模型），碳税模型四种不同情形下的博弈模型，每种情形下设计了单位批发价数量折扣合约协调机制。在非对称碳信息下，考虑碳排放交易、碳税、碳配额和碳税相结合三种政策，杨磊等（Lei Yang et al.，2016）研究了占主导的制造商、零售商组成的供应链成员的谎报行为及对供应链性能的影响，设计了收益共享契约来协调供应链，给出了可使供应链利润最大、最优的契约参数。综合考虑政府碳税和补贴政策，易余胤和李金喜（Yuyin Yi & Jinxi Li，2018）通过 Stackelberg 博弈模型分析了制造商、零售商组成的供应链合作减排策略，发现节能成本分担合同和碳减排成本分担合同不能实现供应链的完美协调，且补贴政策降低了供应链的协调效率，而碳税政策对协调效率的影响依赖于初始碳排放水平。对于制造商、零售商组成的供应链，易余胤和李金喜（Yi Yuyin & Li Jinxi，2018）研究了政府碳税和节能产品补贴对供应链企业经营决策的影响。研究表明，政府的节能产品补贴刺激了碳排放和能源消费的减少，但碳税并不总是如此，政府应该根据制造商的污染水平对其征收碳税。此外，为了保证供应链成员之间的合作，他们还提出了碳成本分担合同，实现了供应链帕累托改进。

1.2.3 低碳政策下三级供应链运营短期博弈研究

在政府补贴政策下，樊世清等（2017）构建了供应链企业单独减排纳什均衡博弈，占主导的供应商对制造商减排成本进行分担且零售商单独进行减排的 Stackelberg 博弈，零售商和供应商均对制造商减排成本进行分担三种减排博弈模型，求解得到了不同减排模式下，包括成本分担率和减排量在内的供应链最优决策。在政府碳税和补贴政策下，龙超和王勇（2018）研究了制造商、零售商、运输商组成的三级供应链合作减排问题，发现供应链成员完全合作时，各企业的减排效果更显著。在消费者对低碳产品具有偏好和碳排放权可交易的背景下，对于以制造商为领导者，第三方物流企业和零售商为追随者的三级供应链，王勇和龙超（2019）分别建立了分散决策、协调决策、集中决策下的减排模型，并进行了比较分析。考虑制造商的生产过程和运输商的运输过程都产生碳排放，建立一条由制造商、运输商与零售商组成的三级供应链，张云丰等（2023）运用 Stackelberg 博弈和 Nash 博弈分析了三级供应链在碳税政策下的最优碳减排、产品定价、系统利润与社会福利等关键指标的状态。在碳总量约束下，孙业良等（Yeliang Sun et al. , 2016）研究了最下游公司占主导的上中下游三家公司组成的供应链 Stackelberg 博弈，讨论了供应链最优产量和减排决策问题。

1.2.4　低碳政策下二级低碳供应链减排运营微分博弈研究

在碳交易和消费者具有低碳偏好的环境下，刘名武等（2018）建立了二级供应链低碳技术减排投入与合作的微分博弈模型，得到了实现双赢的低碳技术特征条件。在碳交易政策及一些假设条件下，以两个供应商和两个制造商组成的二级供应链为研究对象，考虑各企业研发竞争、水平合作研发、垂直合作研发和全面合作研发四种减排研发形式，魏守道（2018）构建了相应的微分博弈模型，从碳排放存量、供应商的利润、制造商的利润及供应链的总利润四个方面，比较了不同减排研发形式的效果，得到了供应链减排研发的动态策略。在产品需求受碳排放量和零售商低碳宣传努力的共同影响下，考虑政府对制造商采取奖惩措施，王道平和王婷婷（2020）建立了制造商、占主导的零售商组成的二级供应链微分博弈模型及集中决策模型，分析了政府奖惩力度对产品碳排放量的影响。在占主导的制造商、零售商组成的二级供应链中，考虑碳税政策和参考碳排放，王君等（2021）在收益共享条件下构建了 Stackelberg 微分博弈模型，分析了制造商的行为选择对参考碳排放、碳排放和定价策略以及双方利润的影响。采用微分博弈方法，考虑在政府对制造商提供减排成本补贴，且对零售商提供促销成本补贴的基础上，王道平和王婷婷（2021）研究了由制造商和零售商组成的供应链长期合作减排与促销的动态优化问题。在政府碳补贴政策下，考虑技术的时滞效应，卓四清和韩雪（2022）构建了政府、制造商和零售商的微分博弈模型，在分散决策下分析了制造商采用远视策略和短视策略时各方的最优决策，并将结果与集中决策下的对应情形进行了比较分析。在政府决定最优补贴比例情形下，卓四清和韩雪（2023）研究了由一个制造商和两个相互竞争的零售商组成的低碳供应链在集中决策、零售商横向合作、供应链纵向合作和分散决策下的动态最优决策，比较了不同合作方式的结果，讨论了竞争对最优决策的影响。

在制造商不分担供应商的减排成本，也无政府奖惩；政府对制造商进行减排奖惩；政府对制造商进行奖惩的同时，制造商分担部分供应商的减排成本三个渐进环境规制情况下，祖亚飞等（Yafei Zu et al.，2018）利用 Stackelberg 主从微分博弈研究了占主导的制造商和供应商组成的二级供应链低碳策略。假设供应商面对价格依赖性需求，在库存能力的约束下制定价格和生产率，然后制造商评估供应商的采购价格和排放率，制定其产品的销售价格，马欣等（Xin Ma et al.，2018）建立了碳税环境下的供应链微分博弈模型，得到了博弈的开环均衡和马尔可夫纳什均衡，分析了碳税对供应链动态定价的影响。在碳减排补贴及碳排放贸易政策下，侯强和孙佳怡（Qiang Hou & Jiayi Sun，2020）采用微分博弈研究了制造商和零售商组成的二元供应链的动态减排技术投资决策问题，对分散决策、协调决策、集中决策、社会福利最大化四种不同的决策情况进行了比较分析。在碳配额制度和成本补贴政策下，对于制造商和零售商组成的二级供应链，余珊等（Shan Yu et al.，2020）建立了政府、制造商和零售商渐进式

Stackelberg 微分博弈模型，得到了政府、供应链和消费者的均衡策略，以及减排、利润和社会福利的动态路径。在碳限额政策下，考虑到减排技术的滞后性和消费者的低碳偏好，孙立成等（Licheng Sun et al.，2020）建立了供应商、占主导的制造商组成的二级供应链 Stackelberg 微分博弈和集中决策模型，并从碳排放转移、单位产品减排、供应链利润等方面进行了比较分析。

1.2.5　低碳政策下二级低碳供应链运营微分博弈及协调研究

在碳税政策下，基于消费者效用和微分博弈理论，叶同等（2018）研究了占主导的制造商和跟随的零售商组成的二级供应链中普通产品和低碳产品的差异化定价，制造商关于低碳产品的减排策略问题，发现收益共享和成本分担混合契约可以实现供应链的完美协调。为了研究供应链长期动态合作减排和政府补贴策略问题，王道平等（2019）将产品的减排量作为状态变量，分别构建了供应商、制造商组成的二级供应链微分博弈及集中决策模型，通过引入成本分担契约，实现了供应链成员利润的帕累托改善。在低碳和回收补贴政策下，考虑一个主导制造商和一个零售商组成的二级供应链系统，将低碳商誉水平作为状态变量，朱晨等（2023）构建了非协同和协同情形下的微分博弈模型，并设计了利润共享—低碳宣传成本共担的协调机制。

1.2.6　其他相关研究

除上述内容外，与本主题相关的其他研究还有很多。比如，低碳政策下从单主体决策而非博弈角度研究供应链整体利润最大或整体成本最小的供应链优化问题（陈玲丽等，2017；Krishnendu Shaw et al.，2016），此类文献通过建立多目标或单目标供应链优化模型进行理论分析及数值模拟，有的同时也研究模型新的求解算法。有的文献研究了供应链减排博弈或协调，但没有考虑政府的低碳政策的影响（王一雷等，2017；向小东和李翀，2019；Kening Liu & Huaming Song，2017；林志炳，2022）。有的文献属于低碳政策下的供应链运营博弈或协调范畴，但考虑的是闭环供应链的运营问题（程发新等，2019；Jianquan Guo et al.，2019）（此类文献也很多，但不是本书关注的主题，闭环供应链的主题可另外专门研究）。有的文献研究了低碳政策下的企业减排问题，但没有将供应链作为研究对象（李敏和刘青，2015；周建波和魏守道，2018）。有的文献在决策主体有限理性下应用演化博弈理论研究了供应链的有关决策问题（向小东和陈美燕，2011；付秋芳等，2016）。还有学者基于非完全自利假设（比如公平偏好、互惠偏好假设）研究了供应链减排相关的优化或博弈问题（石松等，2016；Liangjie Xia et al.，2018）。有的文献应用博弈理论研究了供应链合作伙伴选择及监督与激励问题（向小东，2010；Xiang Xiaodong & Li Mingyue，2010）。另外，在碳限额与碳交易机制下，为探讨整个供应链联合动态减排问题，秦立公和张勇（2022）引入时间偏好效用函数并构建了供应商、制造商、零售商三方微分博弈模型，对决策时间偏好一致与决策时间偏好不一致的三方价值等进行了数值仿真。由于本书主要关注博弈参与人完全理性情况下受低碳政策影响的供应链如何运营及如何协调的问题，故没有将本小节提到的前几类文献具体内容全面列入国内外研究现状中，特在此说明。

1.2.7 评述

由前述文献梳理可知，在博弈参与人完全理性情况下受低碳政策影响的供应链如何运营及如何协调的问题，国内外学者进行了大量研究，并取得了丰富的成果。尤其是低碳政策下二级供应链运营短期博弈、协调研究方面，成果相对最多。归纳整理相关成果可以发现，研究低碳供应链运营博弈时大多应用了 Stackelberg 主从博弈思想，少部分文献采用了供应链成员同时行动的纳什博弈；而研究供应链的协调时，契约设计主要涉及收益共享契约、成本共担契约、收益共享成本分摊契约、批发价格契约、两部收费制契约、基于 Rubinstein 讨价还价理论的契约、基于纳什讨价还价理论的契约、基于 Shapley 值的契约等。这些相关的成果无疑为现实中低碳供应链企业的运营、管理、发展，以及政府出台相应低碳政策提供了一定的理论指导与参考，也为低碳政策下供应链运营博弈、协调的进一步研究提供了基础与借鉴。但是，有关低碳政策下供应链运营的相关研究还存在一些明显的不足。

（1）已有研究大多应用了 Stackelberg 主从博弈思想，但供应链中哪个企业是主方、哪个企业是从方，各文献一般都是随意主观假定，没有对供应链各种权力结构下的结果进行充分的比较分析，更没有在比较分析的基础上给出相关的管理启示。

（2）无论供应链运营短期博弈还是长期微分博弈，在考虑低碳产品的市场需求时，不少文献只考虑了碳减排量或排放量等一个因素的影响。影响因素考虑不全面，使各种决策出现了一定的偏差。比如，李媛和赵道致（2016）、庞庆华等（2017）、曹细玉和张杰芳（2018）、王道平等（2019）学者的论文。

（3）一些文献将政府作为博弈参与人进行了低碳政策的优化，但在确定社会福利这一政府目标函数时，没有考虑消费者剩余，比如，周艳菊等（2017）、孟卫军等（2018）、王道平等（2019）学者的论文，最优政策并非"全局"意义上的最优。

（4）已有研究主要是低碳政策下二级供应链运营博弈、协调的内容，但更接近现实的低碳政策下三级以上的多级供应链运营博弈研究只检索到几篇文献，成果相对较少，且低碳政策下三级供应链的协调几乎没人研究过。

（5）已有研究主要是低碳政策下二级供应链运营短期博弈、协调的内容，而低碳政策下长期微分博弈及协调的研究成果较少，尤其是低碳政策下三级以上的供应链运营长期微分博弈及协调的研究几乎未见到。

（6）已有研究大多暗含的假设之一是低碳供应链成员具有博弈相关的完全信息，而现实中不完全信息才是常态，低碳政策下供应链运营不完全信息博弈、协调的研究明显不足。

1.3 本书的主要内容

针对相关研究存在的不足，本书拟按三大方面展开具体的研究。

（1）对于制造商、零售商组成的二级供应链，在供应链成员不同的权力结构下，政府作为最优低碳政策制定者参与博弈，分别研究了碳税政策、碳补贴政策、碳限额与交易政策下，政府、制造商、零售商在短期一次性博弈（含二级供应链合作与政府的博弈）时，各博弈方的最优决策及整个系统的集中决策，在此基础上分别给出了各低碳政策下的管理启示及系统集中决策的利润分配方法。

（2）对于供应商、制造商、零售商组成的三级供应链，在供应链成员不同的权力结构下，分别研究了碳税政策、碳补贴政策、碳限额与交易政策背景下供应商、制造商、零售商在短期一次性博弈时，各博弈方的最优决策及三级供应链集中决策，在此基础上分别给出了各低碳政策下的管理启示及三级供应链的协调方法。

（3）对于供应商、制造商、零售商组成的三级供应链，分别研究了碳限额与交易政策、碳税政策、碳补贴政策背景下，供应商、制造商、零售商在长期博弈关系中的最优决策及三级供应链长期关系中的集中决策，在此基础上分别给出了各低碳政策下三级供应链长期关系中，集中决策的利润分配方法及相应的管理启示。

1.4　本书的创新之处

（1）将政府作为博弈参与人进行各种低碳政策的优化时，考虑的社会福利包括供应链成员企业利润、消费者剩余、企业碳排放导致的环境损害及政府选择的低碳政策的收入或支出，扩展了相关文献中社会福利的范围，使政府制定的低碳政策成为更大范围内的更合理的最优政策；同时，在企业运营决策中考虑了产品市场需求更全面的影响因素，制造商、零售商组成的供应链各种权力结构，在此基础上提出了消费者的"损害"尽可能小、"内部单位产品的碳排放限额"值尽可能小等原则下的政府、制造商、零售商组成的系统协调时的利润分配模型。

（2）考虑产品市场需求受供应商原材料减排量、制造商产品减排量、产品零售价格的综合影响，在供应商、制造商、零售商组成的三级供应链成员企业不同的权力结构比较分析的基础上，给出了碳税政策下两部收费三级供应链协调契约（碳税政策下成本分担契约不能协调三级供应链）、碳补贴政策下两部收费三级供应链协调契约，以及碳限额与交易政策下供应商、制造商、零售商相互威慑讨价还价协调契约（碳限额与交易政策下两部收费契约不能协调三级供应链）。

（3）在碳限额与交易政策下，考虑产品需求受供应商原材料减排量、制造商产品减排量、零售商低碳宣传促销努力及产品零售价格的综合影响，研究了由供应商、制造商和零售商组成的三级供应链长期运营（微分）博弈问题及集中决策问题，给出了改进后满足个体理性的三级供应链多目标决策合作博弈利润协调方法。

（4）在碳税政策、碳补贴政策下，考虑产品需求受供应商原材料减排量、制造商产品减排量、零售商产品零售价的综合影响，建立了供应商、制造商、零售商组成的三级供应链长期减排分散决策模型（即微分博弈模型）及相应的集中决策模型，给出了供应链三方相互威慑讨价还价集中决策剩余利润协调分配方法。

第2章

最优碳税政策下供应链运营博弈及协调研究

针对第1章"评述"中的前三点不足之处，笔者将在第2~4章分别就碳税政策、碳补贴政策、碳限额与交易政策下同时考虑供应链权力结构，需求的多种影响因素，政府的较全面的社会福利等对相关研究进行完善、深化。

2.1 符号说明与模型假设

考虑一个制造商、一个零售商组成的产销二级供应链。制造商在产品生产过程中会产生碳排放，碳排放具有负外部性。为实现环境保护，政府对制造商按碳排放量进行征税。在政府征税及消费者低碳偏好条件下，制造商考虑进行生产减排。由于零售商在销售产品过程中碳排放量较少，因而不考虑零售商减排及征税问题。此处研究政府作为博弈参与人，确定碳税税率（每单位碳排放量的征税额），然后分别在制造商主导供应链、零售商跟随，零售商主导供应链、制造商跟随，制造商、零售商权力平衡，制造商、零售商合作进行集中决策，政府、制造商与零售商组成的系统集中决策等不同情形下探讨供应链运营博弈问题，并进行比较分析，在此基础上进行协调研究。

2.1.1　符号说明

δ 表示单位碳排放量征税额，是政府的决策变量。

e 表示单位产品减排量，是制造商的决策变量。

w_R 表示低碳产品批发成本基础上的加成价，是零售商的决策变量。

δ^*、e^*、w_R^* 表示相应决策变量的最优值。

e_0 表示未减排时单位产品的初始碳排放量。

c_M 表示制造商单位产品生产成本。

π_M、π_R、π_{MR}、π_G 分别表示政府、制造商、零售商博弈情形（即分散决策）时制造商、零售商的利润，供应链系统的总利润及政府所关注的社会福利；π_M^*、π_R^*、π_{MR}^*、π_G^* 表示相应符号最优值。

π_M^S、π_R^S、π_{MR}^S、π_G^S 分别表示供应链合作且与政府博弈情形时制造商、零售商的利润，供应链系统的总利润及政府所关注的社会福利；π_M^{S*}、π_R^{S*}、π_{MR}^{S*}、π_G^{S*} 表示相应符号最优值。

π_M^C、π_R^C、π_{MR}^C、π_G^C 分别表示政府、制造商、零售商合作情形（即集中决策）时制造商、零售商的利润，供应链系统的总利润及政府所关注的社会福利；π_M^{C*}、π_R^{C*}、π_{MR}^{C*}、π_G^{C*} 表示相应符号最优值。

2.1.2　模型假设

（1）零售商具有低碳偏好，产品的低碳度越高，愿意支付的价格越高。设产品批发价：

$$w_M = c_M + \Delta + k_1 e$$

其中，$\Delta > 0$ 为产品生产带来的价值增值，$k_1 > 0$ 为产品单位减排量对批发价的影响系数。在制造商减排的前提下，形式上，可将上式简化写为：

$$w_M = c_M + k_M e \qquad (2-1)$$

其中，$k_M > 0$ 可理解为融合了价值增值的新的产品单位减排量对批发价的影响系数。产品零售价设为：

$$p = w_M + w_R \qquad (2-2)$$

（2）参考现有文献（单而芳和王艳，2017；Fouad El Ouardighi & Konstantin Kogan，2013），将市场需求影响因素分为价格因素和非价格因素，因而假设：

$$D = D_0 + \theta_1 e - \theta_2 p$$

其中，D 为产品的市场需求；$D_0 > 0$ 为常数，表示产品的初始市场需求；$\theta_1 > 0$，$\theta_2 > 0$，分别表示单位产品减排量对产品需求的影响系数，消费者对产品价格的敏感系数。可以将消费者价格敏感系数标准化为 1，因而有：

$$D = D_0 + \theta e - p$$

将相关表达式代入需求函数可得：

$$D = D_0 - c_M + (\theta - k_M) e - w_R \qquad (2-3)$$

式（2-3）中的 $\theta > 0$ 可理解为新的单位产品减排量对产品需求的影响系数。

（3）制造商的减排成本是其减排量的凸函数，且产品减排对产品生产成本无影响（谢鑫鹏和赵道致，2013），同时根据单而芳和王艳（2017）、杨仕辉等（2017）、李敏和刘青（2015），可设定：

$$C_M(e) = 0.5\eta_M e^2 \qquad\qquad (2-4)$$

其中，$\eta_M > 0$ 为制造商减排成本系数。

（4）参考孟卫军等（2018）、蔡乌赶和李广培（2018）的做法，设碳排放对环境的损害与总的碳排放成正比，则有环境损害函数：

$$\Omega = k(e_0 - e)D = k(e_0 - e)\left[D_0 - c_M + (\theta - k_M)e - w_R\right] \qquad (2-5)$$

其中，k 表示碳排放对环境的损害系数，为大于 0 的常数。

（5）参考蔡乌赶和李广培（2018），消费者剩余 CS 为：

$$CS = \int_0^D p(D)\,dD - p(D)D$$

结合式（2-3）可得：

$$CS = \frac{D^2}{2} = \frac{\left[D_0 - c_M + (\theta - k_M)e - w_R\right]^2}{2} \qquad (2-6)$$

（6）政府、制造商、零售商都是风险中性的，且基于完全信息进行理性决策，不考虑产品缺货和产品库存积压问题，也不考虑零售商销售成本。

2.2 政府作为博弈参与人且制造商主导供应链的博弈分析

政府作为博弈参与人且制造商主导供应链的情形下，政府、制造商、零售商间构成一个三阶段博弈。博弈参与人的决策顺序为：首先，政府根据整个社会福利最大原则决定最优的碳税税率 δ（即单位碳排放量征税额）；其次，制造商进行产品生产并根据最大利润原则决定单位产品减排量 e（从而确定了产品批发价）；最后，零售商根据最大利润原则决定产品批发成本基础上的加成价 w_R （从而确定了产品零售价）。因此，由前述假设可得到制造商、零售商的利润函数分别为：

$$\pi_M = (k_M e - \delta e_0 + \delta e)[D_0 - c_M + (\theta - k_M)e - w_R] - 0.5\eta_M e^2 \qquad (2-7)$$

$$\pi_R = w_R[D_0 - c_M + (\theta - k_M)e - w_R] \qquad (2-8)$$

政府所关注的社会福利函数为：

$$\pi_G = \pi_M + \pi_R + CS + \delta(e_0 - e)D - \Omega$$

将相关表达式代入社会福利函数，可得：

$$\pi_G = (w_R + k_M e - k e_0 + k e)[D_0 - c_M + (\theta - k_M)e - w_R]$$
$$+ \frac{[D_0 - c_M + (\theta - k_M)e - w_R]^2}{2} - 0.5\eta_M e^2 \qquad (2-9)$$

需要说明的是，模型式（2-7）~式（2-9）中，各决策变量 e、w_R、δ 应满足非负约束；与许多其他类似文献做法一样，通常考虑这些决策变量的内部最优解（制造商单位产品减排量小于单位产品初始碳排放量）。没有特别说明的情况下，后面的这些决策变量进行了类似处理，不再赘述。

对前面的三阶段博弈，据逆向递推思想，首先求解零售商的决策问题。零售商的利润函数关于 w_R 的二阶导数为：

$$H_R = -2 < 0$$

此时零售商的利润函数是关于 w_R 的凹函数，故该函数存在最大值。

由零售商的利润函数关于 w_R 的一阶条件可得零售商对制造商的单位产品减排量 e 的最优反应函数为：

$$w_R = \frac{D_0 - c_M + (\theta - k_M)e}{2} \qquad (2-10)$$

由式（2-10）容易看出，当 $\theta > k_M$，制造商单位产品的减排量越大时，零售商在产品批发成本基础上的加成价 w_R 越大；而当 $\theta <$

k_M，制造商单位产品的减排量越大时，零售商在产品批发成本基础上的加成价 w_R 越小。

将式（2 - 10）代入制造商的利润函数式（2 - 7），则有：

$$\pi_M = \frac{(k_M e - \delta e_0 + \delta e)(D_0 - c_M + \theta e - k_M e)}{2} - 0.5\eta_M e^2 \qquad (2-11)$$

式（2 - 11）关于单位产品减排量 e 的二阶导数为：

$$H_M = (k_M + \delta)(\theta - k_M) - \eta_M$$

据 H_M，当

$$(k_M + \delta)(\theta - k_M) < \eta_M \qquad (2-12)$$

成立时，制造商的利润函数式（2 - 11）是关于单位产品减排量 e 的凹函数，故该函数在式（2 - 12）的条件下存在最大值。

由式（2 - 11）对 e 的一阶条件可得制造商对政府碳税税率 δ 的最优反应函数为：

$$e = \frac{(k_M + \delta)(D_0 - c_M) - \delta e_0(\theta - k_M)}{2\eta_M - 2(k_M + \delta)(\theta - k_M)} \qquad (2-13)$$

由最优反应函数式（2 - 13）发现，当碳税税率 δ 的值增加时，制造商的单位产品减排量 e 的变化方向具有不确定性，取决于式（2 - 13）中各参数的具体取值。

将式（2 - 10）、式（2 - 13）代入政府的福利函数式（2 - 9），可得：

$$\pi_G = \frac{(\theta - k_M)(k_M + 3\theta + 4k) - 4\eta_M}{8} \times \left[\frac{(k_M + \delta)(D_0 - c_M) - \delta e_0(\theta - k_M)}{2\eta_M - 2(k_M + \delta)(\theta - k_M)}\right]^2$$

$$+ \frac{(D_0 - c_M)(3\theta + 2k - k_M) - 2ke_0(\theta - k_M)}{4} \times \frac{(k_M + \delta)(D_0 - c_M) - \delta e_0(\theta - k_M)}{2\eta_M - 2(k_M + \delta)(\theta - k_M)}$$

$$+ \frac{(D_0 - c_M)(3D_0 - 3c_M - 4ke_0)}{8} \qquad (2-14)$$

由式（2-14）对 δ 的一阶条件，可以得到政府确定的最优的碳税税率（对一些经济、管理中较复杂的实际问题，根据经济意义应有最优解但难以给出充分条件时，至少应满足必要条件，且当必要条件下的局部解只有一个或只有一个解有意义时，此解通常就是经济意义下的最优解。如果必要条件下的局部解有多个，可通过比较局部解确定最优解。后文中的类似问题按类似思路处理，不再重复说明）。

$$\delta^* = \frac{\eta_M(D_0 - c_M)(6k_M - 6\theta - 4k) + 4\eta_M k e_0(\theta - k_M) + A_1}{4\eta_M e_0(\theta - k_M) - 4\eta_M(D_0 - c_M) - (\theta - k_M)^2(3D_0 - 3c_M) - A_2}$$

$$(2-15)$$

式（2-15）中，A_1、A_2 表达式为：

$$A_1 = k_M(\theta - k_M)^2(3D_0 - 3c_M - 4ke_0)$$

$$A_2 = (\theta - k_M)^2(3\theta + k_M)e_0$$

由式（2-15）可知，政府确定的最优的碳税税率受 η_M、D_0、c_M、k_M、θ、k、e_0 众多参数的影响，其表达式较复杂，各参数对最优的碳税税率的影响方向具有不确定性。

综合考虑式（2-15）、式（2-13）、式（2-10），有：

$$e^* = \frac{(k_M + \delta^*)(D_0 - c_M) - \delta^* e_0(\theta - k_M)}{2\eta_M - 2(k_M + \delta^*)(\theta - k_M)} \quad (2-16)$$

$$w_R^* = \frac{D_0 - c_M}{2} + \frac{(D_0 - c_M)(\theta - k_M)(k_M + \delta^*) - \delta^* e_0(\theta - k_M)^2}{4[\eta_M - (k_M + \delta^*)(\theta - k_M)]}$$

$$(2-17)$$

式（2-16）、式（2-17）中的 δ^* 由式（2-15）决定。

有了式（2-15）~式（2-17）后可得到制造商、零售商的最优利润及政府的最优社会福利分别为：

$$\pi_M^* = \frac{\left[\,(k_M + \delta^*)(D_0 - c_M) - \delta^* e_0(\theta - k_M)\,\right]^2}{8\left[\,\eta_M - (k_M + \delta^*)(\theta - k_M)\,\right]} - \frac{\delta^* e_0(D_0 - c_M)}{2}$$

$$(2-18)$$

$$\pi_R^* = \left\{\frac{D_0 - c_M}{2} + \frac{(D_0 - c_M)(\theta - k_M)(k_M + \delta^*) - \delta^* e_0(\theta - k_M)^2}{4\left[\,\eta_M - (k_M + \delta^*)(\theta - k_M)\,\right]}\right\}^2$$

$$(2-19)$$

$$\pi_G^* = \frac{(\theta - k_M)(k_M + 3\theta + 4k) - 4\eta_M}{8} \times \left[\frac{(k_M + \delta^*)(D_0 - c_M) - \delta^* e_0(\theta - k_M)}{2\eta_M - 2(k_M + \delta^*)(\theta - k_M)}\right]^2$$

$$+ \frac{(D_0 - c_M)(3\theta + 2k - k_M) - 2k e_0(\theta - k_M)}{4} \times \frac{(k_M + \delta^*)(D_0 - c_M) - \delta^* e_0(\theta - k_M)}{2\eta_M - 2(k_M + \delta^*)(\theta - k_M)}$$

$$+ \frac{(D_0 - c_M)(3D_0 - 3c_M - 4k e_0)}{8} \qquad\qquad (2-20)$$

其中，式（2-18）~ 式（2-20）中的 δ^* 由式（2-15）决定。此时，制造商与零售商组成的供应链的利润为：

$$\pi_{MR}^* = \pi_M^* + \pi_R^* \qquad\qquad (2-21)$$

考虑式（2-15），式（2-12）变为：

$$\frac{4\eta_M e_0(\theta - k_M)^2(k + k_M) - k_M(\theta - k_M)^3(k_M + 3\theta + 4k)e_0 + A_3}{4\eta_M e_0(\theta - k_M) - 4\eta_M(D_0 - c_M) - (\theta - k_M)^2(3D_0 - 3c_M) - A_4} < \eta_M$$

$$(2-22)$$

式（2-22）中，A_3、A_4 表达式为：

$$A_3 = \eta_M(D_0 - c_M)(\theta - k_M)(2k_M - 6\theta - 4k)$$

$$A_4 = (\theta - k_M)^2(3\theta + k_M)e_0$$

2.3 政府作为博弈参与人且零售商主导供应链的博弈分析

碳税政策环境及零售商主导供应链的情形下，政府、制造商、零售商三方的三阶段博弈的决策顺序为：首先，政府根据整个社会福利最大原则决定最优的碳税税率 δ；其次，零售商根据最大利润原则决定产品批发成本基础上的加成价 w_R；最后，制造商进行产品生产并根据最大利润原则决定单位产品减排量 e（从而确定了产品批发价）。

对政府、制造商、零售商作为参与人的三阶段博弈问题，根据逆向递推思想，先应求解制造商的决策问题。由式（2-7）关于 e 的二阶条件，得：

$$H_M = 2(\theta - k_M)(k_M + \delta) - \eta_M$$

显然，当 H_M 小于0，即：

$$2(\theta - k_M)(k_M + \delta) < \eta_M \tag{2-23}$$

成立时，制造商的利润函数关于变量 e 存在最大值。

由式（2-7）关于 e 的一阶条件，得出制造商对零售商加成价 w_R 的最优反应函数为：

$$e = \frac{(k_M + \delta)(D_0 - c_M - w_R) - \delta e_0(\theta - k_M)}{\eta_M - 2(\theta - k_M)(k_M + \delta)} \tag{2-24}$$

式（2-24）表明，加成价 w_R 值越大，制造商单位产品减排量越小。

将式（2-24）代入零售商的利润函数式（2-8），可得：

$$\pi_R = w_R \left[\frac{\eta_M(D_0 - c_M) - (D_0 - c_M)(\theta - k_M)(k_M + \delta) - \delta e_0(\theta - k_M)^2}{\eta_M - 2(\theta - k_M)(k_M + \delta)} \right.$$
$$\left. - \frac{\eta_M - (\theta - k_M)(k_M + \delta)}{\eta_M - 2(\theta - k_M)(k_M + \delta)} w_R \right] \tag{2-25}$$

式（2-25）对 w_R 二阶导数为：

$$H_R = -\frac{2\eta_M - 2(\theta - k_M)(k_M + \delta)}{\eta_M - 2(\theta - k_M)(k_M + \delta)}$$

考虑到式（2-23），H_R 小于0要求：

$$(\theta - k_M)(k_M + \delta) < \eta_M \tag{2-26}$$

即式（2-23）、式（2-26）成立时，式（2-25）关于变量 w_R 存在最大值。

由式（2-25）关于变量 w_R 的一阶条件可得零售商对政府碳税税率的最优反应函数为：

$$w_R = \frac{D_0 - c_M}{2} - \frac{\delta e_0 (\theta - k_M)^2}{2\eta_M - 2(\theta - k_M)(k_M + \delta)} \qquad (2-27)$$

将式（2-24）代入政府的福利函数式（2-9），可得：

$$\pi_G = \left[w_R - ke_0 + (k + k_M) \times \frac{(k_M + \delta)(D_0 - c_M - w_R) - \delta e_0(\theta - k_M)}{\eta_M - 2(\theta - k_M)(k_M + \delta)} \right]$$

$$\times \left[D_0 - c_M - w_R + (\theta - k_M) \times \frac{(k_M + \delta)(D_0 - c_M - w_R) - \delta e_0(\theta - k_M)}{\eta_M - 2(\theta - k_M)(k_M + \delta)} \right]$$

$$+ 0.5 \left[D_0 - c_M - w_R + (\theta - k_M) \times \frac{(k_M + \delta)(D_0 - c_M - w_R) - \delta e_0(\theta - k_M)}{\eta_M - 2(\theta - k_M)(k_M + \delta)} \right]^2$$

$$- \frac{\eta_M}{2} \left[\frac{(k_M + \delta)(D_0 - c_M - w_R) - \delta e_0(\theta - k_M)}{\eta_M - 2(\theta - k_M)(k_M + \delta)} \right]^2 \qquad (2-28)$$

式（2-28）中的 w_R 由式（2-27）决定。

由式（2-28）对 δ 的一阶条件（求导前需将 w_R 的表达式代入），可得零售商主导供应链时最优碳税税率应满足的条件为：

$$\left[w_R - ke_0 + (k + k_M)e \right] \left[(\theta - k_M)\frac{de}{d\delta} - \frac{dw_R}{d\delta} \right] + (\theta + k)$$

$$\times \left[D_0 - c_M - w_R + (\theta - k_M)e \right] \frac{de}{d\delta} - \eta_M e \frac{de}{d\delta} = 0 \qquad (2-29)$$

式（2-29）中，w_R 由式（2-27）决定，另外，

$$e = \frac{(D_0 - c_M)(k_M + \delta) - 2\delta e_0(\theta - k_M)}{2\left[\eta_M - 2(\theta - k_M)(k_M + \delta) \right]}$$

$$+ \frac{\delta e_0(\theta - k_M)^2(k_M + \delta)}{2\left[\eta_M - (\theta - k_M)(k_M + \delta) \right]\left[\eta_M - 2(\theta - k_M)(k_M + \delta) \right]}$$

$$\frac{de}{d\delta} = \frac{(\theta - k_M)\left[(D_0 - c_M)(k_M + \delta) - 2\delta e_0(\theta - k_M)\right]}{\left[\eta_M - 2(\theta - k_M)(k_M + \delta)\right]^2} + \frac{D_0 - c_M - 2e_0(\theta - k_M)}{2\left[\eta_M - 2(\theta - k_M)(k_M + \delta)\right]}$$

$$+ \frac{\delta e_0(\theta - k_M)^3(k_M + \delta)\left[3\eta_M - 4(\theta - k_M)(k_M + \delta)\right]}{2\left[\eta_M - (\theta - k_M)(k_M + \delta)\right]^2\left[\eta_M - 2(\theta - k_M)(k_M + \delta)\right]^2}$$

$$+ \frac{e_0(\theta - k_M)^2(k_M + 2\delta)}{2\left[\eta_M - (\theta - k_M)(k_M + \delta)\right]\left[\eta_M - 2(\theta - k_M)(k_M + \delta)\right]}$$

$$\frac{dw_R}{d\delta} = \frac{k_M e_0(\theta - k_M)^3 - \eta_M e_0(\theta - k_M)^2}{2\left[\eta_M - (\theta - k_M)(k_M + \delta)\right]^2}$$

式（2-29）是有关 δ 的复杂的非线性方程，无法求出参数形式的解析解。如果给参数进行合理赋值，可求出近似解。设式（2-29）求出的 δ 的最优近似解用 δ^* 表示，在此基础上可得：

$$w_R^* = \frac{D_0 - c_M}{2} - \frac{\delta^* e_0(\theta - k_M)^2}{2\eta_M - 2(\theta - k_M)(k_M + \delta^*)} \qquad (2-30)$$

$$e^* = \frac{(D_0 - c_M)(k_M + \delta^*) - 2\delta^* e_0(\theta - k_M)}{2\left[\eta_M - 2(\theta - k_M)(k_M + \delta^*)\right]}$$

$$+ \frac{\delta^* e_0(\theta - k_M)^2(k_M + \delta^*)}{2\left[\eta_M - (\theta - k_M)(k_M + \delta^*)\right]\left[\eta_M - 2(\theta - k_M)(k_M + \delta^*)\right]} \qquad (2-31)$$

在式（2-30）、式（2-31）的基础上，由式（2-7）~式（2-9）可得制造商、零售商、政府的最优目标函数为：

$$\pi_M^* = (k_M e^* - \delta^* e_0 + \delta^* e^*)\left[(D_0 - c_M) + (\theta - k_M)e^* - w_R^*\right] - 0.5\eta_M(e^*)^2 \qquad (2-32)$$

$$\pi_R^* = w_R^*\left[\frac{\eta_M(D_0 - c_M) - (D_0 - c_M)(\theta - k_M)(k_M + \delta^*) - \delta^* e_0(\theta - k_M)^2}{\eta_M - 2(\theta - k_M)(k_M + \delta^*)}\right.$$

$$\left. - \frac{\eta_M - (\theta - k_M)(k_M + \delta^*)}{\eta_M - 2(\theta - k_M)(k_M + \delta^*)} w_R^*\right] \qquad (2-33)$$

$$\pi_G^* = \left[w_R^* - ke_0 + (k + k_M) \times \frac{(k_M + \delta^*)(D_0 - c_M - w_R^*) - \delta^* e_0(\theta - k_M)}{\eta_M - 2(\theta - k_M)(k_M + \delta^*)} \right]$$

$$\times \left[D_0 - c_M - w_R^* + (\theta - k_M) \times \frac{(k_M + \delta^*)(D_0 - c_M - w_R^*) - \delta^* e_0(\theta - k_M)}{\eta_M - 2(\theta - k_M)(k_M + \delta^*)} \right]$$

$$+ 0.5 \left[D_0 - c_M - w_R^* + (\theta - k_M) \times \frac{(k_M + \delta^*)(D_0 - c_M - w_R^*) - \delta^* e_0(\theta - k_M)}{\eta_M - 2(\theta - k_M)(k_M + \delta^*)} \right]^2$$

$$- \frac{\eta_M}{2} \left[\frac{(k_M + \delta^*)(D_0 - c_M - w_R^*) - \delta^* e_0(\theta - k_M)}{\eta_M - 2(\theta - k_M)(k_M + \delta^*)} \right]^2 \qquad (2-34)$$

式（2-32）~ 式（2-34）中的 δ^*、w_R^*、e^* 分别由式（2-29）~ 式（2-31）决定。

式（2-23）、式（2-26）要求参数满足条件：

$$2(\theta - k_M)(k_M + \delta^*) < \eta_M \qquad (2-35)$$

$$(\theta - k_M)(k_M + \delta^*) < \eta_M \qquad (2-36)$$

2.4　政府作为博弈参与人且制造商与零售商权力平衡的博弈分析

在碳税政策环境下，当制造商、零售商权力平衡时，政府、制造商、零售商构成一个两阶段博弈，博弈的决策顺序为：首先，政府根据整个社会福利最大原则决定最优的碳税税率 δ；其次，制造商进行产品生产并根据最大利润原则决定单位产品减排量 e（从而确定了产品批发价），同时零售商据最大利润原则决定产品批发成本基础上的加成价 w_R。

对政府、制造商、零售商三方参与的两阶段博弈，根据逆向递推思想，首先求解制造商、零售商的决策问题。在参数满足式（2-23）

约束下（制造商的利润函数关于变量 e 存在最大值的充分条件，而零售商的利润函数关于变量 w_R 存在最大值，不需要别的条件），联立求解式（2-7）、式（2-8）分别对 e、w_R 的两个一阶条件，可得到制造商、零售商对政府确定的碳税税率的最优反应函数：

$$e = \frac{(D_0 - c_M)(k_M + \delta) - 2\delta e_0(\theta - k_M)}{2\eta_M - 3(\theta - k_M)(k_M + \delta)} \qquad (2-37)$$

$$w_R = \frac{D_0 - c_M}{2} + \frac{\theta - k_M}{2}e$$

$$= \frac{\eta_M(D_0 - c_M) - (D_0 - c_M)(\theta - k_M)(k_M + \delta) - \delta e_0(\theta - k_M)^2}{2\eta_M - 3(\theta - k_M)(k_M + \delta)}$$

$$\qquad (2-38)$$

将式（2-38）前一个等式代入政府的福利函数式（2-9），得到：

$$\pi_G = \frac{(\theta - k_M)(k_M + 3\theta + 4k) - 4\eta_M}{8}e^2 + \frac{(D_0 - c_M)(3D_0 - 3c_M - 4ke_0)}{8}$$

$$+ \frac{(D_0 - c_M)(3\theta + 2k - k_M) - 2ke(\theta - k_M)}{4}e \qquad (2-39)$$

式（2-39）中的 e 由式（2-37）决定。

考虑到式（2-37），由式（2-39）对 δ 的一阶条件（复合函数求导），[①] 可得：

$$\delta^* = \frac{\eta_M(D_0 - c_M)(3k_M - 3\theta - 2k) - 3k_M k e_0(\theta - k_M)^2 + A_5}{4\eta_M e_0(\theta - k_M) - e_0(\theta - k_M)^2(k + k_M + 3\theta) + A_6} \qquad (2-40)$$

式（2-40）中，A_5、A_6 表达式为：

$$A_5 = k_M(\theta - k_M)(D_0 - c_M)(3\theta + k - 2k_M) + 2\eta_M k e_0(\theta - k_M)$$

$$A_6 = (\theta - k_M)(D_0 - c_M)(2k_M - 3\theta - k) - 2\eta_M(D_0 - c_M)$$

---

① 也可将式（2-37）代入式（2-39），式（2-39）直接对 δ 求一阶导数，并令其等于 0。

将式 (2 - 40) 分别代入式 (2 - 37)、式 (2 - 38)，可得：

$$e^* = \frac{(D_0 - c_M)(k_M + \delta^*) - 2\delta^* e_0 (\theta - k_M)}{2\eta_M - 3(\theta - k_M)(k_M + \delta^*)} \qquad (2-41)$$

$$w_R^* = \frac{\eta_M (D_0 - c_M) - (D_0 - c_M)(\theta - k_M)(k_M + \delta^*) - \delta^* e_0 (\theta - k_M)^2}{2\eta_M - 3(\theta - k_M)(k_M + \delta^*)}$$

$$(2-42)$$

式 (2 - 41)、式 (2 - 42) 中的 δ^* 由式 (2 - 40) 决定。

将式 (2 - 40) ~ 式 (2 - 42) 代入式 (2 - 7) ~ 式 (2 - 9)，可得：

$$\pi_M^* = \frac{(\theta - k_M)(k_M + \delta^*) - \eta_M}{2} \times \left[\frac{(D_0 - c_M)(k_M + \delta^*) - 2\delta^* e_0 (\theta - k_M)}{2\eta_M - 3(\theta - k_M)(k_M + \delta^*)} \right]^2$$

$$+ \frac{(D_0 - c_M)(k_M + \delta^*) - \delta^* e_0 (\theta - k_M)}{2} \times \frac{(D_0 - c_M)(k_M + \delta^*) - 2\delta^* e_0 (\theta - k_M)}{2\eta_M - 3(\theta - k_M)(k_M + \delta^*)}$$

$$- \frac{\delta^* e_0 (D_0 - c_M)}{2} \qquad (2-43)$$

$$\pi_R^* = \left[\frac{\eta_M (D_0 - c_M) - (D_0 - c_M)(\theta - k_M)(k_M + \delta^*) - \delta^* e_0 (\theta - k_M)^2}{2\eta_M - 3(\theta - k_M)(k_M + \delta^*)} \right]^2$$

$$(2-44)$$

$$\pi_G^* = \frac{(\theta - k_M)(k_M + 3\theta + 4k) - 4\eta_M}{8} \times \left[\frac{(D_0 - c_M)(k_M + \delta^*) - 2\delta^* e_0 (\theta - k_M)}{2\eta_M - 3(\theta - k_M)(k_M + \delta^*)} \right]^2$$

$$+ \frac{(D_0 - c_M)(3\theta + 2k - k_M) - 2k e_0 (\theta - k_M)}{4}$$

$$\times \frac{(D_0 - c_M)(k_M + \delta^*) - 2\delta^* e_0 (\theta - k_M)}{2\eta_M - 3(\theta - k_M)(k_M + \delta^*)} + \frac{(D_0 - c_M)(3D_0 - 3c_M - 4k e_0)}{8}$$

$$(2-45)$$

其中，式 (2 - 43) ~ 式 (2 - 45) 中的 δ^* 由式 (2 - 40) 决定。

参数应满足的充分条件约束式（2 – 23）应为：

$$\frac{2\eta_M(D_0 - c_M)(\theta - k_M)(k_M - 2k - 3\theta) - A_7}{4\eta_M e_0(\theta - k_M) - e_0(\theta - k_M)^2(k + k_M + 3\theta) + A_8} < \eta_M \quad (2 – 46)$$

式（2 – 46）中的 A_7、A_8 为：

$$A_7 = 2k_M e_0(\theta - k_M)^3(k_M + 3\theta + 4k) - 4\eta_M e_0(\theta - k_M)^2(k + 2k_M)$$

$$A_8 = (\theta - k_M)(D_0 - c_M)(2k_M - 3\theta - k) - 2\eta_M(D_0 - c_M)$$

2.5　供应链集中决策

碳税政策环境下，供应链集中决策意味着制造商与零售商追求二者组成的供应链整体利润最大，在此原则下供应链与政府进行博弈。此情形下，博弈参与人决策顺序为：首先，政府决定最优的碳税税率 δ；其次，制造商与零售商在知晓 δ 后决定 e 和 w_R 以最大化二者的共同利润。制造商与零售商的共同利润为：

$$\pi_{MR}^S = (w_R + k_M e - \delta e_0 + \delta e)\left[D_0 - c_M + (\theta - k_M)e - w_R\right] - 0.5\eta_M e^2$$

$$(2 – 47)$$

式（2 – 47）中，制造商的单位产品减排量 e 应满足非负约束，但零售商在产品批发成本基础上的加成价 w_R 可以不受符号约束。当 w_R 值为正时，表示产品零售价比制造商的产品批发价高（由于此时制造商与零售商合作进行集中决策，不存在真正意义上的产品批发价），这与通常的情况一样。当 w_R 值为负时，产品零售价比批发价低，这一种情况意味着为了扩大需求，降价出售产品从整个二级供应链来看是有利的。当然，如果此时零售商的利润按通常方式计算为负，应对其进行适当补偿。

式（2 - 47）关于 e 和 w_R 的海塞（Hessian）矩阵为：

$$H_{MR}^S = \begin{bmatrix} 2(k_M + \delta)(\theta - k_M) - \eta_M & \theta - 2k_M - \delta \\ \theta - 2k_M - \delta & -2 \end{bmatrix}$$

当

$$2\eta_M > (\theta + \delta)^2 \qquad\qquad\qquad (2 - 48)$$

成立时，满足负定矩阵的充分必要条件。此时式（2 - 47）是关于 e 和 w_R 的联合凹函数，π_{MR}^S 存在最大值。

由 π_{MR}^S 对 e 和 w_R 的两个一阶条件联立求解，可得出制造商、零售商组成的供应链对政府碳税税率 δ 的最优反应函数为：

$$e = \frac{(\theta + \delta)(D_0 - c_M - \delta e_0)}{2\eta_M - (\theta + \delta)^2} \qquad\qquad (2 - 49)$$

$$w_R = \frac{D_0 - c_M + \delta e_0}{2} + \frac{\theta - 2k_M - \delta}{2} e$$

$$= \frac{\eta_M (D_0 - c_M + \delta e_0) - (\theta + \delta)(D_0 - c_M)(k_M + \delta) - (\theta + \delta)(\theta - k_M)\delta e_0}{2\eta_M - (\theta + \delta)^2}$$

$$(2 - 50)$$

由式（2 - 48）~式（2 - 50）可知，当碳税税率 δ 的值增加时，制造商的单位产品减排量 e 及零售商在产品批发成本基础上的加成价 w_R 的变化方向具有不确定性，取决于式（2 - 49）、式（2 - 50）中各参数的具体取值；要使制造商的单位产品减排量 e 有意义（即大于等于 0），要求 $D_0 - c_M - \delta e_0 \geqslant 0$。

将式（2 - 49）、式（2 - 50）代入政府的福利函数式（2 - 9），可得（按前面的符号说明，符号 π_G 应变为 π_G^S，后面进行类似处理，不再重复说明）：

$$\pi_G^s = \frac{(D_0 - c_M - \delta e_0)(3D_0 - 3c_M + \delta e_0 - 4ke_0)}{8}$$

$$+ \frac{(D_0 - c_M)(\delta + 2k + 3\theta) + \delta e_0(\delta - \theta) - 2ke_0(\theta + 2\delta)}{4}$$

$$\times \frac{(\theta + \delta)(D_0 - c_M - \delta e_0)}{2\eta_M - (\theta + \delta)^2} + \frac{(\theta + \delta)(3\theta + 4k - \delta) - 4\eta_M}{8}$$

$$\times \frac{(\theta + \delta)^2(D_0 - c_M - \delta e_0)^2}{[2\eta_M - (\theta + \delta)^2]^2} \qquad (2-51)$$

由式（2-51）对 δ 的一阶条件，可得到制造商、零售商组成的供应链集中决策时最优碳税税率 δ^* 应满足的条件为：

$$2ke_0^2 + \frac{(\theta + \delta^*)(D_0 - c_M - \delta^* e_0)(D_0 - c_M - \theta e_0 - 4ke_0 + 2\delta^* e_0)}{2\eta_M - (\theta + \delta^*)^2}$$

$$+ \frac{(D_0 - c_M)(\delta^* + 2k + 3\theta) + \delta^* e_0(\delta^* - \theta) - 2ke_0(\theta + 2\delta^*)}{[2\eta_M - (\theta + \delta^*)^2]^2} \times A_9$$

$$+ \frac{(\theta + \delta^*)^2(D_0 - c_M - \delta^* e_0)^2(\theta + 2k - \delta^*)}{[2\eta_M - (\theta + \delta^*)^2]^2} - e_0(D_0 - c_M) - \delta^* e_0^2$$

$$+ \frac{(\theta + \delta^*)(3\theta + 4k - \delta^*) - 4\eta_M}{[2\eta_M - (\theta + \delta^*)^2]^3} \times (\theta + \delta^*)(D_0 - c_M - \delta^* e_0) \times A_9 = 0$$

$$(2-52)$$

式（2-52）中，A_9 表达式为：

$$A_9 = (\theta + \delta^*)^2(D_0 - c_M + \theta e_0) + 2\eta_M(D_0 - c_M - \theta e_0 - 2\delta^* e_0)$$

式（2-52）是有关 δ^* 的参数形式的复杂的非线性方程，难以求出解析解。如果将参数取为特定的数值，可求出方程的近似解。求出 δ^* 后，可得到：

$$e^* = \frac{(\theta + \delta^*)(D_0 - c_M - \delta^* e_0)}{2\eta_M - (\theta + \delta^*)^2} \qquad (2-53)$$

$$w_R^* = \frac{D_0 - c_M + \delta^* e_0}{2} + \frac{\theta - 2k_M - \delta^*}{2}e^*$$

$$= \frac{\begin{array}{c}\eta_M(D_0 - c_M + \delta^* e_0) - (\theta + \delta^*)(D_0 - c_M) \\ \times (k_M + \delta^*) - (\theta + \delta^*)(\theta - k_M)\delta^* e_0\end{array}}{2\eta_M - (\theta + \delta^*)^2} \quad (2-54)$$

式（2 - 53）、式（2 - 54）中的 δ^* 由式（2 - 52）决定。在此基础上如果按式（2 - 7）、式（2 - 8）计算制造商、零售商利润（协调利润分配时的一种参照），则进一步可得到制造商、零售商、供应链的最优利润及政府的最优社会福利分别为：

$$\pi_M^{S*} = \frac{(k_M + \delta^*)(\theta + \delta^*) - \eta_M}{2} \times \frac{(\theta + \delta^*)^2(D_0 - c_M - \delta^* e_0)^2}{[2\eta_M - (\theta + \delta^*)^2]^2}$$

$$+ \frac{(k_M + \delta^*)(D_0 - c_M - \delta^* e_0) - \delta^* e_0(\theta + \delta^*)}{2} \times \frac{(\theta + \delta^*)(D_0 - c_M - \delta^* e_0)}{2\eta_M - (\theta + \delta^*)^2}$$

$$- \frac{\delta^* e_0(D_0 - c_M - \delta^* e_0)}{2} \quad (2-55)$$

$$\pi_R^{S*} = \frac{(D_0 - c_M)^2 - e_0^2(\delta^*)^2}{4} + \frac{(\theta + \delta^*)^3(D_0 - c_M - \delta^* e_0)^2(\theta - 2k_M - \delta^*)}{4[2\eta_M - (\theta + \delta^*)^2]^2}$$

$$+ \frac{(D_0 - c_M)(\theta - k_M) + \delta^* e_0(k_M + \delta^*)}{2[2\eta_M - (\theta + \delta^*)^2]}(\theta + \delta^*)(D_0 - c_M - \delta^* e_0)$$

$$\quad (2-56)$$

$$\pi_{MR}^{S*} = \pi_M^{S*} + \pi_R^{S*} \quad (2-57)$$

$$\pi_G^{S*} = \frac{(\theta + \delta^*)(3\theta + 4k_M - \delta^*) - 4\eta_M}{8} \times \frac{(\theta + \delta^*)^2(D_0 - c_M - \delta^* e_0)^2}{[2\eta_M - (\theta + \delta^*)^2]^2}$$

$$+ \frac{(D_0 - c_M)(\delta^* + 2k + 3\theta) - 2ke_0(\theta + 2\delta^*) + \delta^* e_0(\delta^* - \theta)}{4}$$

$$\times \frac{(\theta + \delta^*)(D_0 - c_M - \delta^* e_0)}{2\eta_M - (\theta + \delta^*)^2} + \frac{(D_0 - c_M - \delta^* e_0)(3D_0 - 3c_M + \delta^* e_0 - 4ke_0)}{8}$$

$$\quad (2-58)$$

式（2-55）、式（2-56）、式（2-58）中的 δ^* 由式（2-52）决定。式（2-57）中的 π_{MR}^{S*} 也即式（2-47）在变量取到最优解时对应的最优值。

求出了 δ^* 后，式（2-48）要求：

$$2\eta_M > (\theta + \delta^*)^2 \qquad (2-59)$$

2.6　系统集中决策

在碳税政策环境下，所谓系统集中决策是指政府、制造商与零售商三方以社会福利最优为原则，共同确定 e、w_R 的值。此时的决策问题为（δ 作为系统内部变量不在决策变量中出现）：

$$\max_{e, w_R} \pi_G^C = (w_R - k_M e - k e_0 + k e)[D_0 - c_M + (\theta - k_M)e - w_R]$$
$$+ \frac{[D_0 - c_M + (\theta - k_M)e - w_R]^2}{2} - 0.5\eta_M e^2 \qquad (2-60)$$

系统集中决策模型式（2-60）中，制造商的单位产品减排量 e 应满足非负约束，但零售商在产品批发成本基础上的加成价 w_R 可以不受符号约束（理由类似前面的供应链集中决策情形）。

社会福利函数的海塞（Hessian）矩阵为：

$$H^C = \begin{bmatrix} (\theta - k_M)(\theta + k_M + 2k) - \eta_M & -(k + k_M) \\ -(k + k_M) & -1 \end{bmatrix}$$

由海塞矩阵可知，当

$$\eta_M > (\theta - k_M)(\theta + k_M + 2k) + (k + k_M)^2 \qquad (2-61)$$

成立时，社会福利函数式（2-60）存在最大值。

由社会福利函数对 e、w_R 的两个一阶条件联立求解可得：

$$e^* = \frac{(\theta + k)(D_0 - c_M - ke_0)}{\eta_M - (\theta + k)^2} \qquad (2-62)$$

$$w_R^* = ke_0 - \frac{(k + k_M)(\theta + k)(D_0 - c_M - ke_0)}{\eta_M - (\theta + k)^2} \qquad (2-63)$$

因而碳税政策下系统集中决策时的最优福会福利为：

$$\pi_G^{C*} = \frac{\eta_M(D_0 - c_M - ke_0)^2}{2\eta_M - 2(\theta + k)^2} \qquad (2-64)$$

由式（2 – 62）可知，要使制造商的单位产品减排量满足非负条件，考虑到现实情况中产品需求 D_0 通常较大，这意味着参数应满足条件：

$$\eta_M - (\theta + k)^2 > 0$$

$$D_0 - c_M - ke_0 \geqslant 0$$

在此基础上可以看出，当 θ 值及 D_0 值变大时，制造商的单位产品减排量变大；当 c_M 值、e_0 值及 η_M 值增加时，制造商的单位产品减排量变小；制造商的单位产品减排量不受参数 k_M 的影响。

由式（2 – 63）可知，当 c_M 值、e_0 值及 η_M 值增加时，零售商在产品批发成本基础上的加成价增加；当 k_M 值、D_0 值及 θ 值增加时，零售商在产品批发成本基础上的加成价减少。

由式（2 – 64）容易看出，最优福会福利不受参数 k_M 的影响；当 D_0 值及 θ 值增加时，最优社会福利值变大；当 c_M 值及 e_0 值增加时，最优社会福利值变小。

在式（2 – 62）、式（2 – 63）的基础上，如果按式（2 – 7）、式（2 – 8）方式计算制造商、零售商的利润（协调利润分配时的一种参照），可得到制造商、零售商、供应链的最优利润分别为：

$$\pi_M^{C*} = \frac{\eta_M(\theta + k)(D_0 - c_M - ke_0)^2(2k_M + 2\delta - \theta - k)}{2[\eta_M - (\theta + k)^2]^2} - \frac{\eta_M \delta e_0(D_0 - c_M - ke_0)}{\eta_M - (\theta + k)^2}$$

$$(2-65)$$

$$\pi_R^{C*} = \frac{\eta_M(D_0 - c_M - ke_0)\{ke_0[\eta_M - (\theta+k)^2] - (\theta+k)(k+k_M)(D_0 - c_M - ke_0)\}}{[\eta_M - (\theta+k)^2]^2}$$

$$(2-66)$$

$$\pi_{MR}^{C*} = \pi_M^{C*} + \pi_R^{C*} \tag{2-67}$$

式（2-65）中，δ 为政府"内部碳税税率"。虽然"内部碳税税率"不影响系统集中决策的目标函数，但其取值会影响制造商的利润。由式（2-65）对 δ 的一阶条件可知，其影响方向取决于相关参数取值大小，并不具有单调性。另外，由式（2-65）、式（2-66）可知，当参数 k_M 值增加时，零售商的最优利润变小，制造商的最优利润变大；而参数 η_M、D_0、c_M、θ、k、e_0 值发生变化时，对零售商及制造商的最优利润的影响方向不具有单调性。

2.7　最优碳税政策下的数值算例

在前面表述的几种情形中，得到了一些基本的结论，比如，博弈参与人有关反应函数相关的结论、一些单调性的结论等。但是，因为有些情形下决策变量及博弈参与人的目标函数表达式较复杂，如制造商主导供应链的情形；有些情形下甚至不能得出参数形式的解析结论，如零售商主导供应链的情形，所以难以对各种情形之间决策变量及博弈参与人的目标函数进行直接比较分析。下面通过数值算例进行探讨并给出管理启示或管理意义。[①]

碳税政策下，考虑到各种情形下参数应满足的条件，假设 $D_0 =$

[①]　对于"不能得出解析的结论，通过数值算例进行探讨并给出管理意义"也是一些文献的常见做法，如杨惠霄和骆建文（2016），向小东（2020，2021）。

40，$c_M = 1$，$k_M = 2.5$，$\eta_M = 15$，$e_0 = 10$，$\theta = 1$，$k = 2$。将这些参数值代入前面的碳税政策下，制造商主导供应链、零售商主导供应链、制造商与零售商权力平衡、供应链集中决策、系统集中决策等各种情形的相关表达式中，可得到政府、制造商、零售商的相关决策变量及各自目标函数等的数值结果。

2.7.1　制造商主导供应链情形的数值结果

碳税政策下，当制造商主导供应链与政府进行三阶段博弈时，由 2.2 节的相关表达式可计算得到政府最优的碳税税率 $\delta^* = 0.2776$，制造商最优的单位产品减排量 $e^* = 2.9346$，零售商在产品批发成本基础上的最优加成价 $w_R^* = 17.2991$，制造商最优利润 $\pi_M^* = 28.3961$，零售商最优利润 $\pi_R^* = 299.2589$，供应链最优总利润 $\pi_{MR}^* = 327.6550$，最优社会福利 $\pi_G^* = 266.7641$。另外，产品的市场需求 $D^* = 17.2991$，社会福利函数中消费者剩余 $CS^* = 149.6295$，政府碳税收入为 33.9297，环境损害 $\Omega^* = 244.4501$。由此容易看出，在碳税政策及此组参数取值下，零售商获得了较多的好处（因为零售商既无碳减排成本，也不需要承担碳排放带来的碳税成本、产品销售成本），制造商单位产品碳减排量不高，其单位产品碳减排量只占到了初始碳排放量的 29.346%，且此时碳排放带来的环境损害较大，其值接近整个社会福利值。

2.7.2　零售商主导供应链情形的数值结果

零售商主导供应链情形下，通过 2.3 节的相关表达式计算，可得到政府最优的碳税税率 $\delta^* = 0.2348$，制造商最优的单位产品减排量 $e^* = 2.4663$，零售商在产品批发成本基础上的最优加成价 $w_R^* = 19.3617$，制造商最优利润 $\pi_M^* = 24.4608$，零售商最优利润 $\pi_R^* = 308.6042$，供应链最优总利润 $\pi_{MR}^* = 333.0650$，最优社会福利 $\pi_G^* = 248.1260$。另外，产品的市场需求 $D^* = 15.9389$，社会福利函数中消费者剩余 $CS^* = 127.0243$，政府碳税收入为 28.1945，环境损害 $\Omega^* = 240.1578$。显然，在碳税政策及此组参数取值下，相较于制造商主导供应链，当零售商主导供应链时，碳税税率、产品减排量、消费者剩余、社会福利都更少。

2.7.3　制造商与零售商权力平衡情形的数值结果

制造商与零售商权力平衡情形下，通过 2.4 节的相关表达式计算可得到：政府最优的碳税税率 $\delta^* = 0.4221$，制造商最优的单位产品减排量 $e^* = 2.9346$，零售商在产品批发成本基础上的最优加成价 $w_R^* = 17.2991$，制造商最优利润 $\pi_M^* = 10.7346$，零售商最优利润 $\pi_R^* = 299.2589$，供应链最优总利润 $\pi_{MR}^* = 309.9935$，最优社会福利 $\pi_G^* = 266.7641$。另外，产品的市场需求 $D^* = 17.2991$，社会福利函数中消费者剩余 $CS^* = 149.6295$，政府碳税收入为 51.5912，环境损害 $\Omega^* = 244.4501$。由三种分散决策的数值结果可看出，在碳税政策下，根据政府、制造商、零售商三个博弈参与方的目标函数，制造商与零售商权力平衡时的博弈结构弱劣于制造商主导供应链时的博弈结构。

2.7.4　供应链集中决策情形的数值结果

当制造商与零售商合作进行集中决策时，通过 2.5 节的相关表达式计算可得到：政府最优的碳税税率 $\delta^* = 0.5710$，制造商最优的单位产品减排量 $e^* = 1.8996$，零售商在产品批发成本基础上的最优加成价 $w_R^* = 18.0135$，制造商最优利润 $\pi_M^{S*} = -24.8206$［如果按式（2-7）或式（2-55）计算］，零售商最优利润 $\pi_R^{S*} = 326.7127$［如果按式（2-8）或式（2-56）计算］，供应链最优总利润 $\pi_{MR}^{S*} = 301.8921$，最优社会福利 $\pi_G^{S*} = 256.4228$。另外，产品的市场需求 $D^{S*} = 18.1371$，社会福利函数中消费者剩余 $CS^{S*} = 164.4772$，政府碳税收入为 83.8900，环境损害 $\Omega^{S*} = 293.8355$。数值计算结果表明，当制造商与零售商合作与政府进行博弈时，虽然供应链的合作利润能达到 301.8921，但如果按"式（2-7）原始方式"向制造商分配合作利润，制造商利润为负，这显然行不通。也就是说，如果想真的达成制造商与零售商的局部合作，必须对局部的合作利润重新进行合理分配。

2.7.5　系统集中决策情形的数值结果

碳税政策环境下，当政府、制造商及零售商全面合作进行集中决策时（此时碳税税率 δ 不再是决策变量），通过 2.6 节的相关表达式计算可得到：制造商最优的单位产品减排量 $e^* = 9.5000$，零售商在产品批发成本基础上的最优加成价 $w_R^* = -22.7500$，制造商最优利润 $\pi_M^{C*} = 451.2500 - 23.7500\delta$［如果按式（2-7）或式（2-65）计算］，零售商最优利润 $\pi_R^{C*} = -1080.6250$［如果按式（2-8）或式（2-66）计算］，供应链最优总利润 $\pi_{MR}^{C*} = -629.3750 - 23.7500\delta$，最优社会福利 $\pi_G^{C*} = 451.2500$。另外，产品的市场需求 $D^{C*} = 47.5000$，社会福利函数中消费者剩余 $CS^{C*} = 1128.1250$，政府"内部碳税收入"为23.7500δ [与式（2 – 7）或式（2 – 65）对应]，环境损害 $\Omega^{C*}=47.5000$。由于 w_R^* 值为负，使产品零售价比产品"批发价"低（此时产品"批发价"为24.7500，产品零售价为2.0000）。这意味着为了扩大产品市场需求，降价出售产品从整个系统来看是有利的。但是，如果此时按"式（2 – 8）原始方式"向零售商分配合作利润，其利润为负，显然零售商不会接受。也就是说，要想真正实现政府、制造商及零售商的全面合作，应对零售商所作出的"牺牲"进行合理补偿。

2.7.6　各种情形的比较分析

比较本章各种情形的数值结果可以看出：

（1）供应链集中决策时，碳税税率最高；零售商主导供应链时，碳税税率最低。

（2）系统集中决策时，制造商单位产品减排量最高；供应链集中决策时，制造商单位产品减排量最低。

（3）零售商主导供应链时，零售商在产品批发成本基础上的加成价最高；系统集中决策时，零售商在产品批发成本基础上的加成价最低。

（4）系统集中决策时，产品的市场需求及消费者剩余最高；零售商主导供应链时，产品的市场需求及消费者剩余最低。

（5）系统集中决策时，因碳排放导致的环境损害最小；供应链集中决策时，环境损害最大。

（6）零售商主导供应链情形下，制造商、零售商各自的利润皆大于制造商与零售商权力平衡情形下所对应的利润，这意味着分散决策时制造商、零售商权力平衡的情形不会被制造商、零售商选择。

（7）分散决策情形下，制造商偏爱制造商主导供应链，零售商偏爱零售商主导供应链。

（8）系统集中决策时，社会福利最高；零售商主导供应链时，社会福利最低，显然，政府喜欢政府、制造商与零售商全面合作进行系统集中决策。

（9）不同博弈参与人偏爱不同的权力结构，博弈的权力结构应是博弈参与人博弈的结果，而不应是"假设"出来的，比如，碳税政策下，如果假设制造商与零售商权力平衡，可能会不合理或缺乏必要的依据。

另外，供应链集中决策情形下，供应链总利润为 301.8921，小于制造商主导供应链、零售商主导供应链、制造商与零售商权力平衡三种分散决策情形下的供应链的总利润。这也说明，制造商与零售商合作进行集中决策，并与政府博弈的总利润可以小于分散决策时的总利润。这与一般的研究结论明显不同，但与林志炳和陈莫凡（2020）的结论"一定条件下，分散决策模式的供应链的经济利润比供应链集中决策时的经济利润更高"类似。

2.7.7　灵敏度分析及管理启示

以前述数值算例中的参数取值为基准，下面对 k_M 及 θ 在各种情形下进行灵敏度分析，计算结果如表 2－1～表 2－5 所示。

表 2 - 1 　　　　　　制造商主导供应链情形的灵敏度分析结果

基准	δ^*	e^*	w_R^*	π_M^*	π_R^*	π_G^*
	0.2776	2.9346	17.2991	28.3961	299.2589	266.7641
$k_M = 2.40$	0.3618	2.9888	17.4078	13.7081	303.0322	268.3212
$k_M = 2.45$	0.3193	2.9615	17.3529	21.1357	301.1225	267.5369
$k_M = 2.55$	0.2369	2.9079	17.2464	35.4899	297.4366	265.9955
$k_M = 2.60$	0.1971	2.8816	17.1947	42.4234	295.6583	265.2383
$\theta = 0.90$	0.2002	2.8082	17.2535	37.1439	297.6816	260.3381
$\theta = 0.95$	0.2384	2.8708	17.2751	32.8100	298.4308	263.5019
$\theta = 1.05$	0.3178	2.9997	17.3252	23.8979	300.1643	270.1209
$\theta = 1.10$	0.3590	3.0661	17.3538	19.3172	301.1529	273.5833

表 2 - 2 　　　　　　零售商主导供应链情形的灵敏度分析结果

基准	δ^*	e^*	w_R^*	π_M^*	π_R^*	π_G^*
	0.2348	2.4663	19.3617	24.4608	308.6042	248.1260
$k_M = 2.40$	0.2941	2.5314	19.3465	14.4267	311.6640	250.6023
$k_M = 2.45$	0.2638	2.4985	19.3535	19.5580	310.1129	249.3568
$k_M = 2.55$	0.2072	2.4348	19.3709	29.1258	307.1288	246.9059
$k_M = 2.60$	0.1807	2.4038	19.3811	33.5911	305.6960	245.7003
$\theta = 0.90$	0.1763	2.3477	19.3830	30.3551	307.4273	242.2196
$\theta = 0.95$	0.2051	2.4064	19.3716	27.4534	307.9787	245.1206
$\theta = 1.05$	0.2656	2.5276	19.3531	21.3549	309.2981	251.2366
$\theta = 1.10$	0.2975	2.5904	19.3459	18.1378	310.0663	254.4611

表 2 - 3   制造商与零售商权力平衡情形的灵敏度分析结果

基准	δ^*	e^*	w_R^*	π_M^*	π_R^*	π_G^*
	0.4221	2.9346	17.2991	10.7346	299.2589	266.7641
$k_M = 2.42$	0.4689	2.9779	17.3857	1.5354	302.2629	268.0064
$k_M = 2.45$	0.4510	2.9615	17.3529	5.0419	301.1225	267.5369
$k_M = 2.55$	0.3943	2.9079	17.2464	16.2383	297.4366	265.9955
$k_M = 2.60$	0.3675	2.8816	17.1947	21.5643	295.6583	265.2383
$\theta = 0.90$	0.3554	2.8082	17.2535	17.8816	297.6816	260.3381
$\theta = 0.95$	0.3883	2.8708	17.2751	14.3535	298.4308	263.5019
$\theta = 1.05$	0.4570	2.9997	17.3252	7.0180	300.1643	270.1209
$\theta = 1.10$	0.4929	3.0661	17.3538	3.2065	301.1529	273.5833

注：k_M 取值为 2.4 时，制造商利润为负，故此处 k_M 不采用值 2.4，后面书中的类似问题进行类似处理，不再赘述。

表 2 - 4   供应链集中决策情形的灵敏度分析结果

基准	δ^*	e^*	w_R^*	π_{MR}^{S*}	π_G^{S*}
	0.5710	1.8996	18.0135	301.8921	256.4228
$k_M = 2.40$	0.5710	1.8996	18.2035	301.8921	256.4228
$k_M = 2.45$	0.5710	1.8996	18.1085	301.8921	256.4228
$k_M = 2.55$	0.5710	1.8996	17.9186	301.8921	256.4228
$k_M = 2.60$	0.5710	1.8996	17.8236	301.8921	256.4228
$\theta = 0.90$	0.5784	1.7655	18.2621	297.5002	248.2462
$\theta = 0.95$	0.5744	1.8317	18.1367	299.7055	252.2550
$\theta = 1.05$	0.5684	1.9692	17.8932	304.0332	260.7566
$\theta = 1.10$	0.5667	2.0408	17.7756	306.1176	265.2645

表 2 - 5　　　　　　　　系统集中决策情形的灵敏度分析结果

基准	e^*	w_R^*	π_G^{C*}
	9.5000	- 22.7500	451.2500
$k_M = 2.40$	9.5000	- 21.8000	451.2500
$k_M = 2.45$	9.5000	- 22.2750	451.2500
$k_M = 2.55$	9.5000	- 23.2250	451.2500
$k_M = 2.60$	9.5000	- 23.7000	451.2500
$\theta = 0.90$	8.3612	- 17.6252	410.8498
$\theta = 0.95$	8.9004	- 20.0516	429.9325
$\theta = 1.02$	9.7592	- 23.9163	460.4905
$\theta = 1.03$	9.8933	- 24.5198	465.2781

注：θ 取值更大时，单位产品减排量会等于单位产品初始排放量，不符合现实，因而不考虑。后文中的类似问题进行类似处理，不再赘述。

2.7.7.1　由各种情形灵敏度分析结果可得到的结论

综上所述，由各种情形灵敏度分析结果可得到的结论如下：

（1）在制造商主导供应链情形及制造商与零售商权力平衡情形下，随着产品单位减排量对批发价的影响系数 k_M 值增加，政府最优碳税税率、制造商最优的单位产品减排量、零售商在产品批发成本基础上的最优加成价、零售商最优利润、最优社会福利都变小，而制造商最优利润变大。随着单位产品减排量对产品需求的影响系数 θ 值增加，制造商最优利润变小，其余五个最优"参数"值变大。

（2）在零售商主导供应链情形下，随着 k_M 值增加，政府最优碳税税率、制造商最优的单位产品减排量、零售商最优利润、最优社会福利都变小，而零售商在产品批发成本基础上的最优加成价、制造商最优利润都变大。随着 θ 值增加，零售商在产品批发成本基础上的最优加成价、制造商最优利润都变小，其余四个最优"参数"

值变大。

（3）在供应链集中决策情形下，随着 k_M 值增加，政府最优碳税税率、制造商最优的单位产品减排量、供应链最优总利润、最优社会福利都不变，但零售商在产品批发成本基础上的最优加成价变小。随着 θ 值增加，政府最优碳税税率、零售商在产品批发成本基础上的最优加成价变小，而制造商最优的单位产品减排量、供应链最优总利润、最优社会福利都变大。

（4）在系统集中决策情形下，随着 k_M 值增加，虽然零售商在产品批发成本基础上的最优加成价变小，但是制造商最优的单位产品减排量、最优社会福利及产品零售价都不变（零售价为 2.0000）；随着 θ 值增加，制造商最优的单位产品减排量、最优社会福利都变大，而零售商在产品批发成本基础上的最优加成价及产品零售价都变小。

（5）在前面的三种分散决策情形下，k_M 值的变化对六个最优"参数"的影响方向与 θ 值的变化对六个最优"参数"的影响方向正好相反。

2.7.7.2　在前面数值分析与灵敏度分析的基础上，可给出的管理启示

本书可给出的管理启示有以下几点：

（1）在前面的三种分散决策情形下，随着单位产品减排量对产品需求的影响系数 θ 值增加，零售商最优利润、最优社会福利都变大。因此，零售商、政府都有动力采取措施使 θ 值变大，如多宣传低碳产品相对非低碳产品的好处，在全社会营造低碳、"绿色"氛围，或者政府对消费者购买低碳产品进行适当补贴，以增加产品的需求。类

似的，零售商、政府都有动力采取措施使 k_M 值变小，如零售商、政府对制造商进行激励，对其减排成本进行分担，以使制造商愿意降低 k_M 值。

（2）在供应链集中决策情形及系统集中决策情形下，随着 θ 值增加，制造商最优的单位产品减排量、最优社会福利、供应链集中决策情形时，供应链最优总利润都变大。因此，政府、制造商、零售商都愿意采取措施使 θ 值变大，具体措施可参照（1）。

（3）各种情形下，当对应的参数取值相同时，系统集中决策情形时的制造商最优的单位产品减排量、消费者剩余、最优社会福利总是最大。因此，政府、制造商、零售商应当全面合作，采取集中决策方式，这样既有利于消费者剩余及制造商的减排，产生社会效益，同时还有利于增加整个社会福利。但全面合作的前提是整个合作利润（或合作剩余利润）的合理分配，可考虑下节中的系统协调模型中的分配方法。

2.8　最优碳税政策下的系统协调模型

根据系统协调的文献内容看，系统（如许多文献中常见的供应链系统）协调指系统成员分散决策时的决策变量取值等于对应的集中决策时的决策变量值，从而使系统成员的总利润达到集中决策时的利润水平（这类文献较多）或通过对集中决策利润的合理分配使系统成员的总利润达到集中决策时的利润水平（如 Shihui Yang & Jun Yu，2016；Zhang C T & Liu L P，2013；徐春秋等，2015）。前者可理解为通过行为使利润协调，后者可理解为通过对合作利润（或合作剩余利润）分配使利润协调，两者最终都希望实现系统集中决策时的最大利润。也就是说，只要合作利润（或合作剩余利润）能得到某种意义上的合理分配，使系统各成员所分到的利润大于等于分散决策时的利润（参与约束与激励相容约束都能得到满足），就能激励参与成员对合作策略的积极响应，就实现了系统的协调。当然，在实践中需要系统成员各方通过协商形成具有法律效力的、强制性的参与条款和利润分配契约。

由数值算例结果及一般系统原理可知，政府、制造商与零售商全面合作进行系统集中决策时社会福利最大，也即此时政府的目标函数值最大。要实现此结果，也即实现系统协调，政府应对总的社会福利进行合理分配，使制造商与零售商都愿意进行全面合作。由于分散决策情形下，通常制造商主导供应链时制造商的利润达到其可能的最大值，零售商主导供应链时零售商的利润达到其可能的最大值，可以将这两个可能的最大值作为制造商及零售商在全面合作时分得的利润的"底线"（因为根据数值计算及灵敏度分析结果可知，两"底线"值之和大于供应链集中决策时制造商与零售商利润之和，所以下面不考虑制造商与零售商结盟的可能）。在此基础上，可以给出系统协调利润分配模型。

为了使利润分配模型具有一般性，此处仍考虑参数形式的模型。设系统协调时制造商分得的利润为 x_M，零售商分得的利润为 x_R。受前面的数值算例启发可知，如果直接将系统最优目标函数值（或最优社会福利）进行分配，在不损害消费者剩余、政府"内部碳税收入"及环境的情况下，在制造商及零售商实现"底线"收益时不可能实现系统的协调（因此时"内部单位碳排放量征税额"为负）。基于此认识，考虑基于消费者剩余及政府"内部碳税收入"的转移支付利润分配方式，即"牺牲"消费者剩余及政府"内部碳税收入"的转移支付分配方式。设消费者剩余及政府"内部碳税收入"对应的转移支付分别为 x_C 及 x_δ，则系统协调时的利润分配模型为：

$$\begin{cases} x_M + x_R + CS^{C*} - x_C + \Delta^{C*} - x_\delta - \Omega^{C*} = \pi_G^{C*} \\ x_M \geqslant \pi_M^* \\ x_R \geqslant \pi_R^* \\ 0 \leqslant x_C \leqslant CS^{C*} \\ 0 \leqslant x_\delta \leqslant \Delta^{C*} \end{cases} \qquad (2-68)$$

模型式（2-68）中，π_M^*、π_R^* 及 π_G^{C*} 分别由式（2-18）、式（2-33）及式（2-64）决定。另外，式（2-68）中

$$CS^{C*} = \frac{1}{2}\left[D_0 - c_M + (\theta + k_M)\frac{(\theta + k)(D_0 - c_M - ke_0)}{\eta_M - (\theta + k)^2} \right.$$
$$\left. - ke_0 + \frac{(k + k_M)(\theta + k)(D_0 - c_M - ke_0)}{\eta_M - (\theta + k)^2} \right]^2$$

$$\Delta^{C*} = \delta\left[e_0 - \frac{(\theta + k)(D_0 - c_M - ke_0)}{\eta_M - (\theta + k)^2} \right]\left[D_0 - c_M + (\theta - k_M) \right.$$
$$\times \frac{(\theta + k)(D_0 - c_M - ke_0)}{\eta_M - (\theta + k)^2} - ke_0 + \frac{(k + k_M)(\theta + k)(D_0 - c_M - ke_0)}{\eta_M - (\theta + k)^2} \right]$$

$$\Omega^{C*} = k\left[e_0 - \frac{(\theta + k)(D_0 - c_M - ke_0)}{\eta_M - (\theta + k)^2} \right]\left[D_0 - c_M + (\theta - k_M) \right.$$
$$\times \frac{(\theta + k)(D_0 - c_M - ke_0)}{\eta_M - (\theta + k)^2} - ke_0 + \frac{(k + k_M)(\theta + k)(D_0 - c_M - ke_0)}{\eta_M - (\theta + k)^2} \right]$$

能够满足式（2-68）的变量 $(x_M, x_R, x_C, x_\delta)$ 的值可能有无穷多组，其中任意的一组值 $(x_M, x_R, x_C, x_\delta)$ 都为系统协调分配的结果。现实中，变量 $(x_M, x_R, x_C, x_\delta)$ 具体的取值可能依赖于博弈参与人的讨价还价能力或由其他原则决定，比如，从消费者剩余中进

行转移支付的量尽可能少的原则（对非博弈参与人的消费者的"损害"尽可能少）。此时式（2-68）可变为如下模型：

$\min x_C$

$$\text{s. t.} \begin{cases} x_M + x_R + CS^{C*} - x_C + \Delta^{C*} - x_\delta - \Omega^{C*} = \pi_G^{C*} \\ x_M = \pi_M^* \\ x_R = \pi_R^* \\ 0 \leqslant x_C \leqslant CS^{C*} \\ x_\delta = \Delta^{C*} \end{cases} \qquad (2-69)$$

求解模型式（2-69），可得变量（x_M，x_R，x_C，x_δ）具体的取值，即得到了使系统协调的利润分配结果。

2.9　最优碳税政策下的系统协调算例

设参数取值仍为 $D_0 = 40$，$c_M = 1$，$k_M = 2.5$，$\eta_M = 15$，$e_0 = 10$，$\theta = 1$，$k = 2$，则模型式（2-69）可转化为：

$\min x_C$

$$\text{s. t.} \begin{cases} x_M + x_R - x_C - x_\delta = -629.3750 - 23.7500\delta \\ x_M = 28.3961 \\ x_R = 308.6042 \\ 0 \leqslant x_C \leqslant 1128.1250 \\ x_\delta = 23.7500\delta \end{cases} \qquad (2-70)$$

求解模型式（2-70），可得 $x_M = 28.3961$，$x_R = 308.6042$，$x_C = 966.3753$，$x_\delta = 23.7500\delta$。也就是说，在给定的参数取值情况下，要使政府、制

造商与零售商愿意全面合作进行集中决策，从而使政府所关注的整个社会福利达到最大值451.2500，应给制造商分配利润28.3961，给零售商分配利润308.6042，从政府所关注的消费者剩余中转移支付966.3753（消费者剩余实为161.7497），且政府放弃"内部碳税收入"，环境损害为47.5000不变。这样分配可实现系统的协调。

第 3 章

最优碳补贴政策下供应链
运营博弈及协调研究

在本章中涉及的相关符号与假设基本上同上一章的碳税情形，只是政府需要决策的变量变为了对制造商碳减排成本的补贴比例 s（$0 \leqslant s \leqslant 1$）。

3.1 政府作为博弈参与人且制造商
主导供应链的博弈分析

在政府作为博弈参与人且制造商主导供应链的情形下，政府、制造商、零售商之间构成一个三阶段博弈。博弈参与人的决策顺序为：首先，政府根据社会福利最大原则决定对制造商碳减排成本的最优的补贴比例 s；其次，制造商进行产品生产并根据最大利润原则决定单位产品减排量 e（从而确定了产品批发价）；最后，零售商根据最大利润原则决定产品批发成本基础上的加成价 w_R。因此，在第 2 章的相关假设的基础上可得到制造商、零售商的利润函数分别为：

$$\pi_M = k_M e \left[D_0 - c_M + (\theta - k_M) e - w_R \right] - 0.5(1-s)\eta_M e^2 \tag{3-1}$$

$$\pi_R = w_R \left[D_0 - c_M + (\theta - k_M) e - w_R \right] \tag{3-2}$$

在碳补贴政策下政府的社会福利函数为：

$$\pi_G = \pi_M + \pi_R + CS - 0.5 s \eta_M e^2 - \Omega$$

将相关表达式代入社会福利函数，可得：

$$\pi_G = (w_R + k_M e - k e_0 + k e) \left[D_0 - c_M + (\theta - k_M) e - w_R \right]$$
$$+ \frac{\left[D_0 - c_M + (\theta - k_M) e - w_R \right]^2}{2} - 0.5 \eta_M e^2 \tag{3-3}$$

需要说明的是，模型式（3-1）~式（3-3）中，各决策变量 e、w_R、s 应满足非负约束，s 还应小于等于 1；与许多其他类似文献做法一样，通常考虑这些决策变量的内部最优解。没有特别说明的情况下，后面的这些决策变量进行类似处理并不再赘述。

对政府、制造商、零售商参与的三阶段博弈，根据逆向递推思想，先求解零售商的决策问题。零售商的利润函数关于 w_R 的二阶导数显然为负值，故该函数存在最大值。由零售商的利润函数关于 w_R 的一阶条件可得碳补贴政策下，零售商对制造商的单位产品减排量 e 的最优反应函数为：

$$w_R = \frac{D_0 - c_M + (\theta - k_M) e}{2} \tag{3-4}$$

最优反应函数式（3-4）表明，在碳补贴政策及制造商主导供应链的情形下，当 $\theta < k_M$ 时，制造商单位产品的减排量越大，零售商在产品批发成本基础上的加成价 w_R 越小；而当 $\theta > k_M$ 时，制造商单位产品的减排量越大，零售商在产品批发成本基础上的加成价 w_R 越大。

制造商预期到零售商的反应函数式（3-4）后，将式（3-4）代入制造商的利润函数式（3-1），则有：

$$\pi_M = \frac{k_M e\left[D_0 - c_M + (\theta - k_M)e\right] - \eta_M(1-s)e^2}{2} \qquad (3-5)$$

式（3-5）关于单位产品减排量 e 的二阶导数为：

$$H_M = k_M(\theta - k_M) - (1-s)\eta_M$$

据 H_M，当

$$k_M(\theta - k_M) < (1-s)\eta_M \qquad (3-6)$$

成立时，制造商的利润函数式（3-5）是关于单位产品减排量 e 的凹函数，故该函数在式（3-6）的条件下存在最大值。

由式（3-5）对 e 的一阶条件，可得到制造商对政府的碳补贴比例 s 的最优反应函数为：

$$e = \frac{k_M(D_0 - c_M)}{2(1-s)\eta_M - 2k_M(\theta - k_M)} \qquad (3-7)$$

式（3-7）中，要使制造商的单位减排量有意义（即应满足非负条件），考虑式（3-6），要求 $D_0 - c_M \geq 0$。由式（3-7）进一步可得到，政府的碳补贴比例 s 越大，制造商的单位减排量 e 越大。

将式（3-4）代入政府的福利函数式（3-3），可得：

$$\pi_G = \frac{(\theta - k_M)(\theta + k) - \eta_M}{2}e^2 + \frac{(D_0 - c_M)(2\theta + k - k_M) - ke_0(\theta - k_M)}{2}e$$

$$+ \frac{(D_0 - c_M)(D_0 - c_M - ke_0)}{2} \qquad (3-8)$$

式（3-8）中的 e 由式（3-7）决定。

考虑到式（3-7），由式（3-8）对 s 的一阶条件（复合函数求导）[1]，可得（参数取值应使 $0 \leq s^* \leq 1$）

$$s^* = 1 - \frac{k_M(D_0 - c_M - ke_0)(\theta - k_M)^2 + k_M\eta_M(D_0 - c_M)}{\eta_M\left[(D_0 - c_M)(2\theta + k - k_M) - ke_0(\theta - k_M)\right]} \qquad (3-9)$$

---

[1]　也可将式（3-7）代入式（3-8），式（3-8）直接对 s 求一阶导数并令其等于 0。

式（3-9）表明，政府对制造商碳减排成本的最优的碳补贴比例受 k_M、D_0、c_M、k、e_0、θ、η_M 众多参数的影响，其表达式比较复杂，各参数对最优的碳补贴比例的影响方向具有不确定性。

由式（3-9）及式（3-7），可得到：

$$e^* = \frac{(D_0 - c_M)(2\theta + k - k_M) - ke_0(\theta - k_M)}{2\eta_M - 2(\theta - k_M)(\theta + k)} \tag{3-10}$$

由式（3-10）及式（3-4），可得到：

$$w_R^* = \frac{(D_0 - c_M)[2\eta_M - (\theta - k_M)(k + k_M)] - ke_0(\theta - k_M)^2}{4\eta_M - 4(\theta - k_M)(\theta + k)} \tag{3-11}$$

由此可得制造商、零售商的最优利润及政府的最优社会福利分别为：

$$\pi_M^* = \frac{k_M(D_0 - c_M)^2(2\theta + k - k_M) - kk_M e_0(D_0 - c_M)(\theta - k_M)}{8\eta_M - 8(\theta - k_M)(\theta + k)} \tag{3-12}$$

$$\pi_R^* = \frac{\{(D_0 - c_M)[2\eta_M - (\theta - k_M)(k + k_M)] - ke_0(\theta - k_M)^2\}^2}{[4\eta_M - 4(\theta - k_M)(\theta + k)]^2} \tag{3-13}$$

$$\pi_G^* = \frac{[(D_0 - c_M)(2\theta + k - k_M) - ke_0(\theta - k_M)]^2}{8\eta_M - 8(\theta - k_M)(\theta + k)}$$

$$+ \frac{(D_0 - c_M)(D_0 - c_M - ke_0)}{2} \tag{3-14}$$

因而有

$$\pi_{MR}^* = \pi_M^* + \pi_R^* \tag{3-15}$$

另外，式（3-6）意味着：

$$\frac{(D_0 - c_M - ke_0)(\theta - k_M)^2 + \eta_M(D_0 - c_M)}{(D_0 - c_M)(2\theta + k - k_M) - ke_0(\theta - k_M)} > \theta - k_M \tag{3-16}$$

3.2　政府作为博弈参与人且零售商主导供应链的博弈分析

在碳补贴政策下，当零售商主导供应链时，政府、制造商、零售商间的三阶段博弈的决策顺序为：首先，政府根据社会福利最大原则决定对制造商碳减排成本的最优的补贴比例 s；其次，零售商根据最大利润原则决定产品批发成本基础上的加成价 w_R；最后，制造商根据最大利润原则决定单位产品减排量 e（从而确定了产品批发价）。博弈参与人的决策确定后，制造商生产产品并批发给零售商销售。

对于上述政府、制造商、零售商之间的三阶段博弈，根据逆向递推思想，首先求解制造商的决策问题。在

$$2k_M(\theta - k_M) < (1 - s)\eta_M \tag{3-17}$$

成立时，制造商的利润函数式（3-1）是关于单位产品减排量 e 的凹函数，故该函数在式（3-17）的条件下存在最大值。

由式（3-1）关于 e 的一阶条件，可得到制造商对于零售商在产品批发成本基础上的加成价 w_R 的最优反应函数为：

$$e = \frac{k_M(D_0 - c_M) - k_M w_R}{(1 - s)\eta_M - 2k_M(\theta - k_M)} \tag{3-18}$$

考虑到式（3-17），由式（3-18）可知，当零售商在产品批发成本基础上的加成价 w_R 的值越大，制造商的单位产品减排量越小。

零售商预期到制造商的最优反应函数式（3-18）后，将式（3-18）代入零售商的利润函数式（3-2）得：

$$\pi_R = \frac{(D_0 - c_M)\left[(1-s)\eta_M - k_M(\theta - k_M)\right]}{(1-s)\eta_M - 2k_M(\theta - k_M)}w_R$$

$$- \frac{(1-s)\eta_M - k_M(\theta - k_M)}{(1-s)\eta_M - 2k_M(\theta - k_M)}w_R^2 \tag{3-19}$$

式（3-19）关于 w_R 的二阶导数为：

$$H_R = -2\frac{(1-s)\eta_M - k_M(\theta - k_M)}{(1-s)\eta_M - 2k_M(\theta - k_M)}$$

考虑到式（3-17），H_R 小于 0 要求：

$$k_M(\theta - k_M) < (1-s)\eta_M \tag{3-20}$$

即式（3-17）、式（3-20）成立时，零售商的利润函数式（3-19）是关于变量 w_R 的凹函数，该函数关于变量 w_R 存在最大值。

根据式（3-19）对 w_R 的一阶条件，可得到零售商对政府的最优的碳补贴比例 s 的最优反应函数为：

$$w_R = \frac{D_0 - c_M}{2} \tag{3-21}$$

显然，政府的最优的碳补贴比例 s 对零售商的决策没有影响。其原因是"很自然的"，政府针对的是制造商的碳减排成本进行的补贴，而零售商没有减排，不享受补贴，当然也就不受政府补贴比例的影响。

此时，式（3-18）变为：

$$e = \frac{k_M(D_0 - c_M)}{2(1-s)\eta_M - 4k_M(\theta - k_M)} \tag{3-22}$$

将式（3-21）代入式（3-3），得：

$$\pi_G = \frac{(\theta - k_M)(\theta + k_M + 2k) - \eta_M e^2}{2}e^2 + \frac{(D_0 - c_M)(3D_0 - 3c_M - 4ke_0)}{8}$$

$$+ \frac{(D_0 - c_M)(\theta + k) + (\theta - k_M)(D_0 - c_M - 2ke_0)}{2}e \tag{3-23}$$

式（3-23）中的 e 由式（3-22）决定。

考虑到式（3-22），由式（3-23）对 s 的一阶条件（复合函数求导），可得（参数取值应使 $0 \leqslant s^* \leqslant 1$）：

$$s^* = 1 - \frac{\eta_M k_M (D_0 - c_M) + k_M (\theta - k_M)^2 (3D_0 - 3c_M - 4ke_0)}{\eta_M [(D_0 - c_M)(\theta + k) + (\theta - k_M)(D_0 - c_M - 2ke_0)]} \qquad (3-24)$$

由式（3-22）可得：

$$e^* = \frac{(D_0 - c_M)(\theta + k) + (\theta - k_M)(D_0 - c_M - 2ke_0)}{2[\eta_M - (\theta - k_M)(\theta + k_M + 2k)]} \qquad (3-25)$$

因为 w_R 不受补贴比例 s 影响，所以有：

$$w_R^* = \frac{D_0 - c_M}{2} \qquad (3-26)$$

式（3-26）表明，在零售商主导供应链时，零售商确定的产品批发成本基础上的加成价 w_R 只受产品的初始市场需求 D_0 及制造商单位产品生产成本 c_M 的影响，不受 k_M、k、e_0、θ、η_M 等参数的影响。而且，当 D_0 值增加时，零售商确定的加成价增加；当 c_M 值增加时，零售商确定的加成价减少。

在式（3-24）~式（3-26）的基础上可得制造商、零售商的最优利润及政府的最优社会福利分别为：

$$\pi_M^* = \frac{k_M (D_0 - c_M)[(D_0 - c_M)(\theta + k) + (\theta - k_M)(D_0 - c_M - 2ke_0)]}{8[\eta_M - (\theta - k_M)(\theta + k_M + 2k)]}$$

$$\qquad (3-27)$$

$$\pi_R^* = \frac{\eta_M (D_0 - c_M)^2 + (D_0 - c_M)(\theta - k_M) \times B_1}{4[\eta_M - (\theta - k_M)(\theta + k_M + 2k)]} \qquad (3-28)$$

$$\pi_G^* = \frac{(D_0 - c_M)(3D_0 - 3c_M - 4ke_0)}{8} + \frac{B_2}{8[\eta_M - (\theta - k_M)(\theta + k_M + 2k)]}$$

$$\qquad (3-29)$$

式 （3 - 28） 中 B_1、式 （3 - 29） 中 B_2 的表达式分别为：

$$B_1 = (\theta - k_M)(D_0 - c_M - 2ke_0) - (D_0 - c_M)(k + k_M)$$

$$B_2 = \left[(D_0 - c_M)(\theta + k) + (\theta - k_M)(D_0 - c_M - 2ke_0) \right]^2$$

式 （3 - 17）、式 （3 - 20） 可分别化为：

$$\frac{k_M(D_0 - c_M)\left[\eta_M - (\theta - k_M)(\theta + k_M + 2k) \right]}{(D_0 - c_M)(\theta + k) + (\theta - k_M)(D_0 - c_M - 2ke_0)} > 0 \qquad (3-30)$$

$$\frac{\eta_M k_M (D_0 - c_M) + k_M(\theta - k_M)\left[(D_0 - c_M)(\theta - k - 2k_M) - 2ke_0(\theta - k_M) \right]}{(D_0 - c_M)(\theta + k) + (\theta - k_M)(D_0 - c_M - 2ke_0)} > 0$$

$$(3-31)$$

3.3 政府作为博弈参与人且制造商、零售商权力平衡的博弈分析

在碳补贴政策环境下，当制造商、零售商权力平衡时，政府、制造商、零售商之间构成一个两阶段博弈，博弈的决策顺序为：首先，政府根据社会福利最大原则决定对制造商碳减排成本的最优的补贴比例 s；其次，制造商进行产品生产并根据最大利润原则决定单位产品减排量 e，同时零售商根据最大利润原则决定产品批发成本基础上的加成价 w_R。

对政府、制造商、零售商之间的两阶段博弈，根据逆向递推思想，首先求解制造商、零售商的决策问题。在参数满足式 （3 - 17） 约束下 （制造商的利润函数关于变量 e 存在最大值的充分条件，而零售商的利润函数关于变量 w_R 存在最大值，不需要别的条件），联立求解式 （3 - 1）、式 （3 - 2） 分别对 e、w_R 的两个一阶条件可得制造

商、零售商对政府确定的碳补贴比例 s 的最优反应函数为：

$$e = \frac{k_M(D_0 - c_M)}{2\eta_M(1-s) - 3k_M(\theta - k_M)} \qquad (3-32)$$

$$w_R = \frac{D_0 - c_M}{2} + \frac{\theta - k_M}{2}e = \frac{\eta_M(1-s)(D_0 - c_M) - k_M(\theta - k_M)(D_0 - c_M)}{2\eta_M(1-s) - 3k_M(\theta - k_M)}$$

$$(3-33)$$

式（3-32）表明，当政府确定的碳补贴比例 s 的值增加时，制造商的单位产品减排量增加。

将式（3-33）中的第一个等式代入政府的社会福利函数式（3-3）可得：

$$\pi_G = \frac{(D_0 - c_M)(3D_0 - 3c_M - 4ke_0)}{8} + \frac{(\theta - k_M)(k_M + 3\theta + 4k) - 4\eta_M}{8}e^2$$

$$+ \frac{2(D_0 - c_M)(\theta + k) + (\theta - k_M)(D_0 - c_M - 2ke_0)}{4}e \qquad (3-34)$$

其中，式（3-34）中的 e 由式（3-32）决定。

考虑到式（3-32），由式（3-34）对 s 的一阶条件（复合函数求导），可得（参数取值应使 $0 \leqslant s^* \leqslant 1$）：

$$s^* = 1 - \frac{2\eta_M k_M(D_0 - c_M) + k_M B_3(\theta - k_M)}{\eta_M[(D_0 - c_M)(2\theta + 2k) + (\theta - k_M)(D_0 - c_M - 2ke_0)]}$$

$$(3-35)$$

式（3-35）中，B_3 的表达式为：

$$B_3 = (D_0 - c_M)(3\theta + k - 2k_M) - 3ke_0(\theta - k_M)$$

将式（3-35）分别代入式（3-32）、式（3-33），得：

$$e^* = \frac{(D_0 - c_M)(2\theta + 2k) + (\theta - k_M)(D_0 - c_M - 2ke_0)}{4\eta_M - (\theta - k_M)(k_M + 3\theta + 4k)}$$

$$(3-36)$$

$$w_R^* = \frac{2\eta_M(D_0 - c_M) - (\theta - k_M)[(D_0 - c_M)(k + k_M) + ke_0(\theta - k_M)]}{4\eta_M - (\theta - k_M)(k_M + 3\theta + 4k)}$$

$$(3-37)$$

将式（3-35）~式（3-37）分别代入式（3-1）~式（3-3），可得：

$$\pi_M^* = k_M e^* \left(\frac{D_0 - c_M}{2} + \frac{\theta - k_M}{2} e^* \right) - \frac{\eta_M(e^*)^2}{2}$$

$$\times \frac{2\eta_M k_M(D_0 - c_M) + k_M B_3(\theta - k_M)}{\eta_M[(D_0 - c_M)(2\theta + 2k) + (\theta - k_M)(D_0 - c_M - 2ke_0)]} \quad (3-38)$$

$$\pi_R^* = \left(\frac{D_0 - c_M}{2} + \frac{\theta - k_M}{2} e^* \right)^2 \quad (3-39)$$

$$\pi_G^* = \left(\frac{D_0 - c_M}{2} + \frac{\theta - k_M}{2} e^* \right) \left(\frac{3D_0 - 3c_M - 4ke_0}{4} + \frac{k_M + 3\theta + 4k}{4} e^* \right) - \frac{\eta_M}{2}(e^*)^2$$

$$(3-40)$$

式（3-38）~式（3-40）中的 e^* 由式（3-36）决定，式（3-38）中的 B_3 同式（3-35）中的 B_3。

另外，在本小节中，式（3-17）应为：

$$\frac{2\eta_M k_M(D_0 - c_M) - k_M(\theta - k_M)[(D_0 - c_M)(3\theta + 3k) - ke_0(\theta - k_M)]}{(D_0 - c_M)(2\theta + 2k) + (\theta - k_M)(D_0 - c_M - 2ke_0)} > 0$$

$$(3-41)$$

3.4 供应链集中决策

在碳补贴政策下，供应链集中决策意味着制造商与零售商追求由其二者组成的供应链整体利润最大。此情形下，博弈参与人决策顺序为：首先，政府决定对制造商碳减排成本的最优的补贴比例 s；其次，制造商与零售商在知晓 s 后决定 e 和 w_R 以最大化供应链的利润。制造商与零售商组成的供应链的利润为：

$$\pi_{MR}^S = (k_M e + w_R)\left[D_0 - c_M + (\theta - k_M)e - w_R\right] - 0.5(1 - s)\eta_M e^2 \tag{3-42}$$

式（3-42）中，制造商的单位产品减排量 e 应满足非负约束，但零售商在产品批发成本基础上的加成价 w_R 可以不受符号约束。这与第 2 章中，碳税情形下供应链集中决策类似，此处不再展开说明。

π_{MR}^S 关于 e 和 w_R 的海塞（Hessian）矩阵为：

$$H_{MR}^S = \begin{bmatrix} 2k_M(\theta - k_M) - (1 - s)\eta_M & \theta - 2k_M \\ \theta - 2k_M & -2 \end{bmatrix}$$

当

$$2(1 - s)\eta_M > \theta^2 \tag{3-43}$$

成立时，上述海塞矩阵满足负定矩阵的充分条件。此时利润函数 π_{MR}^S 是关于 e 和 w_R 的联合凹函数，π_{MR}^S 关于变量 e 和 w_R 存在最大值。

由利润函数 π_{MR}^S 对 e 和 w_R 的两个一阶导数可得供应链对政府决定的碳补贴比例 s 的最优反应函数为：

$$e = \frac{\theta(D_0 - c_M)}{2(1 - s)\eta_M - \theta^2} \tag{3-44}$$

$$w_R = \frac{D_0 - c_M}{2} + \frac{(\theta - 2k_M)}{2}e = \frac{D_0 - c_M}{2} + \frac{(\theta - 2k_M)}{2} \times \frac{\theta(D_0 - c_M)}{2(1 - s)\eta_M - \theta^2} \tag{3-45}$$

显然，式（3-44）、式（3-45）表明：政府决定的碳补贴比例 s 越大，制造商的单位产品减排量越大，而零售商在产品批发成本基础上的加成价的变化方向取决于 $\theta - 2k_M$ 的符号。当 $\theta - 2k_M$ 大于 0 时，政府决定的碳补贴比例 s 越大，零售商在产品批发成本基础上的加成价越大；当 $\theta - 2k_M$ 等于 0 时，零售商在产品批发成本基础上的加成价不受 s 的影响；当 $\theta - 2k_M$ 小于 0 时，政府决定的碳补贴比例 s 越大，零售商在产品批发成本基础上的加成价越小。

将式（3-45）中的第一个等式代入政府的福利函数式（3-3），可得：

$$\pi_G^s = \frac{\theta(3\theta + 4k) - 4\eta_M}{8}e^2 + \frac{(D_0 - c_M)(3\theta + 4k) + \theta[3(D_0 - c_M) - 4ke_0]}{8}e$$

$$+ \frac{(D_0 - c_M)[3(D_0 - c_M) - 4ke_0]}{8} \tag{3-46}$$

式（3-46）中的 e 由式（3-44）决定。

考虑到式（3-44），由式（3-46）对 s 的一阶条件（复合函数求导），可得（参数取值应使 $0 \leqslant s^* \leqslant 1$）：

$$s^* = 1 - \frac{\theta^2}{2\eta_M} - \frac{\theta(D_0 - c_M)[4\eta_M - \theta(3\theta + 4k)]}{2\eta_M[3\theta(D_0 - c_M) + 2k(D_0 - c_M - \theta e_0)]} \tag{3-47}$$

由式（3-47）可知，供应链集中决策时，政府对制造商碳减排成本的最优的碳补贴比例不受参数 k_M 的影响。

由式（3-44）及式（3-45），可得到：

$$e^* = \frac{3\theta(D_0 - c_M) + 2k(D_0 - c_M - \theta e_0)}{4\eta_M - \theta(3\theta + 4k)} \tag{3-48}$$

$$w_R^* = \frac{D_0 - c_M}{2} + \frac{(\theta - 2k_M)}{2} \times \frac{3\theta(D_0 - c_M) + 2k(D_0 - c_M - \theta e_0)}{4\eta_M - \theta(3\theta + 4k)} \tag{3-49}$$

在式（3-47）~式（3-49）的基础上，如果按式（3-1）、式

（3-2）方式分别计算制造商、零售商的利润（协调利润分配时的一种参照），则进一步可得制造商、零售商及政府的最优社会福利分别为：

$$\pi_M^{S*} = \frac{k_M(D_0 - c_M)}{2}e^* + \frac{\theta k_M}{2}(e^*)^2$$
$$- \frac{2\eta_M(D_0 - c_M) - k\theta^2(D_0 - c_M + \theta e_0)}{2[3\theta(D_0 - c_M) + 2k(D_0 - c_M - \theta e_0)]}(e^*)^2 \quad (3-50)$$

$$\pi_R^{S*} = \frac{(D_0 - c_M)^2}{4} + \frac{(D_0 - c_M)(\theta - k_M)}{2}e^* + \frac{\theta(\theta - 2k_M)}{4}(e^*)^2$$
$$(3-51)$$

$$\pi_G^{S*} = \frac{\theta(3\theta + 4k) - 4\eta_M}{8}(e^*)^2 + \frac{(D_0 - c_M)(3\theta + 4k) + \theta[3(D_0 - c_M) - 4ke_0]}{8}e^*$$
$$+ \frac{(D_0 - c_M)[3(D_0 - c_M) - 4ke_0]}{8} \quad (3-52)$$

式（3-50）~式（3-52）中的 e^* 由式（3-48）决定。进一步有：

$$\pi_{MR}^{S*} = \pi_M^{S*} + \pi_R^{S*} \quad (3-53)$$

式（3-53）中的 π_{MR}^{S*} 也即式（3-42）在变量取到最优解时的最优值。

另外，式（3-43）意味着参数应满足条件：

$$\frac{\theta(D_0 - c_M)[4\eta_M - \theta(3\theta + 4k)]}{3\theta(D_0 - c_M) + 2k(D_0 - c_M - \theta e_0)} > 0 \quad (3-54)$$

3.5　系统集中决策

系统集中决策情形下，政府、制造商与零售商三方以社会福利最优为原则，共同确定 e、w_R 的值。此时的决策问题为（s 作为系统内部变量不在决策变量中出现）：

$$\max_{e,w_R} \pi_G^C = (w_R + k_M e - ke_0 + ke)[D_0 - c_M + (\theta - k_M)e - w_R]$$

$$+ \frac{[D_0 - c_M + (\theta - k_M)e - w_R]^2}{2} - 0.5\eta_M e^2 \qquad (3-55)$$

碳补贴政策下的系统集中决策模型式（3-55）中，制造商的单位产品减排量 e 应满足非负约束，但零售商在产品批发成本基础上的加成价 w_R 可以不受符号约束（理由类似第 2 章的供应链集中决策情形）。

虽然式（3-55）与第二章的式（2-60）相同，但为了阅读方便及使内容完整，根据 2.6 小节相关内容将主要的结论列于此处。

当

$$\eta_M > (\theta - k_M)(\theta + k_M + 2k) + (k + k_M)^2 \qquad (3-56)$$

成立时，社会福利函数式（3-55）存在最大值。

变量 e、w_R 的最优解为：

$$e^* = \frac{(\theta + k)(D_0 - c_M - ke_0)}{\eta_M - (\theta + k)^2} \qquad (3-57)$$

$$w_R^* = ke_0 - \frac{(k + k_M)(\theta + k)(D_0 - c_M - ke_0)}{\eta_M - (\theta + k)^2} \qquad (3-58)$$

此时的最优福会福利函数为：

$$\pi_G^{C*} = \frac{\eta_M(D_0 - c_M - ke_0)^2}{2\eta_M - 2(\theta + k)^2} \qquad (3-59)$$

另外，在式（3-57）、式（3-58）的基础上，如果按式（3-1）、式（3-2）方式分别计算制造商、零售商的利润（协调利润分配时的一种参照），可得到制造商、零售商的最优利润分别为：

$$\pi_M^{C*} = \frac{\eta_M(\theta+k)(D_0-c_M-ke_0)^2[2k_M-(1-s)(\theta+k)]}{2[\eta_M-(\theta+k)^2]^2} \qquad (3-60)$$

$$\pi_R^{C*} = \frac{\eta_M(D_0-c_M-ke_0)\{ke_0[\eta_M-(\theta+k)^2]-(\theta+k)(k+k_M)(D_0-c_M-ke_0)\}}{[\eta_M-(\theta+k)^2]^2}$$

$$(3-61)$$

因而制造商、零售商组成的供应链的最优利润为：

$$\pi_{MR}^{C*} = \pi_M^{C*} + \pi_R^{C*} \qquad (3-62)$$

其中，式（3-60）中的减排成本补贴比例 s 在 0 与 1 之间取值，s 值越大，在其他参数取值不变的情况下制造商得到的补贴越多，其利润就越多，反之利润越少。同时发现，当参数 k_M 值增加时，由式（3-1）计算得到的制造商的最优利润会变多。

3.6　最优碳补贴政策下的数值算例

碳补贴政策下，考虑到各种情形的参数应满足的条件，设 $D_0 = 40$，$c_M = 1$，$k_M = 2$，$\eta_M = 15$，$e_0 = 10$，$\theta = 1$，$k = 2$。将这些参数值代入本章的碳补贴政策下，制造商主导供应链、零售商主导供应链、制造商与零售商权力平衡、供应链集中决策、系统集中决策等各种情形的相关表达式中，可得到政府、制造商、零售商的相关变量及各自目标函数等的数值结果。

3.6.1　制造商主导供应链情形的数值结果

碳补贴政策下，按照政府、制造商、零售商的决策顺序进行三阶段动态博弈时，由 3.1 节的相关表达式可计算得到政府对制造商碳减排成本的最优补贴比例 $s^* = 0.1782$，制造商最优的单位产品减排量 $e^* = 2.7222$，零售商在产品批发成本基础上的最优加成价 $w_R^* = 18.1389$，制造商最优利润 $\pi_M^* = 53.0816$，零售商最优利润 $\pi_R^* = 329.0197$，供应链最优利润 $\pi_{MR}^* = 382.1013$，最优社会福利 $\pi_G^* = 272.6846$。另外，产品的市场需求 $D^* = 18.1389$，社会福利函数中消费者剩余 $CS^* = 164.5098$，政府付出的碳补贴成本为 9.9040，环境损害 $\Omega^* = 264.0226$。由此容易看出，在碳补贴及此组参数取值下，政府分担了制造商总减排成本的 17.82%；零售商因没有销售成本、减排成本等，且左右了产品市场需求因而获得了较多的利润；制造商单位产品碳减排量不高，其单位产品碳减排量只占到了单位产品初始碳排放量的 27.222%，且此时碳排放带来的环境损害较大，其值接近整个社会福利值。

3.6.2 零售商主导供应链情形的数值结果

在碳补贴政策及零售商主导供应链情形下，通过 3.2 节的相关表达式计算，可得到政府对制造商碳减排成本的最优补贴比例 $s^* = 0.2972$，制造商最优的单位产品减排量 $e^* = 2.6818$，零售商在产品批发成本基础上的最优加成价 $w_R^* = 19.5000$，制造商最优利润 $\pi_M^* = 52.2968$，零售商最优利润 $\pi_R^* = 327.9549$，供应链最优利润 $\pi_{MR}^* = 380.2517$，最优社会福利 $\pi_G^* = 259.4886$。另外，产品的市场需求 $D^* = 16.8182$，社会福利函数中消费者剩余 $CS^* = 141.4259$，政府付出的碳补贴成本为 16.0311，环境损害 $\Omega^* = 246.1579$。从数值结果可看出，在碳补贴政策下，相较于制造商主导供应链，当零售商主导供应链时，碳补贴比例更高，但制造商、零售商利润、社会福利、消费者剩余、减排量更少。

3.6.3   制造商与零售商权力平衡情形的数值结果

在碳补贴政策及制造商、零售商权力平衡情形下，通过 3.3 节的相关表达式计算，可得到政府对制造商碳减排成本的最优补贴比例 $s^* = 0.3923$，制造商最优的单位产品减排量 $e^* = 3.2192$，零售商在产品批发成本基础上的最优加成价 $w_R^* = 17.8904$，制造商最优利润 $\pi_M^* = 67.9525$，零售商最优利润 $\pi_R^* = 320.0664$，供应链最优利润 $\pi_{MR}^* = 388.0189$，最优社会福利 $\pi_G^* = 274.9384$。另外，产品的市场需求 $D^* = 17.8904$，社会福利函数中消费者剩余 $CS^* = 160.0332$，政府付出的碳补贴成本为 30.4913，环境损害 $\Omega^* = 242.6224$。由此容易看出，在制造商、零售商权力平衡情形下，制造商单位产品碳减排量及社会福利是三种分散决策情形中最高的，环境损害是三种分散决策情形中最低的。

3.6.4   供应链集中决策情形的数值结果

在碳补贴政策下，当制造商与零售商合作进行集中决策时，通过 3.4 节的相关表达式计算，可得到政府对制造商碳减排成本的最优补贴比例 $s^* = 0.6933$，制造商最优的单位产品减排量 $e^* = 4.7551$，零售商在产品批发成本基础上的最优加成价 $w_R^* = 12.3674$，制造商最优利润 $\pi_M^{S*} = 156.0470$ ［如果按式（3-1）或式（3-50）计算］，零

售商最优利润 $\pi_R^{S*} = 270.5693$ ［如果按式（3-2）或式（3-51）计算］，供应链最优利润 $\pi_{MR}^{S*} = 426.6163$，最优社会福利 $\pi_G^{S*} = 318.8673$。另外，产品的市场需求 $D^{S*} = 21.8775$，社会福利函数中消费者剩余 $CS^{S*} = 239.3125$，政府付出的碳补贴成本为 117.5714，环境损害 $\Omega^{S*} = 299.4906$。数值计算结果表明，在碳补贴政策下，当制造商与零售商合作与政府进行博弈时，虽然供应链的合作利润能达到 426.6163，大于三种分散决策情形下制造商与零售商的总利润，但如果按"式（3-2）原始方式"向零售商分配合作利润，零售商利润小于三种分散决策情形下的利润，显然零售商不会接受。也就是说，在碳补贴政策下，如果想真的达成制造商与零售商的局部合作，必须对局部的合作利润重新进行合理分配。

3.6.5 系统集中决策情形的数值结果

在碳补贴政策环境下，当政府、制造商、零售商全面合作进行集中决策时（此时政府对制造商碳减排成本的补贴比例 s 不再是决策变量），通过 3.5 节的相关表达式计算，可得到制造商最优的单位产品减排量 $e^* = 9.5000$，零售商在产品批发成本基础上的最优加成价 $w_R^* = -18.0000$，制造商最优利润 $\pi_M^{C*} = 225.6250 + 676.8750s$ ［如果按式（3-1）或式（3-60）计算］，零售商最优利润 $\pi_R^{C*} = -855.0000$ ［如果按式（3-2）或式（3-61）计算］，供应链最优利润 $\pi_{MR}^{C*} = -629.3750 + 676.8750s$，最优社会福利 $\pi_G^{C*} = 451.2500$。另外，产品的市场需求 $D^{C*} = 47.5000$，社会福利函数中消费者剩余 $CS^{C*} = 1128.1250$，政府"内部碳补贴成本"为 $676.8750s$ ［与式（3-1）或式（3-60）对应］，环境损害 $\Omega^{C*} = 47.5000$。由于 w_R^* 值为负，使产品零售价比产品"批发价"低（此时产品"批发价"为 20.0000，产品零售价为 2.0000）。这意味着为了扩大产品市场需求，降价出售产品从整个系统来看是有利的。但是，如果此时按"式（3-2）原始方式"向零售商分配合作利润，其利润为负，显然零售商不会接受。也就是说，要想真正实现政府、制造商及零售商的全面合作，应对零售商所作出的"牺牲"进行合理补偿。

3.6.6　碳补贴政策下各种情形的比较分析

根据本章碳补贴政策下的各种情形的数值结果可得到如下结论。

（1）供应链集中决策时，政府对制造商碳减排成本的补贴比例最高，制造商主导供应链时，政府对制造商碳减排成本的补贴比例最低。

（2）系统集中决策时，制造商单位产品减排量最高，零售商主导供应链时，制造商单位产品减排量最低。

（3）零售商主导供应链时，零售商在产品批发成本基础上的加成价最高，系统集中决策时，零售商在产品批发成本基础上的加成价为负数，是最低的。

（4）系统集中决策时，产品的市场需求及消费者剩余最高，零售商主导供应链时，产品的市场需求及消费者剩余最低。

（5）系统集中决策时，因碳排放导致的环境损害最小，制造商主导供应链时，环境损害最大。

（6）零售商主导供应链情形下，政府、制造商、零售商各自的目标函数值皆小于制造商主导供应链情形下所对应的目标函数值，这意味着至少在此组参数取值情况下分散决策时零售商主导供应链的情形不会被政府、制造商、零售商选择。

（7）分散决策情形下，政府、制造商偏爱制造商与零售商权力平衡的权力结构，零售商偏爱制造商主导供应链的权力结构。

（8）系统集中决策时，社会福利最高，零售商主导供应链时，社会福利最低，显然，政府喜欢与制造商和零售商全面合作进行系统集中决策。

（9）不同博弈参与人偏爱不同的权力结构，博弈的权力结构应是博弈参与人博弈的结果，而不应是"假设"出来的，比如，碳补贴政策下如果假设零售商主导供应链，可能就不合理或缺乏必要的依据。

（10）供应链集中决策时的社会福利高于三种分散决策时的社会福利，而系统集中决策时的社会福利高于供应链集中决策时的社会福利，这说明越大范围进行合作，社会福利越大，这一点与第 2 章的碳税政策下的结果不同。

（11）当参数取值与第 2 章完全一样时，在制造商主导供应链的情形下，政府对制造商碳减排成本的补贴比例按式（3-9）计算为负数，应取 0，这说明政府的碳政策的实施是有一定条件的，在制造商主导供应链且参数按第 2 章取值时，政府可以实施碳税政策而不能实施碳补贴政策，但在制造商主导供应链且参数按第 3 章取值时，政府可以实施碳补贴政策。

3.6.7　灵敏度分析及管理启示

以前述数值算例中的参数取值为基准，下面对 k_M 及 θ 在各种情形下进行灵敏度分析，结果如表 3-1～表 3-5 所示。

表 3 – 1　　　　　　　制造商主导供应链情形的灵敏度分析结果

基准	s^*	e^*	w_R^*	π_M^*	π_R^*	π_G^*
	0.1782	2.7222	18.1389	53.0816	329.0197	272.6846
$k_M = 1.90$	0.2387	2.8220	18.2301	52.2782	332.3360	274.8123
$k_M = 1.95$	0.2089	2.7717	18.1834	52.6971	330.6374	273.7464
$k_M = 2.05$	0.1467	2.6736	18.0964	53.4377	327.4791	271.6275
$k_M = 2.10$	0.1143	2.6257	18.0559	53.7609	326.0146	270.5747
$\theta = 0.90$	0.1208	2.5344	18.1061	49.4200	327.8309	265.0015
$\theta = 0.95$	0.1504	2.6274	18.1206	51.2350	328.3560	268.7892
$\theta = 1.05$	0.2043	2.8188	18.1611	54.9672	329.8240	276.6930
$\theta = 1.10$	0.2288	2.9174	18.1872	56.8887	330.7737	280.8189

表 3 – 2　　　　　　　零售商主导供应链情形的灵敏度分析结果

基准	s^*	e^*	w_R^*	π_M^*	π_R^*	π_G^*
	0.2972	2.6818	19.5000	52.2968	327.9549	259.4886
$k_M = 1.90$	0.3393	2.7793	19.5000	51.4874	331.4724	262.2963
$k_M = 1.95$	0.3184	2.7300	19.5000	51.9043	329.6766	260.8761
$k_M = 2.05$	0.2755	2.6348	19.5000	52.6621	326.3035	258.1331
$k_M = 2.10$	0.2534	2.5888	19.5000	53.0052	324.7207	256.8086
$\theta = 0.90$	0.2647	2.5277	19.5000	49.2895	326.0315	252.5399
$\theta = 0.95$	0.2813	2.6034	19.5000	50.7669	326.9448	255.9396
$\theta = 1.05$	0.3123	2.7630	19.5000	53.8783	329.0656	263.1957
$\theta = 1.10$	0.3268	2.8471	19.5000	55.5189	330.2830	267.0700

表 3 - 3 制造商与零售商权力平衡情形的灵敏度分析结果

基准	s^*	e^*	w_R^*	π_M^*	π_R^*	π_G^*
	0.3923	3.2192	17.8904	67.9525	320.0664	274.9384
$k_M = 1.90$	0.4180	3.2803	18.0239	65.3669	324.8602	276.6919
$k_M = 1.95$	0.4051	3.2495	17.9565	66.6723	322.4347	275.8100
$k_M = 2.05$	0.3796	3.1892	17.8257	69.2168	317.7550	274.0769
$k_M = 2.10$	0.3669	3.1595	17.7623	70.4561	315.4980	273.2254
$\theta = 0.90$	0.3739	3.0729	17.8099	65.1143	317.1934	267.6828
$\theta = 0.95$	0.3833	3.1452	17.8488	66.5253	318.5782	271.2522
$\theta = 1.05$	0.4009	3.2948	17.9350	69.4056	321.6627	278.7461
$\theta = 1.10$	0.4090	3.3722	17.9825	70.8760	323.3700	282.6803

表 3 - 4 供应链集中决策情形的灵敏度分析结果

基准	s^*	e^*	w_R^*	π_{MR}^{S*}	π_G^{S*}
	0.6933	4.7551	12.3674	426.6163	318.8673
$k_M = 1.90$	0.6933	4.7551	12.8429	426.6163	318.8673
$k_M = 1.95$	0.6933	4.7551	12.6051	426.6163	318.8673
$k_M = 2.05$	0.6933	4.7551	12.1296	426.6163	318.8673
$k_M = 2.10$	0.6933	4.7551	11.8918	426.6163	318.8673
$\theta = 0.90$	0.7114	4.4729	12.5670	419.4997	306.3431
$\theta = 0.95$	0.7021	4.6114	12.4677	422.9627	312.4616
$\theta = 1.05$	0.6849	4.9045	12.2659	430.4597	325.5785
$\theta = 1.10$	0.6771	5.0599	12.1631	434.5176	332.6151

表 3 － 5　　　　　　　　系统集中决策情形的灵敏度分析结果

基准	e^*	w_R^*	π_G^{C*}
	9. 5000	－ 18. 0000	451. 2500
$k_M = 1. 90$	9. 5000	－ 17. 0500	451. 2500
$k_M = 1. 95$	9. 5000	－ 17. 5250	451. 2500
$k_M = 2. 05$	9. 5000	－ 18. 4750	451. 2500
$k_M = 2. 10$	9. 5000	－ 18. 9500	451. 2500
$\theta = 0. 90$	8. 3612	－ 13. 4446	410. 8498
$\theta = 0. 95$	8. 9004	－ 15. 6014	429. 9325
$\theta = 1. 02$	9. 7592	－ 19. 0367	460. 4905
$\theta = 1. 03$	9. 8933	－ 19. 5731	465. 2781

3.6.7.1　由最优碳补贴政策下各种情形灵敏度分析结果可得出的结论

由最优碳补贴政策下各种情形灵敏度分析结果可得出的结论如下：

（1）在制造商主导供应链情形及制造商与零售商权力平衡情形下，随着产品单位减排量对批发价的影响系数 k_M 值增加，政府最优碳补贴率、制造商最优的单位产品减排量、零售商在产品批发成本基础上的最优加成价、零售商最优利润、最优社会福利都变小，而制造商最优利润变大。随着单位产品减排量对产品需求的影响系数 θ 值增加，表中 6 个最优"参数"值都变大。

（2）在零售商主导供应链情形下，随着 k_M 值增加，政府最优碳补贴率、制造商最优的单位产品减排量、零售商最优利润、最优社会福利都变小，但制造商最优利润变大。随着 θ 值增加，表中除了零售商在产品批发成本基础上的最优加成价以外的 5 个最优"参数"值都变大。而零售商在产品批发成本基础上的最优加成价不受 k_M 值及 θ

值的影响。

（3）在供应链集中决策情形下，随着 k_M 值增加，政府最优碳补贴率、制造商最优的单位产品减排量、供应链最优总利润、最优社会福利都不变，但零售商在产品批发成本基础上的最优加成价变小。随着 θ 值增加，政府最优碳补贴率、零售商在产品批发成本基础上的最优加成价变小，而制造商最优的单位产品减排量、供应链最优总利润、最优社会福利都变大。

（4）在系统集中决策情形下，随着 k_M 值增加，虽然零售商在产品批发成本基础上的最优加成价变小，但是制造商最优的单位产品减排量、最优社会福利及产品零售价都不变（零售价为 2.0000）；随着 θ 值增加，制造商最优的单位产品减排量、最优社会福利都变大，而零售商在产品批发成本基础上的最优加成价及产品零售价都变小。这一点类似于最优碳税政策下的结果。

3.6.7.2 在前面数值分析与灵敏度分析的基础上，可给出的管理启示

在前面数值分析与灵敏度分析的基础上，可给出的管理启示如下：

（1）在前面的三种分散决策情形下，随着单位产品减排量对产品需求的影响系数 θ 值增加，制造商的最优利润、零售商最优利润、最优社会福利都变大。因此制造商、零售商、政府都有动力采取措施使 θ 值变大，比如，多宣传低碳产品相对非低碳产品的好处，在全社会营造低碳、"绿色"氛围，以增加产品的需求。类似地，零售商、政府都有动力采取措施使 k_M 值变小，比如，零售商、政府对制造商进行进一步激励，让其共享一部分收益，以使制造商愿意接受低 k_M 值，这一点与碳税政策情形类似。

（2）在供应链集中决策情形及系统集中决策情形下，随着 θ 值增加，制造商最优的单位产品减排量、最优社会福利、供应链集中决策情形时供应链最优总利润都变大。因此，政府、制造商、零售商都愿意采取措施使 θ 值变大，具体措施可参照上一点。这也与碳税政策情形类似。

（3）各种情形下，当对应的参数取值相同时，系统集中决策情形时的制造商最优的单位产品减排量、消费者剩余、最优社会福利总是最大。因此，政府、制造商、零售商应当全面合作，采取集中决策方式，这样既有利于消费者剩余及制造商的减排，产生社会效益，同时还有利于增加整个社会福利。这也与碳税政策情形类似。但全面合作的前提是整个合作利润（或合作剩余利润）的合理分配，可考虑 3.7 节的系统协调模型中的分配方法。

3.7　最优碳补贴政策下的系统协调模型

由碳补贴政策下的数值算例结果及一般系统原理可知，政府、制造商与零售商全面合作进行系统集中决策时社会福利最大，也即此时政府的目标函数值最大。要实现此结果，也即实现系统协调，政府应对总的社会福利进行合理分配，使制造商与零售商都愿意进行全面合作。由于分散决策情形下，制造商主导供应链时零售商的利润达到其可能的最大值，制造商与零售商权力平衡时，制造商的利润达到其可能的最大值，可以将这两个可能的最大值作为零售商及制造商在全面合作时分得的利润的"底线"。同时，碳补贴政策下制造商、零售商合作时供应链的利润可能高于两个"底线"的利润之和，因而研究系统协调时，需考虑制造商与零售商结盟的可能。在此基础上可以给出系统协调利润分配模型。

为了使利润分配模型具有一般性，本节仍考虑参数形式的模型。设碳补贴政策下系统协调时制造商分得的利润为 x_M，零售商分得的利润为 x_R。受前面的数值算例启发可知，如果直接将系统最优目标函数值（或最优社会福利）进行分配，在不损害消费者剩余、政府对制造商"减排成本内部补贴"及环境的情况下，在制造商及零售商实现"底线"收益时不可能实现系统的协调（如果制造商及零售商想实现小联盟的收益更是不可能），因补贴比例 $s > 1$。基于此认识，考虑基于消费者剩余的转移支付利润分配方式，即"牺牲"消费者剩余的转移支付分配方式。设消费者剩余对应的转移支付为 x_C，则系统协调时的利润分配模型为：

$$
\begin{cases}
x_M + x_R + CS^{C*} - x_C - \psi^{C*} - \Omega^{C*} = \pi_G^{C*} \\
x_M \geqslant \pi_M^* \\
x_R \geqslant \pi_R^* \\
x_M + x_R \geqslant \pi_{MR}^{S*} \\
0 \leqslant x_C \leqslant CS^{C*}
\end{cases} \tag{3-63}
$$

模型（3-63）中，π_M^*、π_R^* 及 π_{MR}^{S*} 分别由式（3-38）、式（3-13）及式（3-53）决定，π_G^{C*} 由式（3-59）决定。另外，式（3-63）中：

$$
CS^{C*} = \frac{1}{2} \left[D_0 - c_M + (\theta - k_M) \times \frac{(\theta + k)(D_0 - c_M - ke_0)}{\eta_M - (\theta + k)^2} - ke_0 \right.
$$
$$
\left. + \frac{(k + k_M)(\theta + k)(D_0 - c_M - ke_0)}{\eta_M - (\theta + k)^2} \right]^2
$$

$$
\psi^{C*} = 0.5 s \eta_M \left[\frac{(\theta + k)(D_0 - c_M - ke_0)}{\eta_M - (\theta - k)^2} \right]^2
$$

$$\Omega^{C*} = k\left[e_0 - \frac{(\theta + k)(D_0 - c_M - ke_0)}{\eta_M - (\theta + k)^2} \right] \times \left[D_0 - c_M + (\theta - K_M) \right.$$

$$\left. \times \frac{(\theta + k)(D_0 - c_M - ke_0)}{\eta_M - (\theta + k)^2} - ke_0 + \frac{(k + k_M)(\theta + k)(D_0 - c_M - ke_0)}{\eta_M - (\theta + k)^2} \right]$$

式（3-63）的 ψ^{C*} 表达式中的补贴比例 s 取值范围为 $0 \le s \le 1$。

能够满足式（3-63）的变量 (x_M, x_R, x_C, s) 的值可能有无穷多组，其中任意的一组值 (x_M, x_R, x_C, s) 都为碳补贴政策下系统协调分配的结果。现实中，变量 (x_M, x_R, x_C, s) 具体的取值可能依赖于博弈参与人的讨价还价能力或由其他原则决定，如从消费者剩余中进行转移支付的量尽可能少的原则（对非博弈参与人的消费者的"损害"尽可能少）。此时，式（3-63）可变为如下模型：

$$\min x_C$$

$$\text{s. t.} \begin{cases} x_M + x_R + CS^{C*} - x_C - \psi^{C*} - \Omega^{C*} = \pi_G^{C*} \\ x_M \ge \pi_M^* \\ x_R \ge \pi_R^* \\ x_M + x_R \ge \pi_{MR}^{S*} \\ 0 \le x_C \le CS^{C*} \\ 0 \le s \le 1 \end{cases} \quad (3-64)$$

模型（3-64）的解依赖于参数的具体取值，可以分两种情况。

第一种情况，如果

$$\pi_{MR}^{S*} \ge \pi_M^* + \pi_R^* \quad (3-65)$$

成立时，如果再考虑在政府主导下制造商、零售商平分其合作剩余的第二原则，则有：

$$x_M = 0.5(\pi_{MR}^{S*} + \pi_M^* - \pi_R^*) \quad (3-66)$$

$$x_R = 0.5(\pi_{MR}^{S*} - \pi_M^* + \pi_R^*) \quad (3-67)$$

$$x_C = \pi_{MR}^{S*} + CS^{C*} - \psi^{C*} - \Omega^{C*} - \pi_G^{C*} \tag{3-68}$$

$$s = 1 \tag{3-69}$$

第二种情况，如果

$$\pi_{MR}^{S*} < \pi_M^* + \pi_R^* \tag{3-70}$$

成立时，则有：

$$x_M = \pi_M^* \tag{3-71}$$

$$x_R = \pi_R^* \tag{3-72}$$

$$x_C = \pi_M^* + \pi_R^* + CS^{C*} - \psi^{C*} - \Omega^{C*} - \pi_G^{C*} \tag{3-73}$$

$$s = 1 \tag{3-74}$$

这样即得到了在碳补贴政策下，使系统协调的利润分配结果。

3.8 最优碳补贴政策下的系统协调算例

假设参数取值仍为 $D_0 = 40$，$c_M = 1$，$k_M = 2$，$\eta_M = 15$，$e_0 = 10$，$\theta = 1$，$k = 2$，则模型式（3-64）可化为：

$$\min x_C$$

$$\text{s. t.} \begin{cases} x_M + x_R - x_C = -629.3750 + 676.8750s \\ x_M \geqslant 67.9525 \\ x_R \geqslant 329.0197 \\ x_M + x_R \geqslant 426.6163 \\ 0 \leqslant x_C \leqslant 1128.1250 \\ 0 \leqslant s \leqslant 1 \end{cases} \tag{3-75}$$

对式（3-75）而言，因式（3-65）成立，根据式（3-66）~

式（3 - 69），可得 $x_M = 82.7746$，$x_R = 343.8417$，$x_C = 379.1163$，$s = 1$。也就是说，在碳补贴政策及给定的参数取值情况下，要使政府、制造商与零售商愿意全面合作进行集中决策，从而使政府所关注的社会福利达到最大值 451.2500，应给制造商分配利润 82.7746，给零售商分配利润 343.8417，从政府所关注的消费者剩余中转移支付 379.1163（消费者剩余实为 749.0087），且政府承担所有的碳减排成本，环境损害为 47.5000 不变。这样分配可实现碳补贴政策下系统的协调。

第4章

最优碳限额与交易政策下供应链运营博弈及协调研究

在本章中，涉及的相关符号与假设基本同第 2 章的碳税情形。除此之外，假设政府给予碳排放企业制造商单位产品的碳排放限额为 e_g，则制造商可以获得的免费碳排放限额为 $e_g D$（可理解为与产品市场需求相关的某种补贴），当制造商需要排放的量超过 $e_g D$ 时，应从市场上以单价 p_c（p_c 为市场决定的外生变量）购买碳排放权，当制造商需要排放的量低于 $e_g D$ 时，可以单价 p_c 出售没有用完的碳排放权。也就是说，为使社会福利最大，政府需要决定最优的单位产品的碳排放限额 e_g。

4.1 政府作为博弈参与人且制造商主导供应链的博弈分析

在碳限额与交易政策及制造商主导供应链情形下，博弈参与人政府、制造商、零售商之间构成一个三阶段博弈。博弈参与人的决策顺序为：首先，政府根据社会福利最大原则决定最优的单位产品的碳排放限额 e_g；其次，制造商进行产品生产并根据最大利润原则决定单位产品减排量 e（从而确定了产品批发价）；最后，零售商据最大利润原则决定产品批发成本基础上的加成价 w_R（从而确定了产品零售价）。因此，由第 2 章相关假设可得到制造商、零售商的利润函数分别为：

$$\pi_M = (k_M e - p_c e_0 + p_c e + p_c e_g)\left[D_0 - c_M + (\theta - k_M)e - w_R\right] - \frac{\eta_M}{2}e^2$$

$$(4-1)$$

$$\pi_R = w_R\left[D_0 - c_M + (\theta - k_M)e - w_R\right]$$ 　　　$$(4-2)$$

在碳限额与交易政策下，政府的社会福利函数为：

$$\pi_G = \pi_M + \pi_R + CS - p_c e_g D - \Omega$$

将相关表达式代入社会福利函数，可得：

$$\pi_G = (w_R + k_M e - p_c e_0 + p_c e - k e_0 + k e)\left[D_0 - c_M + (\theta - k_M)e - w_R\right]$$

$$+ \frac{\left[D_0 - c_M + (\theta - k_M)e - w_R\right]^2}{2} - \frac{\eta_M}{2}e^2$$

$$(4-3)$$

式（4-1）~式（4-3）中，各决策变量 e、w_R、e_g 应满足非负约束；与许多其他类似文献做法一样，通常考虑这些决策变量的内部最优解。没有特别说明的情况下，后面的这些决策变量进行类似处理，不再赘述。

在碳限额与交易政策下，对政府、制造商、零售商之间的三阶段博弈，根据逆向递推思想，首先求解零售商的决策问题。由式（4-2）关于 w_R 的一阶条件，可得零售商对制造商单位产品减排量 e 的最优反应函数为：

$$w_R = \frac{D_0 - c_M + (\theta - k_M)e}{2} \qquad (4-4)$$

最优反应函数式（4-4）表明，在碳限额与交易政策及制造商主导供应链的情形下，当 $\theta < k_M$ 时，制造商单位产品的减排量越大，零售商在产品批发成本基础上的加成价 w_R 越小；而当 $\theta > k_M$ 时，制造商单位产品的减排量越大，零售商在产品批发成本基础上的加成价 w_R 越大。

将式（4-4）代入制造商的利润函数式（4-1），则有：

$$\pi_M = 0.5(k_M e - p_c e_0 + p_c e + p_c e_g)[D_0 - c_M + (\theta + k_M)e] - 0.5\eta_M e^2 \qquad (4-5)$$

式（4-5）关于制造商单位产品减排量 e 的二阶导数为：

$$H_M = (k_M + p_c)(\theta - k_M) - \eta_M$$

显然，当

$$(k_M + p_c)(\theta - k_M) < \eta_M \qquad (4-6)$$

成立时，制造商的利润函数式（4-5）是关于单位产品减排量 e 的凹函数，故该函数在式（4-6）的条件下存在最大值。

在式（4-6）条件下，由式（4-5）对 e 的一阶导数，可得制造商对政府决定的单位产品的碳排放限额 e_g 的最优反应函数为：

$$e = \frac{(D_0 - c_M)(k_M + p_c) + p_c(\theta - k_M)(e_g - e_0)}{2[\eta_M - (\theta - k_M)(k_M + p_c)]} \qquad (4-7)$$

式（4-7）表明，在碳限额与交易政策及制造商主导供应链的情形下，当 $\theta < k_M$ 时，政府决定的单位产品的碳排放限额 e_g 越大，制造商单位产品的减排量越小；而当 $\theta > k_M$ 时，政府决定的单位产品的碳排放限额 e_g 越大，制造商单位产品的减排量越大。将式（4-4）代入式（4-3），得到政府的目标函数为：

$$\pi_G = \frac{D_0 - c_M}{2}\left(\frac{3D_0 - 3c_M}{4} - p_c e_0 - k e_0\right) + \frac{D_0 - c_M}{2}\left(\frac{3\theta}{4} + \frac{k_M}{4} + k + p_c\right)e$$

$$+ \frac{\theta - k_M}{2}\left(\frac{3D_0 - 3c_M}{4} - p_c e_0 - k e_0\right)e + \frac{\theta - k_M}{2}\left(\frac{3\theta}{4} + \frac{k_M}{4} + k + p_c\right)e^2$$

$$- \frac{\eta_M}{2}e^2 \qquad\qquad (4-8)$$

式（4-8）中的 e 由式（4-7）决定。式（4-8）关于政府的单位产品的碳排放限额 e_g 的二阶导数为：

$$H_G = (\theta - k_M)\left(\frac{3\theta}{4} + \frac{k_M}{4} + k + p_c\right)\left(\frac{de}{de_g}\right)^2 - \eta_M\left(\frac{de}{de_g}\right)^2 \qquad (4-9)$$

式（4-9）中，

$$\frac{de}{de_g} = \frac{p_c(\theta - k_M)}{2\left[\eta_M - (\theta - k_M)(k_M + p_c)\right]} \qquad\qquad (4-10)$$

当 $H_G < 0$ 成立时，政府的目标函数式（4-8）是关于单位产品的碳排放限额 e_g 的凹函数，故该函数在 $H_G < 0$ 的条件下存在最大值。

将 e 的表达式（4-7）代入式（4-8）后，由式（4-8）对 e_g 的一阶条件得：

$$\frac{D_0 - c_M}{2}\left(\frac{3\theta}{4} + \frac{k_M}{4} + k + p_c\right)\frac{de}{de_g} + \frac{\theta - k_M}{2} \times \left(\frac{3D_0 - 3c_M}{4} - p_c e_0 - k e_0\right)\frac{de}{de_g}$$

$$+ (\theta - k_M)\left(\frac{3\theta}{4} + \frac{k_M}{4} + k + p_c\right)e\frac{de}{de_g} - \eta_M e\frac{de}{de_g} = 0 \qquad (4-11)$$

式（4-11）中的 e 由式（4-7）决定，$\dfrac{de}{de_g}$ 由式（4-10）决定。式（4-11）为有关 e_g 的一元一次方程，本来由式（4-11）可以求出 e_g 的最优解 e_g^*，但 e_g^* 的表达式较复杂，此处不写出 e_g^* 具体的表达式，只是说 e_g^* 由式（4-11）决定。

从逻辑上说，有了 e_g^* 的值后，由式（4-7）、式（4-4）可得到：

$$e^* = \frac{(D_0 - c_M)(k_M + p_c) + p_c(\theta - k_M)(e_g^* - e_0)}{2[\eta_M - (\theta - k_M)(k_M + p_c)]} \quad (4-12)$$

$$w_R^* = \frac{D_0 - c_M}{2} + \frac{\theta - k_M}{2} \times \frac{(D_0 - c_M)(k_M + p_c) + p_c(\theta - k_M)(e_g^* - e_0)}{2[\eta_M - (\theta - k_M)(k_M + p_c)]}$$

$$(4-13)$$

在式 (4 - 12)、式 (4 - 13) 的基础上，由式 (4 - 1) ~ 式 (4 - 3) 可得在碳限额与交易情形下，制造商主导供应链时制造商、零售商、供应链及政府的最优目标函数为：

$$\pi_M^* = \frac{(D_0 - c_M)(p_c e_g^* - p_c e_0)}{2} + \frac{(D_0 - c_M)(k_M + p_c) + (\theta - k_M)(p_c e_g^* - p_c e_0)}{2}$$

$$\times \frac{(D_0 - c_M)(k_M + p_c) + p_c(\theta - k_M)(e_g^* - e_0)}{2[\eta_M - (\theta - k_M)(k_M + p_c)]} + \frac{(\theta - k_M)(k_M + p_c) - \eta_M}{2}$$

$$\times \left\{ \frac{(D_0 - c_M)(k_M + p_c) + p_c(\theta - k_M)(e_g^* - e_0)}{2[\eta_M - (\theta - k_M)(k_M + p_c)]} \right\}^2 \quad (4-14)$$

$$\pi_R^* = \left\{ \frac{D_0 - c_M}{2} + \frac{\theta - k_M}{2} \times \frac{(D_0 - c_M)(k_M + p_c) + p_c(\theta - k_M)(e_g^* - e_0)}{2[\eta_M - (\theta - k_M)(k_M + p_c)]} \right\}^2$$

$$(4-15)$$

$$\pi_{MR}^* = \pi_M^* + \pi_R^* \quad (4-16)$$

$$\pi_G^* = \frac{D_0 - c_M}{2}\left(\frac{3D_0 - 3c_M}{4} - p_c e_0 - k e_0\right) + \frac{D_0 - c_M}{2}\left(\frac{3\theta}{4} + \frac{k_M}{4} + k + p_c\right)$$

$$\times \frac{(D_0 - c_M)(k_M + p_c) + p_c(\theta - k_M)(e_g^* - e_0)}{2[\eta_M - (\theta - k_M)(k_M + p_c)]}$$

$$+ \frac{\theta - k_M}{2}\left(\frac{3D_0 - 3c_M}{4} - p_c e_0 - k e_0\right)\frac{(D_0 - c_M)(k_M + p_c) + p_c(\theta - k_M)(e_g^* - e_0)}{2[\eta_M - (\theta - k_M)(k_M + p_c)]}$$

$$+ \left[\frac{\theta - k_M}{2}\left(\frac{3\theta}{4} + \frac{k_M}{4} + k + p_c\right) - \frac{\eta_M}{2}\right]$$

$$\times \left\{\frac{(D_0 - c_M)(k_M + p_c) + p_c(\theta - k_M)(e_g^* - e_0)}{2[\eta_M - (\theta - k_M)(k_M + p_c)]}\right\}^2 \quad (4-17)$$

式 （4-14） ~ 式 （4-17） 中的 e_g^* 由式 （4-11） 决定。

4.2　政府作为博弈参与人且零售商
主导供应链的博弈分析

在碳限额与交易政策下，当零售商主导供应链时，政府、制造商、零售商间的三阶段博弈的决策顺序为：首先，政府根据社会福利最大原则决定最优的单位产品的碳排放限额 e_g；其次，零售商根据最大利润原则决定产品批发成本基础上的加成价 w_R；最后，制造商根据最大利润原则决定单位产品减排量 e（从而确定了产品批发价）。博弈参与人的决策确定后，制造商生产产品并批发给零售商销售。

对上述三阶段博弈，根据逆向递推思想，首先求解制造商的决策问题。对制造商的利润函数式 （4-1），其二阶导数为：

$$H_M = 2(k_M + p_c)(\theta - k_M) - \eta_M$$

显然，当

$$2(k_M + p_c)(\theta - k_M) < \eta_M \tag{4-18}$$

时，式 （4-1） 存在最大值。

由式 （4-1） 对 e 的一阶条件，可得制造商对零售商在产品批发成本基础上的加成价 w_R 的最优反应函数为：

$$e = \frac{(k_M + p_c)(D_0 - c_M - w_R) + (\theta - k_M)(p_c e_g - p_c e_0)}{\eta_M - 2(\theta - k_M)(k_M + p_c)} \tag{4-19}$$

由式 （4-19） 可知，当零售商在产品批发成本基础上的加成价 w_R 的值增加时，制造商单位产品减排量减小；当零售商在产品批发成本基础上的加成价 w_R 的值减小时，制造商单位产品减排量增加。将式 （4-19） 代入式 （4-2），得到：

$$\pi_R = w_R \left[\frac{\eta_M (D_0 - c_M) - (D_0 - c_M)(\theta - k_M)(k_M + p_c) + (\theta - k_M)^2 (p_c e_g - p_c e_0)}{\eta_M - 2(\theta - k_M)(k_M + p_c)} \right.$$

$$\left. - \frac{\eta_M - (\theta - k_M)(k_M + p_c)}{\eta_M - 2(\theta - k_M)(k_M + p_c)} w_R \right] \qquad (4-20)$$

式（4-20）对 w_R 二阶导数为：

$$H_R = -\frac{2\eta_M - 2(\theta - k_M)(k_M + p_c)}{\eta_M - 2(\theta - k_M)(k_M + p_c)}$$

考虑到式（4-18），$H_R < 0$ 要求：

$$(\theta - k_M)(k_M + p_c) < \eta_M \qquad (4-21)$$

即式（4-18）、式（4-21）成立时，式（4-20）关于变量 w_R 存在最大值。

由式（4-20）对 w_R 的一阶条件，可得零售商对政府决定的单位产品的碳排放限额 e_g 的最优反应函数为：

$$w_R = \frac{D_0 - c_M}{2} + \frac{(\theta - k_M)^2 (p_c e_g - p_c e_0)}{2\eta_M - 2(\theta - k_M)(k_M + p_c)} \qquad (4-22)$$

由式（4-22）可知，当政府决定的单位产品碳排放限额 e_g 的值增加时，w_R 的值增加；当政府决定的单位产品碳排放限额 e_g 的值减小时，w_R 的值减小。

将式（4-19）代入政府的福利函数式（4-3），可得：

$$\pi_G = \left[D_0 - c_M - w_R + (\theta - k_M)\frac{(k_M + p_c)(D_0 - c_M - w_R) + (\theta - k_M)(p_c e_g - p_c e_0)}{\eta_M - 2(\theta - k_M)(k_M + p_c)} \right]$$

$$\times \left[w_R - p_c e_0 - k e_0 + (k + k_M + p_c) \times \frac{(k_M + p_c)(D_0 - c_M - w_R) + (\theta - k_M)(p_c e_g - p_c e_0)}{\eta_M - 2(\theta - k_M)(k_M + p_c)} \right]$$

$$+ \frac{1}{2}\left[D_0 - c_M - w_R + (\theta - k_M)\frac{(k_M + p_c)(D_0 - c_M - w_R) + (\theta - k_M)(p_c e_g - p_c e_0)}{\eta_M - 2(\theta - k_M)(k_M + p_c)} \right]^2$$

$$- \frac{\eta_M}{2}\left[\frac{(k_M + p_c)(D_0 - c_M - w_R) + (\theta - k_M)(p_c e_g - p_c e_0)}{\eta_M - 2(\theta - k_M)(k_M + p_c)} \right]^2 \qquad (4-23)$$

式（4-23）中的 w_R 由式（4-22）决定。

由式（4-23）对 e_g 的一阶条件（求导前需将 w_R 的表达式代入），可得零售商主导供应链时最优单位产品碳排放限额 e_g 应满足的条件为：

$$\left[(D_0 - c_M)(\theta + k + p_c) - w_R(k + k_M + p_c) - (\theta - k_M)(p_c e_0 + k e_0)\right]\frac{de}{de_g}$$

$$+ (p_c e_0 + k e_0 - w_R)\frac{dw_R}{de_g} - (k + k_M + p_c)e\frac{dw_R}{de_g} + (\theta - k_M)$$

$$\times (\theta + k_M + 2k + 2p_c)e\frac{de}{de_g} - \eta_M e\frac{de}{de_g} = 0 \qquad (4-24)$$

式（4-24）中，w_R 由式（4-22）决定，另外，

$$e = \frac{(D_0 - c_M)(k_M + p_c) + 2(\theta - k_M)(p_c e_g - p_c e_0)}{2\left[\eta_M - 2(\theta - k_M)(k_M + p_c)\right]}$$

$$- \frac{(\theta - k_M)^2(k_M + p_c)(p_c e_g - p_c e_0)}{2\left[\eta_M - (\theta - k_M)(k_M + p_c)\right]\left[\eta_M - 2(\theta - k_M)(k_M + p_c)\right]}$$

$$\frac{de}{de_g} = \frac{p_c(\theta - k_M)}{\eta_M - 2(\theta - k_M)(k_M + p_c)}$$

$$- \frac{p_c(k_M + p_c)(\theta - k_M)^2}{2\left[\eta_M - (\theta - k_M)(k_M + p_c)\right]\left[\eta_M - 2(\theta - k_M)(k_M + p_c)\right]}$$

$$\frac{dw_R}{de_g} = \frac{p_c(\theta - k_M)^2}{2\eta_M - 2(\theta - k_M)(k_M + p_c)}$$

式（4-24）是有关 e_g 的复杂的线性方程，参数形式的解析解表达式很庞大，因而此处不写出 e_g 的最优解 e_g^* 具体的表达式，只是说 e_g^* 由式（4-24）决定。在此基础上可得：

$$w_R^* = \frac{D_0 - c_M}{2} + \frac{(\theta - k_M)^2(p_c e_g^* - p_c e_0)}{2\eta_M - 2(\theta - k_M)(k_M + p_c)} \qquad (4-25)$$

$$e^* = \frac{(D_0 - c_M)(k_M + p_c) + 2(\theta - k_M)(p_c e_g^* - p_c e_0)}{2[\eta_M - 2(\theta - k_M)(k_M + p_c)]}$$

$$- \frac{(\theta - k_M)^2 (k_M + p_c)(p_c e_g^* - p_c e_0)}{2[\eta_M - (\theta - k_M)(k_M + p_c)][\eta_M - 2(\theta - k_M)(k_M + p_c)]}$$

$$(4-26)$$

在式 (4-25)、式 (4-26) 的基础上, 由式 (4-1) ~ 式 (4-3) 可得制造商、零售商、政府的最优目标函数为:

$$\pi_M^* = (k_M e^* - p_c e_0 + p_c e^* + p_c e_g^*)[D_0 - c_M + (\theta - k_M)e^* - w_R^*] - \frac{\eta_M}{2}(e^*)^2$$

$$(4-27)$$

$$\pi_R^* = w_R^* \left[\frac{\eta_M(D_0 - c_M) - (D_0 - c_M)(\theta - k_M)(k_M + p_c) + (\theta - k_M)^2 (p_c e_g^* - p_c e_0)}{\eta_M - 2(\theta - k_M)(k_M + p_c)} \right.$$

$$\left. - \frac{\eta_M - (\theta - k_M)(k_M + p_c)}{\eta_M - 2(\theta - k_M)(k_M + p_c)} w_R^* \right] \qquad (4-28)$$

$$\pi_G^* = \left[D_0 - c_M - w_R^* + (\theta - k_M) \frac{\begin{array}{c}(k_M + p_c)(D_0 - c_M - w_R^*)\\ + (\theta - k_M)(p_c e_g^* - p_c e_0)\end{array}}{\eta_M - 2(\theta - k_M)(k_M + p_c)} \right]$$

$$\times \left[w_R^* - p_c e_0 - k e_0 + (k + k_M + p_c) \times \frac{\begin{array}{c}(k_M + p_c)(D_0 - c_M - w_R^*)\\ + (\theta - k_M)(p_c e_g^* - p_c e_0)\end{array}}{\eta_M - 2(\theta - k_M)(k_M + p_c)} \right]$$

$$+ \frac{1}{2} \left[D_0 - c_M - w_R^* + (\theta - k_M) \frac{\begin{array}{c}(k_M + p_c)(D_0 - c_M - w_R^*)\\ + (\theta - k_M)(p_c e_g^* - p_c e_0)\end{array}}{\eta_M - 2(\theta - k_M)(k_M + p_c)} \right]^2$$

$$- \frac{\eta_M}{2} \left[\frac{(k_M + p_c)(D_0 - c_M - w_R^*) + (\theta - k_M)(p_c e_g^* - p_c e_0)}{\eta_M - 2(\theta - k_M)(k_M + p_c)} \right]^2$$

$$(4-29)$$

式 (4-27) ~ 式 (4-29) 中, e_g^*、w_R^*、e^* 分别由式 (4-24) ~ 式 (4-26) 决定。

在式（4-27）、式（4-28）的基础上，有制造商、零售商组成的供应链的利润为：

$$\pi_{MR}^* = \pi_M^* + \pi_R^* \tag{4-30}$$

4.3　政府作为博弈参与人且制造商、零售商权力平衡的博弈分析

在碳限额与交易政策下，当制造商与零售商权力平衡时，政府、制造商、零售商之间构成一个两阶段博弈，博弈的决策顺序为：首先，政府根据社会福利最大原则决定最优的单位产品的碳排放限额 e_g；其次，制造商进行产品生产并根据最大利润原则决定单位产品减排量 e，同时零售商据最大利润原则决定产品批发成本基础上的加成价 w_R。

对政府、制造商、零售商三方参与的两阶段博弈，根据逆向递推思想，首先求解制造商、零售商的决策问题。在参数满足式（4-18）约束下（制造商的利润函数关于变量 e 存在最大值的充分条件），联立求解式（4-1）、式（4-2）分别对 e、w_R 的两个一阶条件，可得制造商、零售商对政府决定的单位产品的碳排放限额 e_g 的最优反应函数为：

$$e = \frac{(D_0 - c_M)(k_M + p_c) + 2(\theta - k_M)(p_c e_g - p_c e_0)}{2\eta_M - 3(\theta - k_M)(k_M + p_c)} \tag{4-31}$$

$$w_R = \frac{D_0 - c_M}{2} + \frac{\theta - k_M}{2} e$$

$$= \frac{\eta_M(D_0 - c_M) - (D_0 - c_M)(\theta - k_M)(k_M + p_c) + (\theta - k_M)^2(p_c e_g - p_c e_0)}{2\eta_M - 3(\theta - k_M)(k_M + p_c)}$$

$$\tag{4-32}$$

由式（4-31）可知，在碳限额与交易政策及制造商、零售商权力平衡的情形下，当 $\theta < k_M$ 时，政府决定的单位产品的碳排放限额 e_g 越大，制造商单位产品的减排量越小；而当 $\theta > k_M$ 时，政府决定的单位产品的碳排放限额 e_g 越大，制造商单位产品的减排量越大。由式（4-32）可知，在碳限额与交易政策下，当制造商、零售商权力平衡时，政府决定的单位产品的碳排放限额 e_g 越大，产品批发成本基础上的加成价越大。

将式（4-32）前一个等式代入政府的福利函数式（4-3），得到：

$$\pi_G = \frac{(\theta - k_M)(k_M + 3\theta + 4k + 4p_c) - 4\eta_M}{8}e^2 + \frac{(\theta - k_M)(3D_0 - 3c_M - 4p_c e_0 - 4k e_0)}{8}e$$

$$+ \frac{(D_0 - c_M)(k_M + 3\theta + 4k + 4p_c)}{8}e + \frac{(D_0 - c_M)(3D_0 - 3c_M - 4p_c e_0 - 4k e_0)}{8}$$

$$(4-33)$$

其中，式（4-33）中的 e 由式（4-31）决定。式（4-33）对 e_g 的二阶导数为负要求：

$$(\theta - k_M)(k_M + 3\theta + 4k + 4p_c) - 4\eta_M < 0 \qquad (4-34)$$

由式（4-33）对 e_g 的一阶条件（求导前需将 e 的表达式代入），可得到制造商、零售商权力平衡时最优单位产品的碳排放限额应满足的条件为：

$$\frac{(\theta - k_M)(k_M + 3\theta + 4k + 4p_c) - 4\eta_M}{4}e\frac{de}{de_g} + \frac{(D_0 - c_M)(k_M + 3\theta + 4k + 4p_c)}{8} \times \frac{de}{de_g}$$

$$+ \frac{(\theta - k_M)(3D_0 - 3c_M - 4p_c e_0 - 4k e_0)}{8} \times \frac{de}{de_g} = 0 \qquad (4-35)$$

式（4-35）中，e 由式（4-31）决定，另外，

$$\frac{de}{de_g} = \frac{2p_c(\theta - k_M)}{2\eta_M - 3(\theta - k_M)(k_M + p_c)}$$

设方程式（4-35）求出的 e_g 的最优解用 e_g^* 表示，在此基础上

可得：

$$e^* = \frac{(D_0 - c_M)(k_M + p_c) + 2(\theta - k_M)(p_c e_g^* - p_c e_0)}{2\eta_M - 3(\theta - k_M)(k_M + p_c)} \qquad (4-36)$$

$$w_R^* = \frac{\eta_M(D_0 - c_M) - (D_0 - c_M)(\theta - k_M)(k_M + p_c) + (\theta - k_M)^2(p_c e_g^* - p_c e_0)}{2\eta_M - 3(\theta - k_M)(k_M + p_c)}$$

$$(4-37)$$

在式（4-36）、式（4-37）的基础上，由式（4-1）~式（4-3）可得制造商、零售商、政府的最优目标函数为：

$$
\begin{aligned}
\pi_M^* = {} & \frac{(D_0 - c_M)(p_c e_g^* - p_c e_0)}{2} + \frac{(\theta - k_M)(p_c e_g^* - p_c e_0)}{2} \\
& \times \frac{(D_0 - c_M)(k_M + p_c) + 2(\theta - k_M)(p_c e_g^* - p_c e_0)}{2\eta_M - 3(\theta - k_M)(k_M + p_c)} \\
& + \frac{(D_0 - c_M)(k_M + p_c)}{2} \times \frac{(D_0 - c_M)(k_M + p_c) + 2(\theta - k_M)(p_c e_g^* - p_c e_0)}{2\eta_M - 3(\theta - k_M)(k_M + p_c)} \\
& + \frac{(\theta - k_M)(k_M + p_c) - \eta_M}{2} \times \left[\frac{(D_0 - c_M)(k_M + p_c) + 2(\theta - k_M)(p_c e_g^* - p_c e_0)}{2\eta_M - 3(\theta - k_M)(k_M + p_c)}\right]^2
\end{aligned}
$$

$$(4-38)$$

$$\pi_R^* = \left[\frac{\eta_M(D_0 - c_M) - (D_0 - c_M)(\theta - k_M)(k_M + p_c) + (\theta - k_M)^2(p_c e_g^* - p_c e_0)}{2\eta_M - 3(\theta - k_M)(k_M + p_c)}\right]^2$$

$$(4-39)$$

$$
\begin{aligned}
\pi_G^* = {} & \frac{(\theta - k_M)(k_M + 3\theta + 4k + 4p_c) - 4\eta_M}{8}\left[\frac{C_1}{2\eta_M - 3(\theta - k_M)(k_M + p_c)}\right]^2 \\
& + \frac{(\theta - k_M)(3D_0 - 3c_M - 4p_c e_0 - 4k e_0)}{8} \times \frac{C_1}{2\eta_M - 3(\theta - k_M)(k_M + p_c)} \\
& + \frac{(D_0 - c_M)(k_M + 3\theta + 4k + 4p_c)}{8} \times \frac{C_1}{2\eta_M - 3(\theta - k_M)(k_M + p_c)} \\
& + \frac{(D_0 - c_M)(3D_0 - 3c_M - 4p_c e_0 - 4k e_0)}{8}
\end{aligned}
$$

$$(4-40)$$

式（4-40）中，C_1 的表达式为：

$$C_1 = (D_0 - c_M)(k_M + p_c) + 2(\theta - k_M)(p_c e_g^* - p_c e_0)$$

因而有制造商、零售商组成的供应链的利润为：

$$\pi_{MR}^* = \pi_M^* + \pi_R^* \tag{4-41}$$

4.4 供应链集中决策

在碳限额与交易政策及供应链集中决策情形下，制造商与零售商追求供应链整体利润最大。此情形下政府、制造商与零售商等博弈参与人决策顺序为：政府先决定最优的单位产品的碳排放限额 e_g；然后制造商与零售商在知晓 e_g 后，共同决定 w_R 和 e 以最大化供应链利润。制造商与零售商组成的供应链的利润为：

$$\pi_{MR}^S = (w_R + k_M e - p_c e_0 + p_c e + p_c e_g)[D_0 - c_M + (\theta - k_M)e - w_R] - 0.5\eta_M e^2 \tag{4-42}$$

式（4-42）中，制造商的单位产品减排量 e 应满足非负约束，但零售商在产品批发成本基础上的加成价 w_R 可以不受符号约束。这与第 2 章中碳税情形、第 3 章中碳补贴情形下，供应链集中决策情形类似，此处不再展开说明。

式（4-42）中，π_{MR}^S 关于 w_R 和 e 的海塞（Hessian）矩阵为：

$$H_{MR}^S = \begin{bmatrix} -2 & \theta - 2k_M - p_c \\ \theta - 2k_M - p_c & 2(\theta - k_M)(k_M + p_c) - \eta_M \end{bmatrix}$$

当

$$2\eta_M > (\theta + p_c)^2 \tag{4-43}$$

成立时，H_{MR}^S 满足负定矩阵的充分必要条件。此时式（4-42）是关于

w_R 和 e 的联合凹函数，式（4 – 42）中的 π_{MR}^{S} 存在最大值。

由式（4 – 42）中的 π_{MR}^{S} 对 w_R 和 e 的两个一阶条件可得制造商、零售商组成的供应链对政府决定的最优的单位产品的碳排放限额 e_g 的最优反应函数为：

$$
\begin{aligned}
w_R &= \frac{D_0 - c_M + p_c e_0 - p_c e_g}{2} + \frac{\theta - 2k_M - p_c}{2} \times e \\
&= \frac{D_0 - c_M + p_c e_0 - p_c e_g}{2} + \frac{\theta - 2k_M - p_c}{2} \\
&\quad \times \frac{(\theta + p_c)(D_0 - c_M - p_c e_0 + p_c e_g)}{2\eta_M - (\theta + p_c)^2}
\end{aligned}
\tag{4 – 44}
$$

$$
e = \frac{(\theta + p_c)(D_0 - c_M - p_c e_0 + p_c e_g)}{2\eta_M - (\theta + p_c)^2}
\tag{4 – 45}
$$

式（4 – 45）中，根据式（4 – 43），要求 $D_0 - c_M - p_c e_0 + p_c e_g \geq 0$。显然，单位产品的碳排放限额 e_g 的值越大，单位产品的减排量越大。将式（4 – 44）的第一个等式代入政府的福利函数式（4 – 3），可得（符号进行相应变化）：

$$
\begin{aligned}
\pi_G^S &= \frac{(D_0 - c_M - p_c e_0 + p_c e_g)(3D_0 - 3c_M - 3p_c e_0 - p_c e_g - 4k e_0)}{8} \\
&\quad + \frac{(D_0 - c_M - p_c e_0 + p_c e_g)(3\theta + 3p_c + 4k)}{8} e \\
&\quad + \frac{(\theta + p_c)(3D_0 - 3c_M - 3p_c e_0 - p_c e_g - 4k e_0)}{8} e \\
&\quad + \frac{(\theta + p_c)(3\theta + 3p_c + 4k) - 4\eta_M}{8} e^2
\end{aligned}
\tag{4 – 46}
$$

式（4 – 46）中的 e 由式（4 – 45）决定。式（4 – 46）对 e_g 的二阶导数小于零要求：

$$4\eta_M(\theta+p_c)^2+[2\eta_M-(\theta+p_c)]^2>(\theta+p_c)^3(3\theta+3p_c+4k)$$

$$+(\theta+p_c)(2\theta+2p_c+4k)[2\eta_M-(\theta+p_c)] \qquad (4-47)$$

由式（4-46）对 e_g 的一阶条件（求导前需将 e 的表达式代入），可得：

$$p_c(3D_0-3c_M-3p_ce_0-p_ce_g-4ke_0)-p_c(D_0-c_M-p_ce_0+p_ce_g)$$

$$+p_c(3\theta+3p_c+4k)e+(3\theta+3p_c+4k)(D_0-c_M-p_ce_0+p_ce_g)\frac{\mathrm{d}e}{\mathrm{d}e_g}$$

$$-p_c(\theta+p_c)e+(\theta+p_c)(3D_0-3c_M-3p_ce_0-p_ce_g-4ke_0)\frac{\mathrm{d}e}{\mathrm{d}e_g}$$

$$+2[(\theta+p_c)(3\theta+3p_c+4k)-4\eta_M]e\frac{\mathrm{d}e}{\mathrm{d}e_g}=0 \qquad (4-48)$$

式（4-48）中的 e 由式（4-45）决定，且

$$\frac{\mathrm{d}e}{\mathrm{d}e_g}=\frac{p_c(\theta+p_c)}{2\eta_M-(\theta+p_c)^2}$$

式（4-48）是有关 e_g 的线性方程，但参数形式的解析解表达式很复杂，因而此处不写出 e_g 的最优解 e_g^* 的具体表达式，只是说 e_g^* 由式（4-48）决定。由此可得到：

$$e^*=\frac{(\theta+p_c)(D_0-c_M-p_ce_0+p_ce_g^*)}{2\eta_M-(\theta+p_c)^2} \qquad (4-49)$$

$$w_R=\frac{D_0-c_M+p_ce_0-p_ce_g^*}{2}+\frac{\theta-2k_M-p_c}{2}$$

$$\times\frac{(\theta+p_c)(D_0-c_M-p_ce_0+p_ce_g^*)}{2\eta_M-(\theta+p_c)^2} \qquad (4-50)$$

在此基础上，如果按式（4-1）、式（4-2）计算制造商、零售商的利润（协调利润分配时的一种参照），可得到制造商、零售商、政府的最优社会福利及供应链的最优利润分别为：

$$\pi_M^{S*} = \frac{(\theta + p_c)(k_M + p_c) - \eta_M}{2}\left[\frac{(\theta + p_c)(D_0 - c_M - p_c e_0 + p_c e_g^*)}{2\eta_M - (\theta + p_c)^2}\right]^2$$

$$+ \frac{(k_M + p_c)(D_0 - c_M - p_c e_0 + p_c e_g^*)}{2} \times \frac{(\theta + p_c)(D_0 - c_M - p_c e_0 + p_c e_g^*)}{2\eta_M - (\theta + p_c)^2}$$

$$+ \frac{(\theta + p_c)(p_c e_g^* - p_c e_0)}{2} \times \frac{(\theta + p_c)(D_0 - c_M - p_c e_0 + p_c e_g^*)}{2\eta_M - (\theta + p_c)^2}$$

$$+ \frac{(p_c e_g^* - p_c e_0)(D_0 - c_M - p_c e_0 + p_c e_g^*)}{2} \qquad (4-51)$$

$$\pi_R^{S*} = \frac{(\theta + p_c)(\theta - 2k_M - p_c)}{4}\left[\frac{(\theta + p_c)(D_0 - c_M - p_c e_0 + p_c e_g^*)}{2\eta_M - (\theta + p_c)^2}\right]^2$$

$$+ \frac{(\theta + p_c)(D_0 - c_M + p_c e_0 - p_c e_g^*)}{4} \times \frac{(\theta + p_c)(D_0 - c_M - p_c e_0 + p_c e_g^*)}{2\eta_M - (\theta + p_c)^2}$$

$$+ \frac{(\theta - 2k_M - p_c)(D_0 - c_M - p_c e_0 + p_c e_g^*)}{4} \times \frac{(\theta + p_c)(D_0 - c_M - p_c e_0 + p_c e_g^*)}{2\eta_M - (\theta + p_c)^2}$$

$$+ \frac{(D_0 - c_M)^2 - (p_c e_0 - p_c e_g^*)^2}{4} \qquad (4-52)$$

$$\pi_G^{S*} = \frac{(D_0 - c_M - p_c e_0 + p_c e_g^*)(3D_0 - 3c_M - 3p_c e_0 - p_c e_g^* - 4ke_0)}{8}$$

$$+ \frac{(D_0 - c_M - p_c e_0 + p_c e_g^*)(3\theta + 3p_c + 4k)}{8} \times \frac{(\theta + p_c)(D_0 - c_M - p_c e_0 + p_c e_g^*)}{2\eta_M - (\theta + p_c)^2}$$

$$+ \frac{(\theta + p_c)(3D_0 - 3c_M - 3p_c e_0 - p_c e_g^* - 4ke_0)}{8} \times \frac{(\theta + p_c)(D_0 - c_M - p_c e_0 + p_c e_g^*)}{2\eta_M - (\theta + p_c)^2}$$

$$+ \frac{(\theta + p_c)(3\theta + 3p_c + 4k) - 4\eta_M}{8}\left[\frac{(\theta + p_c)(D_0 - c_M - p_c e_0 + p_c e_g^*)}{2\eta_M - (\theta + p_c)^2}\right]^2$$

$$(4-53)$$

$$\pi_{MR}^{S*} = \pi_M^{S*} + \pi_R^{S*} \qquad (4-54)$$

式（4-54）中的 π_{MR}^{S*} 也即式（4-42）在变量取到最优解时的最优值。

4.5 系统集中决策

在碳限额与交易政策及系统集中决策情形下，政府、制造商与零售商三方以社会福利最优为原则，共同确定 w_R、e 的值。此时的决策问题为（e_g 作为系统内部变量，不在决策变量中出现）：

$$\max_{w_R,e} \pi_G^C = (w_R + k_M e - p_c e_0 + p_c e - k e_0 + k e)[D_0 - c_M + (\theta - k_M)e - w_R]$$

$$+ \frac{[D_0 - c_M + (\theta - k_M)e - w_R]^2}{2} - \frac{\eta_M}{2}e^2 \tag{4-55}$$

碳限额与交易政策下的系统集中决策模型式（4-55）中，制造商的单位产品减排量 e 应满足非负约束，但零售商在产品批发成本基础上的加成价 w_R 可以不受符号约束（理由类似第 2 章的供应链集中决策情形及第 3 章的碳补贴情形）。

式（4-55）中，π_G^C 关于 w_R、e 的海塞（Hessian）矩阵为：

$$H_G^C = \begin{bmatrix} -1 & -(k + k_M + p_c) \\ -(k + k_M + p_c) & (\theta - k_M)(\theta + k_M + 2k + 2p_c) - \eta_M \end{bmatrix}$$

显然，当

$$\eta_M - (\theta - k_M)(\theta + k_M + 2k + 2p_c) > (k + k_M + p_c)^2 \tag{4-56}$$

成立时，目标函数 π_G^C 是关于 w_R、e 的联合凹函数，存在最大值。

由式（4-55）对 w_R、e 的一阶条件可得：

$$e^* = \frac{(\theta + k + p_c)(D_0 - c_M - p_c e_0 - k e_0)}{\eta_M - (\theta + k + p_c)^2} \tag{4-57}$$

$$w_R^* = p_c e_0 + k e_0 - (k + k_M + p_c) e^*$$

$$= p_c e_0 + k e_0 - (k + k_M + p_c) \times \frac{(\theta + k + p_c)(D_0 - c_M - p_c e_0 - k e_0)}{\eta_M - (\theta + k + p_c)^2}$$

$$(4-58)$$

将式（4-57）、式（4-58）代入式（4-55）可得：

$$\pi_G^{C*} = \frac{0.5 \eta_M (D_0 - c_M - p_c e_0 - k e_0)^2}{\eta_M - (\theta + k + p_c)^2} \qquad (4-59)$$

式（4-59）要求参数满足：

$$\eta_M - (\theta + k + p_c)^2 > 0 \qquad (4-60)$$

考虑到式（4-57），进一步要求：

$$D_0 - c_M - p_c e_0 - k e_0 \geq 0 \qquad (4-61)$$

由式（4-57）可知，制造商最优单位产品减排量 e^* 与制造商减排成本系数 η_M、制造商单位产品生产成本 c_M、未减排时单位产品的初始碳排放量 e_0 负相关，与单位产品减排量对产品需求的影响系数 θ、产品初始市场需求 D_0 正相关。

由式（4-58）可知，零售商在产品批发成本基础上的最优加成价 w_R^* 与制造商单位产品生产成本 c_M、制造商减排成本系数 η_M 正相关，与产品单位减排量对批发价的影响系数 k_M、产品初始市场需求 D_0、单位产品减排量对产品需求的影响系数 θ 负相关。

由式（4-59）可知，最优社会福利 π_G^{C*} 与制造商减排成本系数 η_M、单位产品初始碳排放量 e_0、制造商单位产品生产成本 c_M 负相关，与单位产品减排量对产品需求的影响系数 θ、产品初始市场需求 D_0 正相关。

在式（4-57）、式（4-58）的基础上，如果按式（4-1）、式（4-2）计算制造商、零售商利润（协调利润分配时的一种参照），可得：

$$\pi_M^{C*} = \left[(k_M + p_c)(\theta + k + p_c) - 0.5\eta_M \right] \left[\frac{(\theta + k + p_c)(D_0 - c_M - p_c e_0 - k e_0)}{\eta_M - (\theta + k + p_c)^2} \right]^2$$

$$+ \frac{(k_M + p_c)(\theta + k + p_c)(D_0 - c_M - p_c e_0 - k e_0)^2}{\eta_M - (\theta + k + p_c)^2}$$

$$+ \frac{\eta_M (p_c e_g - p_c e_0)(D_0 - c_M - p_c e_0 - k e_0)}{\eta_M - (\theta + k + p_c)^2} \tag{4-62}$$

$$\pi_R^{C*} = \left[p_c e_0 + k e_0 - (k + k_M + p_c) \frac{(\theta + k + p_c)(D_0 - c_M - p_c e_0 - k e_0)}{\eta_M - (\theta + k + p_c)^2} \right]$$

$$\times \frac{\eta_M (D_0 - c_M - p_c e_0 - k e_0)}{\eta_M - (\theta + k + p_c)^2} \tag{4-63}$$

在式（4-64）、式（4-65）的基础上，有制造商、零售商组成的供应链的利润为：

$$\pi_{MR}^{C*} = \pi_M^{C*} + \pi_R^{C*} \tag{4-64}$$

式（4-62）中，e_g 为政府的"内部单位产品的碳排放限额"。虽然政府"内部单位产品的碳排放限额"不影响系统集中决策的目标函数，但其取值会影响制造商的利润。

4.6 最优碳限额与交易政策下的数值算例

碳限额与交易政策下，考虑到各种情形的参数应满足的条件，设 $D_0 = 40$，$c_M = 1$，$k_M = 2$，$\eta_M = 15$，$e_0 = 10$，$\theta = 1$，$k = 1$，$p_c = 1$。将这些参数值代入本章的碳限额与交易政策下，制造商主导供应链、零售商主导供应链、制造商与零售商权力平衡、供应链集中决策、系统集中决策情形的相关表达式中，可得到政府、制造商、零售商的相关变量及各自目标函数等的数值结果。

4.6.1 制造商主导供应链情形的数值结果

碳限额与交易政策下，当制造商主导供应链时，由 4.1 节的相关表达式可计算得到最优单位产品的碳排放限额 $e_g^* = 11.1096$，制造商最优的单位产品减排量 $e^* = 3.2192$，零售商在产品批发成本基础上的最优加成价 $w_R^* = 17.8904$，制造商最优利润 $\pi_M^* = 114.9052$，零售商最优利润 $\pi_R^* = 320.0668$，供应链最优利润 $\pi_{MR}^* = 434.9720$，最优社会福利 $\pi_G^* = 274.9384$。另外，产品的市场需求 $D^* = 17.8904$，社会福利函数中消费者剩余 $CS^* = 160.0332$，政府付出的碳限额成本为 198.7409，环境损害 $\Omega^* = 121.3112$。从数值结果中容易看出，在碳限额与交易政策及此组参数取值下，政府付出了较多的碳限额成本；零售商因没有销售成本、减排成本等且左右了产品市场需求，因而获得了较多的利润；制造商单位产品碳减排量不高，其单位产品碳减排量只占单位产品初始碳排放量的 32.192%。

4.6.2 零售商主导供应链情形的数值结果

在碳限额与交易政策及零售商主导供应链情形下，通过 4.2 节的相关表达式计算可得到最优单位产品的碳排放限额 $e_g^* = 6.2863$，制造商最优的单位产品减排量 $e^* = 2.9773$，零售商在产品批发成本基础上的最优加成价 $w_R^* = 19.3968$，制造商最优利润 $\pi_M^* = 20.2749$，零售商最优利润 $\pi_R^* = 322.4893$，供应链最优利润 $\pi_{MR}^* = 342.7642$，最优社会福利 $\pi_G^* = 259.7004$。另外，产品的市场需求 $D^* = 16.6259$，社会福利函数中消费者剩余 $CS^* = 138.2103$，政府付出的碳限额成本为 104.5154，环境损害 $\Omega^* = 116.7587$。显然，在碳限额与交易政策及此组参数取值下，相较于制造商主导供应链情形，零售商主导供应链时碳减排量较低，消费者剩余较少，政府付出的碳限额成本更少，社会福利较少。

4.6.3 制造商与零售商权力平衡情形的数值结果

在碳限额与交易政策及制造商、零售商权力平衡情形下，通过 4.3 节的相关表达式计算可得到最优单位产品的碳排放限额 $e_g^* = 5.7260$，制造商最优的单位产品减排量 $e^* = 3.2192$，零售商在产品批发成本基础上的最优加成价 $w_R^* = 17.8904$，制造商最优利润 $\pi_M^* = 18.5903$，零售商最优利润 $\pi_R^* = 320.0668$，供应链最优利润 $\pi_{MR}^* = 338.6571$，最优社会福利 $\pi_G^* = 274.9384$。另外，产品的市场需求 $D^* = 17.8904$，社会福利函数中消费者剩余 $CS^* = 160.0332$，政府付出的碳限额成本为 102.4333，环境损害 $\Omega^* = 121.3112$。由三种分散决策情形的数值结果可知，在碳限额与交易政策下，制造商偏爱制造商主导供应链的博弈结构，零售商偏爱零售商主导供应链的博弈结构；根据政府、制造商、零售商三个博弈参与人的目标函数，制造商与零售商权力平衡的博弈结构弱劣于制造商主导供应链的博弈结构；对制造商与零售商来说，制造商与零售商权力平衡的博弈结构严格劣于零售商主导供应链的博弈结构。

4.6.4 供应链集中决策情形的数值结果

在碳限额与交易政策下，当制造商与零售商合作进行集中决策时，通过 4.4 节的相关表达式计算可得到最优单位产品的碳排放限额 $e_g^* = 41.5714$，制造商最优的单位产品减排量 $e^* = 5.4286$，零售商在产品批发成本基础上的最优加成价 $w_R^* = -7.1429$（此时产品批发价为 11.8572，产品零售价为 4.7143，这意味着为了扩大产品的市场需求，降价出售产品有利于制造商与零售商组成的供应链），制造商最优利润 $\pi_M^{S*} = 1727.4497$［如果按式（4-1）或式（4-51）计算］，零售商最优利润 $\pi_R^{S*} = -290.8182$［如果按式（4-2）或式（4-52）计算］，供应链最优利润 $\pi_{MR}^{S*} = 1436.6315$，最优社会福利 $\pi_G^{S*} = 386.7867$。另外，产品的市场需求 $D^{S*} = 40.7143$，社会福利函数中消费者剩余 $CS^{S*} = 828.8271$，政府付出的碳限额成本为 1692.5505，环境损害 $\Omega^{S*} = 186.1214$。数值计算结果表明，在碳限额与交易政策下，当制造商和零售商合作与政府进行博弈时，虽然供应链的合作利润能达到 1436.6315，大于三种分散决策情形下制造商与零售商的总利润，但如果按"式（4-2）原始方式"向零售商分配合作利润，零售商利润小于三种分散决策情形下的利润，显然零售商不会接受。也就是说，在碳限额与交易政策下，如果想真的达成制造商与零售商的局部合作，必须对局部的合作利润重新进行合理分配。

4.6.5　系统集中决策情形的数值结果

在碳限额与交易政策下，当政府、制造商、零售商全面合作进行集中决策时（此时政府决定的最优的单位产品的碳排放限额 e_g 不再是决策变量），通过 4.5 节的相关表达式计算可得到制造商最优的单位产品减排量 $e^* = 9.5000$，零售商在产品批发成本基础上的最优加成价 $w_R^* = -18.0000$，制造商最优利润 $\pi_M^{C*} = 201.8750 +$

$47.5000e_g$［如果按式（4-1）或式（4-62）计算］，零售商最优利润 $\pi_R^{C*} = -855.0000$ ［如果按式（4-2）或式（4-63）计算］，供应链最优利润 $\pi_{MR}^{C*} = -653.1250 + 47.5000e_g$，最优社会福利 $\pi_G^{C*} = 451.2500$。另外，产品的市场需求 $D^{C*} = 47.5000$，社会福利函数中消费者剩余 $CS^{C*} = 1128.1250$，政府"内部单位产品的碳排放限额"对应的成本为 $47.5e_g$ ［与式（4-1）或式（4-62）对应］，环境损害 $\Omega^{C*} = 23.7500$。由于 w_R^* 值为负，使产品零售价比产品"批发价"低（此时产品"批发价"为 20.0000，产品零售价为 2.0000）。这意味着，为了扩大产品市场需求，降价出售产品从整个系统来看是有利的。但是，如果此时按"式（4-2）原始方式"向零售商分配合作利润，其利润为负，显然零售商不会接受。也就是说，要想真正实现政府、制造商及零售商的全面合作，应对零售商所作出的"牺牲"进行合理补偿。

4.6.6 碳限额与交易政策下各种情形的比较分析

根据本章碳限额与交易政策下的各种情形的数值结果可知：

（1）供应链集中决策时，政府决定的单位产品的碳排放限额最高，制造商与零售商权力平衡时，政府决定的单位产品的碳排放限额最低。

（2）系统集中决策时，制造商单位产品减排量最高，供应链集中决策时，制造商单位产品减排量次之，零售商主导供应链时，制造商单位产品减排量最低，说明合作范围越大，越有利于制造商减排。

（3）零售商主导供应链时，零售商在产品批发成本基础上的加成价最高，供应链集中决策与系统集中决策时，零售商在产品批发成本基础上的加成价为负数，且系统集中决策时加成价最低。

（4）系统集中决策时，产品的市场需求及消费者剩余最高，供应链集中决策时，产品的市场需求及消费者剩余次之，零售商主导供应链时，产品的市场需求及消费者剩余最低，这意味着合作范围越大，越有利于消费者（剩余）。

（5）系统集中决策时，因碳排放导致的环境损害最小；供应链集中决策时，因碳排放导致的环境损害最大，这说明制造商与零售商小范围合作"对抗"政府不利于社会生态环境。

（6）制造商主导供应链情形下，政府、制造商、零售商各自的目标函数值皆大于等于制造商与零售商权力平衡情形下所对应的目标函数值，这意味着至少在此组参数取值情况下分散决策时，制造商与零售商权力平衡的情形不应被政府、制造商、零售商选择。

（7）系统集中决策时，社会福利最高；供应链集中决策时，社会福利次之；零售商主导供应链时，社会福利最低。显然，合作范围越大，对社会福利越有利，因而政府喜欢与制造商、零售商全面合作进行系统集中决策。

（8）不同博弈参与人偏爱不同的权力结构，博弈的权力结构应是博弈参与人博弈的结果，而不应是凭空"假设"出来的。比如，碳限额与交易政策下，如果假设制造商与零售商权力平衡，可能就不合理或缺乏必要的依据。

4.6.7　灵敏度分析及管理启示

以前述数值算例中的参数取值为基准，对 k_M、θ 及 p_c 在各种情形下进行灵敏度分析，结果如表 4 - 1 ~ 表 4 - 5 所示。

表 4 – 1 制造商主导供应链情形的灵敏度分析结果

基准	e_g^*	e^*	w_R^*	π_M^*	π_R^*	π_G^*
	11.1096	3.2192	17.8904	114.9052	320.0668	274.9384
$k_M = 1.90$	7.2988	3.2803	18.0239	42.0699	324.8602	276.6919
$k_M = 1.95$	9.3159	3.2495	17.9565	80.6529	322.4347	275.8100
$k_M = 2.05$	12.7125	3.1892	17.8257	145.4610	317.7550	274.0769
$k_M = 2.10$	14.1513	3.1595	17.7623	172.8399	315.4980	273.2254
$\theta = 0.90$	14.1210	3.0729	17.8099	166.7584	317.1934	267.6828
$\theta = 0.95$	12.6939	3.1452	17.8488	142.3045	318.5783	271.2522
$\theta = 1.05$	9.3419	3.2948	17.9350	84.0556	321.6628	278.7461
$\theta = 1.10$	7.3586	3.3722	17.9825	49.1349	323.3700	282.6803
$p_c = 0.90$	12.2788	3.1019	17.9490	126.1095	322.1679	287.1943
$p_c = 0.95$	11.6635	3.1607	17.9196	120.4777	321.1136	281.0350
$p_c = 1.05$	10.6082	3.2773	17.8613	109.3891	319.0274	268.9037
$p_c = 1.10$	10.1523	3.3352	17.8324	103.9321	317.9954	262.9306

表 4 – 2 零售商主导供应链情形的灵敏度分析结果

基准	e_g^*	e^*	w_R^*	π_M^*	π_R^*	π_G^*
	6.2863	2.9773	19.3968	20.2749	322.4893	259.7004
$k_M = 1.94$	5.2775	3.0260	19.3825	1.3345	325.1045	261.6108
$k_M = 1.95$	5.4561	3.0178	19.3848	4.6958	324.6625	261.2903
$k_M = 2.05$	7.0229	2.9374	19.4098	34.0253	320.3758	258.1302
$k_M = 2.10$	7.6794	2.8982	19.4237	46.2116	318.3206	256.5817
$\theta = 0.90$	7.9471	2.8223	19.4321	45.8555	319.9176	252.2893
$\theta = 0.95$	7.1562	2.8988	19.4136	33.7946	321.1519	255.9213
$\theta = 1.05$	5.3242	3.0578	19.3818	5.0437	323.9335	263.6324
$\theta = 1.06$	5.1193	3.0742	19.3790	1.7651	324.2355	264.4381
$p_c = 0.90$	6.7163	2.8723	19.4174	27.9308	324.4696	271.9036

续表

基准	e_g^*	e^*	w_R^*	π_M^*	π_R^*	π_G^*
	6. 2863	2. 9773	19. 3968	20. 2749	322. 4893	259. 7004
$p_c = 0.95$	6. 4911	2. 9250	19. 4071	24. 0940	323. 4756	265. 7701
$p_c = 1.05$	6. 0988	3. 0293	19. 3865	16. 4692	321. 5103	253. 6923
$p_c = 1.10$	5. 9264	3. 0809	19. 3762	12. 6800	320. 5388	247. 7465

表 4 - 3　　　　　制造商与零售商权力平衡情形的灵敏度分析结果

基准	e_g^*	e^*	w_R^*	π_M^*	π_R^*	π_G^*
	5. 7260	3. 2192	17. 8904	18. 5903	320. 0668	274. 9384
$k_M = 1.95$	4. 8649	3. 2495	17. 9565	0. 7287	322. 4348	275. 8100
$k_M = 1.97$	5. 2216	3. 2374	17. 9299	8. 1152	321. 4807	275. 4601
$k_M = 2.05$	6. 4928	3. 1892	17. 8257	34. 5906	317. 7550	274. 0769
$k_M = 2.10$	7. 1784	3. 1595	17. 7623	48. 9855	315. 4980	273. 2254
$\theta = 0.90$	7. 4512	3. 0729	17. 8099	47. 9698	317. 1934	267. 6828
$\theta = 0.95$	6. 6291	3. 1452	17. 8488	34. 0554	318. 5782	271. 2522
$\theta = 1.03$	5. 1399	3. 2644	17. 9168	8. 4628	321. 0112	277. 2081
$\theta = 1.05$	4. 7287	3. 2948	17. 9350	1. 3181	321. 6627	278. 7461
$p_c = 0.90$	6. 1419	3. 1019	17. 9490	26. 9732	322. 1679	287. 1943
$p_c = 0.95$	5. 9243	3. 1607	17. 9196	22. 7755	321. 1136	281. 0350
$p_c = 1.05$	5. 5442	3. 2773	17. 8613	14. 4168	319. 0274	268. 9037
$p_c = 1.10$	5. 3766	3. 3352	17. 8324	10. 2536	317. 9953	262. 9306

表 4 - 4　　　　　　供应链集中决策情形的灵敏度分析结果

基准	e_g^*	e^*	w_R^*	π_{MR}^{S*}	π_G^{S*}
	41. 5714	5. 4286	− 7. 1429	1436. 6315	386. 7867
$k_M = 1.90$	41. 5714	5. 4286	− 6. 6000	1436. 6315	386. 7867
$k_M = 1.95$	41. 5714	5. 4286	− 6. 8714	1436. 6315	386. 7867

续表

基准	e_g^*	e^*	w_R^*	π_{MR}^{S*}	π_G^{S*}
	41. 5714	5. 4286	− 7. 1429	1436. 6315	386. 7867
$k_M = 2.05$	41. 5714	5. 4286	− 7. 4143	1436. 6315	386. 7867
$k_M = 2.10$	41. 5714	5. 4286	− 7. 6857	1436. 6315	386. 7867
$\theta = 0.90$	37. 0619	4. 7563	− 3. 7813	1240. 2921	356. 7194
$\theta = 0.95$	39. 2086	5. 0771	− 5. 3854	1331. 9247	371. 0175
$\theta = 1.05$	44. 1844	5. 8156	− 9. 0780	1557. 1150	404. 2553
$\theta = 1.10$	47. 0892	6. 2441	− 11. 2207	1696. 8248	423. 7089
$p_c = 0.90$	43. 9321	5. 0066	− 5. 5323	1374. 2868	395. 2569
$p_c = 0.95$	42. 6354	5. 2107	− 6. 2929	1402. 9511	390. 8016
$p_c = 1.05$	40. 7224	5. 6626	− 8. 0959	1476. 2409	383. 2587
$p_c = 1.10$	40. 0768	5. 9155	− 9. 1690	1522. 9110	380. 2817

表 4 – 5　　　　　　　系统集中决策情形的灵敏度分析结果

基准	e^*	w_R^*	π_G^{C*}
	9. 5000	− 18. 0000	451. 2500
$k_M = 1.90$	9. 5000	− 17. 0500	451. 2500
$k_M = 1.95$	9. 5000	− 17. 5250	451. 2500
$k_M = 2.05$	9. 5000	− 18. 4750	451. 2500
$k_M = 2.10$	9. 5000	− 19. 9500	451. 2500
$\theta = 0.90$	8. 3612	− 13. 4446	410. 8498
$\theta = 0.95$	8. 9004	− 15. 6014	429. 9325
$\theta = 1.02$	9. 7592	− 19. 0367	460. 4905
$\theta = 1.03$	9. 8933	− 19. 5731	465. 2781
$p_c = 0.90$	8. 8012	− 15. 3247	455. 2352
$p_c = 0.95$	9. 1346	− 16. 5816	452. 8583
$p_c = 1.05$	9. 9035	− 19. 6090	450. 5265
$p_c = 1.06$	9. 9894	− 19. 9568	450. 5003

4.6.7.1　由最优碳限额与交易政策下各种情形灵敏度分析结果可得出的结论

由最优碳限额与交易政策下各种情形灵敏度分析结果可得出的结论有以下几点：

（1）在制造商主导供应链情形及制造商与零售商权力平衡情形下，随着产品单位减排量对批发价的影响系数 k_M 值增加，制造商最优的单位产品减排量、零售商在产品批发成本基础上的最优加成价、零售商最优利润、最优社会福利都变小，而政府最优的单位产品的碳排放限额及制造商最优利润变大。随着单位产品减排量对产品需求的影响系数 θ 值增加，政府最优的单位产品的碳排放限额及制造商最优利润变小，其余四个最优"参数"值都变大。

（2）在零售商主导供应链情形下，随着 k_M 值增加，政府最优的单位产品的碳排放限额、零售商在产品批发成本基础上的最优加成价、制造商最优利润都变大，而制造商最优的单位产品减排量、零售商最优利润、最优社会福利都变小。随着 θ 值增加，除了制造商最优的单位产品减排量、零售商最优利润、最优社会福利变大以外，其余的三个最优"参数"值都变小。

（3）在供应链集中决策情形下，随着 k_M 值增加，零售商在产品批发成本基础上的最优加成价变小，而政府最优的单位产品的碳排放限额、制造商最优的单位产品减排量、供应链最优总利润、最优社会福利都不受 k_M 值的影响。随着 θ 值增加，零售商在产品批发成本基础上的最优加成价变小，但政府最优的单位产品的碳排放限额、制造商最优的单位产品减排量、供应链最优总利润、最优社会福利都变大。随着碳排放权单价 p_c 值增加，制造商最优的单位产品减排量、供应链最优总利润增加，其余三个最优"参数"值都变小。

（4）在系统集中决策情形下，随着 k_M 值增加，虽然零售商在产品批发成本基础上的最优加成价变小，但是制造商最优的单位产品减排量、最优社会福利及产品零售价都不变；随着 θ 值增加，制造商最优的单位产品减排量、最优社会福利都变大，而零售商在产品批发成本基础上的最优加成价及产品零售价都变小。随着 p_c 值增加，制造商最优的单位产品减排量增加，但最优加成价及最优社会福利都减少。

（5）在上述的三种分散决策情形下，k_M 值的变化对六个最优"参数"的影响方向与 θ 值的变化对六个最优"参数"的影响方向正好相反。这一点与第 2 章碳税政策下的规律相同。而随着 p_c 值增加，除了制造商最优的单位产品减排量增加外，其余五个最优"参数"值都变小。

4.6.7.2　在前面数值分析与灵敏度分析的基础上，可给出的管理启示

在前面数值分析与灵敏度分析的基础上，可给出的管理启示有以下几点：

（1）最优碳税政策情形的第（1）点管理启示仍适用于最优碳限额与交易政策的三种分散决策情形。另外，在最优碳限额与交易政策的三种分散决策情形下，政府希望碳排放权单价 p_c 值尽可能小，因此，政府可能会采取行政手段干预碳排放权交易市场。对此可能的干预，制造商、零售商会予以支持，原因是 p_c 值尽可能小时，制造商、零售商的目标函数值会变大。

（2）在供应链集中决策情形及系统集中决策情形下，随着 θ 值增加，制造商最优的单位产品减排量、最优社会福利、供应链集中决策

情形时，供应链最优总利润都变大。因此，政府、制造商、零售商都愿意采取措施使 θ 值变大，具体措施可参照最优碳税政策情形。另外，在这两种集中决策情形下，p_c 值增加时，最优社会福利变小，因此，政府可能会采取行政手段管控 p_c 值，让其尽可能小。

（3）与最优碳税政策、最优碳补贴政策类似，当对应的参数取值相同时，系统集中决策时的制造商最优的单位产品减排量、消费者剩余、最优社会福利在五种情形中总是最大，因此，政府、制造商、零售商应当全面合作，采取集中决策方式，这样既有利于消费者剩余及制造商的减排、产生社会效益，同时还有利于增加整个社会福利。但全面合作的前提是整个合作利润（或合作剩余利润）的合理分配，可考虑 4.7 节的系统协调模型中的分配方法。

4.7　最优碳限额与交易政策下的系统协调模型

由最优碳限额与交易政策下的数值算例结果及一般系统原理可知，博弈参与人政府、制造商与零售商全面合作进行系统集中决策时，社会福利最大，也即此时政府的目标函数值最大。要实现此结果，也即实现系统协调，政府应对总的社会福利进行合理分配，使制造商与零售商都愿意与政府进行全面合作。由于分散决策情形下，通常制造商主导供应链时，制造商的利润达到其可能的最大值；零售商主导供应链时，零售商的利润达到其可能的最大值，可以将这两个可能的最大值作为制造商及零售商在全面合作时分得的利润的"底线"。同时，最优碳限额与交易政策下，制造商、零售商合作时，供应链的利润高于三种分散决策时供应链的利润，也高于两"底线"的利润之和，这意味着制造商、零售商可能形成小联盟，因而研究系统协调时，需考虑这种结盟的可能性。基于此认识，可以给出系统协调的利润分配模型。

为了使利润分配模型具有一般性，本章仍考虑参数形式的模型。设碳限额与交易政策下，系统协调时制造商分得的利润为 x_M，零售商分得的利润为 x_R。受前面的数值算例启发可知，如果直接将系统最优目标函数值（或最优社会福利）进行分配，在不损害消费者剩余、政府对制造商"内部单位产品的碳排放限额"（相当于对制造商的补贴）及环境的情况下，在制造商、零售商实现"底线"收益及他们的小联盟收益时，可以实现系统的协调，这与第 2 章的碳税政策及第 3 章的碳补贴政策情形下的系统协调不同。下面从数值算例受到的启发分析其原因。碳税政策下政府收税，对制造商与零售商组成的供应链来说，碳税是一种"负收入"，在不损害消费者剩余、政府"内部碳税收入"及环境的情况下，他们应分得的社会福利中的部分是小于 0 的，而他们的"底线"收入是大于 0 的，这就出现了"矛盾"。因而碳税政策下，在不损害消费者剩余、政府"内部碳税收入"及环境的情况下，在制造商及零售商实现"底线"收入时，不可能实现系统的协调。碳补贴政策下，政府对制造商的减排成本按一定的比例 s（$0 \leqslant s \leqslant 1$）进行补贴，这对制造商与零售商组成的供应链来说，虽然碳补贴是一种"正收入"，但在不损害消费者剩余、政府对制造商"减排成本内部补贴"及环境的情况下，如果要实现制造商与零售商的"底线"收入及他们的小联盟收入，会使政府的补贴比例 $s > 1$。所以在碳补贴政策下，在不损害消费者剩余、政府对制造商"减排成本内部补贴"及环境的情况下，在制造商及零售商实现"底线"收入及他们的小联盟收入时，不可能实现系统的协调。而碳限额与交易政策下，虽然政府的"内部单位产品的碳排放限额 e_g"对制造商与零售商组成的供应链来说也是"正收入",这类似于碳补贴情形,但是理论上 e_g 只需受非负约束,可以取很大的值。所以在不损害消费者剩余、政府对制造商"内部单位产品的碳排放限额"及环境的情况下,在制造商、零售商实现"底线"收入及他们的小联盟收入时,可以实现系统的协调,并不需要像碳税政策及碳补贴政策情形下那样,"牺牲"消费者剩余才能使系统协调。

基于上述认识,可得到碳限额与交易政策下系统协调时的利润分配模型为:

$$
\begin{cases}
x_M + x_R + CS^{C*} - \Phi^{C*} - \Omega^{C*} = \pi_G^{C*} \\
x_M \geqslant \pi_M^* \\
x_R \geqslant \pi_R^* \\
x_M + x_R \geqslant \pi_{MR}^{S*}
\end{cases}
\tag{4-65}
$$

式(4-65)中,π_M^*、π_R^*、π_{MR}^{S*} 及 π_G^{C*} 分别由式(4-14)、式(4-28)、式(4-54)及式(4-59)决定。另外,在式(4-65)中:

$$
CS^{C*} = 0.5 \left[\frac{\eta_M(D_0 - c_M - p_c e_0 - k e_0)}{\eta_M - (\theta + k + p_c)^2} \right]^2
$$

$$
\Phi^{C*} = \frac{p_c \eta_M(D_0 - c_M - p_c e_0 - k e_0)}{\eta_M - (\theta + k + p_c)^2} e_g
$$

$$
\Omega^{C*} = k \left[e_0 - \frac{(\theta + k + p_c)(D_0 - c_M - p_c e_0 - k e_0)}{\eta_M - (\theta + k + p_c)^2} \right]
$$

$$
\times \frac{\eta_M(D_0 - c_M - p_c e_0 - k e_0)}{\eta_M - (\theta + k + p_c)^2}
$$

能够满足式(4-65)的变量 (x_M, x_R) 的值可能有无穷多组,其中的任意的一组值 (x_M, x_R) 都为碳限额与交易政策下系统协调分配的结果。现实中，变量（x_M，x_R）具体的取值依赖于相关参数的取值、博弈参与人的讨价还价能力或由某些原则决定。由于 Φ^{C*} 的值随着"内部单位产品的碳排放限额 e_g" 值的增加而增加，如果按照使 e_g 值尽可能小的原则，则有模型：

$$\min e_g$$

$$\text{s. t.}\begin{cases} x_M + x_R + CS^{C*} - \Phi^{C*} - \Omega^{C*} = \pi_G^{C*} \\ x_M \geqslant \pi_M^* \\ x_R \geqslant \pi_R^* \\ x_M + x_R \geqslant \pi_{MR}^{S*} \end{cases} \tag{4-66}$$

求解式（4-66）可分两种情况。

第一种情况，当

$$\pi_{MR}^{S*} \geqslant \pi_M^* + \pi_R^* \tag{4-67}$$

成立时，如果再考虑在政府主导下的制造商、零售商平分其合作剩余的第二原则，则有：

$$x_M = 0.5(\pi_{MR}^{S*} + \pi_M^* - \pi_R^*) \tag{4-68}$$

$$x_R = 0.5(\pi_{MR}^{S*} - \pi_M^* + \pi_R^*) \tag{4-69}$$

此时，$\Phi^{C*} = \pi_{MR}^{S*} + CS^{C*} - \Omega^{C*} - \pi_G^{C*}$，由 Φ^{C*} 可解出最优的 e_g 值。

第二种情况，当

$$\pi_{MR}^{S*} < \pi_M^* + \pi_R^* \tag{4-70}$$

成立时，则有：

$$x_M = \pi_M^* \tag{4-71}$$

$$x_R = \pi_R^* \tag{4-72}$$

此时，$\Phi^{C*} = \pi_M^* + \pi_R^* + CS^{C*} - \Omega^{C*} - \pi_G^{C*}$，由此 Φ^{C*} 可解出最优的 e_g 值。

4.8　最优碳限额与交易政策下的系统协调算例

设参数的取值仍为 $D_0 = 40$，$c_M = 1$，$k_M = 2$，$\eta_M = 15$，$e_0 = 10$，$\theta = 1$，$k = 1$，$p_c = 1$。在此组参数取值下，式（4 - 66）变为：

$$\min e_g$$

$$\text{s. t.} \begin{cases} x_M + x_R = 47.5 e_g - 653.125 \\ x_M \geqslant 114.8908 \\ x_R \geqslant 322.4893 \\ x_M + x_R \geqslant 1436.6315 \end{cases} \quad (4 - 73)$$

式（4 - 73）意味着式（4 - 67）成立，故有：

$$x_M = 614.5165$$

$$x_R = 822.1150$$

进而有 $e_g = 43.9949$。即是说，在最优碳限额与交易政策及给定的参数取值情况下，要使制造商、零售商与政府全面合作进行集中决策，从而使政府所关注的社会福利达到最大值 451.2500，应给制造商分配利润 614.5165，给零售商分配利润 822.1150，消费者剩余为 1128.1250，且政府的"内部单位产品碳排放限额"为 43.9949（对应的"政府成本"为 2089.7565），环境损害为 23.7500。这样可实现碳限额与交易政策下系统的协调。

第5章

碳税政策下三级供应链
运营博弈及协调研究

5.1 符号说明与模型假设

考虑一个供应商、一个制造商、一个零售商组成的产销三级供应链。供应商、制造商在原材料及产品生产过程中会产生碳排放，碳排放具有负外部性。为实现环境保护，政府对供应商、制造商按碳排放量进行征税。在政府征税及消费者低碳偏好条件下，供应商、制造商考虑进行生产减排。由于零售商在销售产品过程中碳排放量较少，因而不考虑零售商减排及征税问题。此处研究在政府的碳税税率（每单位碳排放量的征税额）外生情况下，供应商、制造商、零售商组成的三级供应链在不同权力结构下的运营博弈，并进行比较分析，在此基础上研究供应链的协调问题。

5.1.1　符号说明

δ 表示单位碳排放量征税额，是政府决定的外生变量。

e_S 表示单位原材料减排量，是供应商的决策变量。

e_M 表示单位产品减排量，是制造商的决策变量。

w_R 表示低碳产品批发成本基础上的加成价，是零售商的决策变量。

e_S^* 、e_M^* 、w_R^* 表示相应决策变量的最优值。

e_{S0} 表示未减排时单位原材料初始碳排放量。

e_{M0} 表示未减排时单位（最终）产品初始碳排放量。

c_S 表示供应商单位原材料生产成本。

c_M 表示制造商单位（最终）产品生产成本。

π_S 、π_M 、π_R 、π_{SMR} 分别表示博弈情形（即分散决策）时，供应商、制造商、零售商的利润及供应链系统的总利润；π_S^* 、π_M^* 、π_R^* 、π_{SMR}^* 表示相应符号最优值。

π_S^C 、π_M^C 、π_R^C 、π_{SMR}^C 分别表示供应商、制造商、零售商合作情形（即集中决策）时，供应商、制造商、零售商的利润及供应链系统的总利润；π_S^{C*} 、π_M^{C*} 、π_R^{C*} 、π_{SMR}^{C*} 表示相应符号最优值。

5.1.2　模型假设

（1）制造商、零售商都具有低碳偏好，当供应商的原材料、制造商的最终产品的低碳度越高时，他们愿意支付的价格越高。设原材料批发价 w_S 及最终产品批发价 w_M 分别为：

$$w_S = c_S + \Delta_S + k_1 e_S$$

$$w_M = w_S + c_M + \Delta_M + k_2 e_M$$

其中，$\Delta_S > 0$ 为供应商进行原材料生产带来的价值增值，$\Delta_M > 0$ 为制造商进行产品生产带来的价值增值，$k_1 > 0$ 为原材料单位减排量对原材料批发价的影响系数，$k_2 > 0$ 为产品单位减排量对最终产品批发价的影响系数。在供应商、制造商减排的前提下，形式上可将上面两式简化写为：

$$w_S = c_S + k_S e_S \qquad\qquad (5-1)$$

$$w_M = w_S + c_M + k_M e_M \qquad\qquad (5-2)$$

其中，$k_S > 0$ 可理解为融合了价值增值的新的原材料单位减排量对原材料批发价的影响系数，$k_M > 0$ 表示融合了价值增值的新的产品单位减排量对产品批发价的影响系数。在此基础上，产品零售价可设为：

$$p = w_M + w_R \qquad\qquad (5-3)$$

（2）由于市场需求受价格因素和非价格因素的影响，因而假设：

$$D = D_0 + \theta_1 e_S + \theta_2 e_M - \theta_3 p$$

其中，D 为产品的市场需求；$D_0 > 0$ 为常数，表示产品的初始市场需求；$\theta_1 > 0$，$\theta_2 > 0$，$\theta_3 > 0$ 分别表示单位原材料减排量、单位产品减排量对产品需求的影响系数、消费者对产品价格的敏感系数。可以将消费者对产品价格的敏感系数标准化为 1，因而有：

$$D = D_0 + \theta_S e_S + \theta_M e_M - p$$

将（1）中的相关表达式代入需求函数可得：

$$D = D_0 - c_S - c_M + (\theta_S - k_S) e_S + (\theta_M - k_M) e_M - w_R \qquad\qquad (5-4)$$

式（5-4）中的 $\theta_S > 0$、$\theta_M > 0$ 可理解为新的单位原材料减排量、单位产品减排量对产品需求的影响系数。

（3）供应商、制造商的减排成本是其减排量的凸函数，且原材料减排、产品减排对原材料及产品的生产成本无影响（谢鑫鹏和赵道致，2013），可设定：

$$C_S(e_S) = 0.5\eta_S e_S^2 \qquad (5-5)$$

$$C_M(e_M) = 0.5\eta_M e_M^2 \qquad (5-6)$$

其中，$\eta_S > 0$、$\eta_M > 0$ 分别为供应商、制造商减排成本系数。

（4）供应商、制造商、零售商都是风险中性的，且基于完全信息进行理性决策，不考虑产品缺货和产品库存积压问题，也不考虑零售商销售成本。同时假设一单位原材料对应一单位最终产品。

5.2　供应商主导三级供应链的博弈分析

在政府的碳税政策下，供应商、制造商、零售商间构成一个三阶段博弈。博弈参与人的决策顺序为：首先，供应商进行原材料生产，并根据最大利润原则决定单位原材料减排量 e_S（从而确定了原材料批发价）；其次，制造商进行产品生产，并根据最大利润原则决定单位产品减排量 e_M（从而确定了产品批发价）；最后，零售商根据最大利润原则决定产品批发成本基础上的加成价 w_R（从而确定了产品零售价）。因此，由前述假设可得到供应商、制造商、零售商的利润函数分别为：

$$\pi_S = (k_S e_S - \delta e_{S0} + \delta e_S)\left[D_0 - c_S - c_M + (\theta_S - k_S)e_S \right.$$
$$\left. + (\theta_M - k_M)e_M - w_R\right] - 0.5\eta_S e_S^2 \qquad (5-7)$$

$$\pi_M = (k_M e_M - \delta e_{M0} + \delta e_M)\left[D_0 - c_S - c_M + (\theta_S - k_S)e_S \right.$$
$$\left. + (\theta_M - k_M)e_M - w_R\right] - 0.5\eta_M e_M^2 \qquad (5-8)$$

$$\pi_R = w_R\left[D_0 - c_S - c_M + (\theta_S - k_S)e_S + (\theta_M - k_M)e_M - w_R\right] \qquad (5-9)$$

式（5-7）~式（5-9）中，各决策变量 e_S、e_M、w_R 应满足非负

约束；与许多其他类似文献做法一样，通常考虑这些决策变量的内部最优解（供应商单位原材料减排量、制造商单位产品减排量小于各自的初始碳排放量）。没有特别说明的情况下，后面的这些决策变量作类似处理，不再赘述。

在给定的碳税政策下，当供应商主导三级供应链时，根据逆向递推思想，应先求解零售商的决策问题。零售商的利润函数式（5-9）关于 w_R 的二阶导数为：

$$H_R = -2 < 0$$

此时，零售商的利润函数式（5-9）是关于 w_R 的凹函数，故该利润函数存在最大值。

由零售商的利润函数式（5-9）关于 w_R 的一阶条件，可得到零售商对制造商的单位产品减排量 e_M 的最优反应函数为：

$$w_R = \frac{D_0 - c_S - c_M + (\theta_S - k_S)e_S + (\theta_M - k_M)e_M}{2} \tag{5-10}$$

式（5-10）表明，制造商的单位产品减排量 e_M 对产品批发成本基础上的加成价 w_R 的影响方向取决于 $\theta_M - k_M$ 的符号，当 $\theta_M - K_M > 0$，制造商单位产品的减排量 e_M 越大时，零售商在产品批发成本基础上的加成价 w_R 越大；而当 $\theta_M - k_M < 0$，制造商单位产品的减排量 e_M 越大时，零售商在产品批发成本基础上的加成价 w_R 越小。

将式（5-10）代入制造商的利润表达式（5-8），可得：

$$\pi_M = 0.5(k_M e_M - \delta e_{M0} + \delta e_M)[D_0 - c_S - c_M + (\theta_S - k_S)e_S$$
$$+ (\theta_M - k_M)e_M] - 0.5\eta_M e_M^2 \tag{5-11}$$

式（5-11）关于 e_M 的二阶导数为：

$$H_M = (k_M + \delta)(\theta_M - k_M) - \eta_M$$

显然，当

$$(k_M + \delta)(\theta_M - k_M) < \eta_M \qquad (5-12)$$

成立时，制造商的利润函数式（5-11）是关于单位产品减排量 e_M 的凹函数，故该函数在式（5-12）的条件下存在最大值。

由式（5-11）对 e_M 的一阶条件可得制造商的最优反应函数为：

$$e_M = \frac{(k_M + \delta)\left[D_0 - c_S - c_M + (\theta_S - k_S)e_S\right] - \delta e_{M0}(\theta_M - k_M)}{2\eta_M - 2(k_M + \delta)(\theta_M - k_M)}$$

$$(5-13)$$

式（5-13）表明，供应商单位原材料减排量 e_S 对制造商单位产品减排量 e_M 的影响方向取决于 $\theta_S - k_S$ 的符号，当 $\theta_S - k_S > 0$，供应商单位原材料的减排量 e_S 越大时，制造商单位产品减排量 e_M 的值就越大；当 $\theta_S - k_S < 0$，供应商单位原材料的减排量 e_S 越大时，制造商单位产品减排量 e_M 的值就越小。

将式（5-10）、式（5-13）代入供应商的利润表达式（5-7），得到：

$$\pi_S = (k_S e_S - \delta e_{S0} + \delta e_S)\frac{D_1 - \delta e_{M0}(\theta_M - k_M)^2}{4\eta_M - 4(k_M + \delta)(\theta_M - k_M)} - 0.5\eta_S e_S^2$$

$$(5-14)$$

式（5-14）中：

$$D_1 = \left[D_0 - c_S - c_M + (\theta_S - k_S)e_S\right]\left[2\eta_M - (k_M + \delta)(\theta_M - k_M)\right]$$

式（5-14）关于 e_S 的二阶导数为：

$$H_S = \frac{(k_S + \delta)(\theta_S - k_S)\left[2\eta_M - (k_M + \delta)(\theta_M - k_M)\right]}{2\eta_M - 2(k_M + \delta)(\theta_M - k_M)} - \eta_S$$

由此容易看出，当

$$\frac{(k_S + \delta)(\theta_S - k_S)\left[2\eta_M - (k_M + \delta)(\theta_M - k_M)\right]}{2\eta_M - 2(k_M + \delta)(\theta_M - k_M)} < \eta_S \qquad (5-15)$$

成立时，供应商的利润函数式（5-14）存在最大值。由式（5-14）

对 e_S 的一阶条件得：

$$e_S^* = \frac{D_2 - \delta e_{M0}(k_S + \delta)(\theta_M - k_M)^2}{4\eta_S[\eta_M - (k_M + \delta)(\theta_M - k_M)] - D_3} \qquad (5-16)$$

式（5-16）中：

$$D_2 = [2\eta_M - (k_M + \delta)(\theta_M - k_M)][(k_S + \delta)(D_0 - c_S - c_M) - \delta e_{S0}(\theta_S - k_S)]$$

$$D_3 = 2(\theta_S - k_S)(k_S + \delta)[2\eta_M - (k_M + \delta)(\theta_M - k_M)]$$

式（5-16）表明，当 $\theta_S - k_S < 0$ 时，最优的供应商单位原材料减排量与产品的初始市场需求 D_0、单位原材料的初始碳排放量 e_{S0} 成正相关关系，与供应商单位原材料生产成本 c_S、制造商单位产品生产成本 c_M、单位产品的初始碳排放量 e_{M0}、供应商减排成本系数 η_S 成负相关关系。

在式（5-16）的基础上，由式（5-13）、式（5-10）可得：

$$e_M^* = \frac{(k_M + \delta)[D_0 - c_S - c_M + (\theta_S - k_S)e_S^*] - \delta e_{M0}(\theta_M - k_M)}{2\eta_M - 2(k_M + \delta)(\theta_M - k_M)} \qquad (5-17)$$

$$w_R^* = \frac{[D_0 - c_S - c_M + (\theta_S - k_S)e_S^*][2\eta_M - (k_M + \delta)(\theta_M - k_M)] - \delta e_{M0}(\theta_M - k_M)^2}{4\eta_M - 4(k_M + \delta)(\theta_M - k_M)}$$

$$(5-18)$$

根据式（5-12）、式（5-18）中 $w_R^* > 0$ 要求，

$$D_0 - c_S - c_M + (\theta_S - k_S)e_S^* > 0$$

即要求参数满足条件：

$$D_0 - c_S - c_M + (\theta_S - k_S)\frac{D_2 - \delta e_{M0}(k_S + \delta)(\theta_M - k_M)^2}{4\eta_S[\eta_M - (k_M + \delta)(\theta_M - k_M)] - D_3} > 0 \quad (5-19)$$

得到了博弈参与人的决策变量最优取值后，由式（5-7）~式（5-9）可得到供应商、制造商、零售商最优的目标函数值分别为：

$$\pi_S^* = \frac{[D_0 - c_S - c_M + (\theta_S - k_S)e_S^*][2\eta_M - (k_M + \delta)(\theta_M - k_M)] - \delta e_{M0}(\theta_M - k_M)^2}{4\eta_M - 4(k_M + \delta)(\theta_M - k_M)}$$

$$\times (k_S e_S^* + \delta e_S^* - \delta e_{S0}) - 0.5\eta_S(e_S^*)^2 \qquad (5-20)$$

$$\pi_M^* = \frac{(k_M + \delta)^2[D_0 - c_S - c_M + (\theta_S - k_S)e_S^*] + \delta e_{M0}(k_M + \delta)(\theta_M - k_M) - 2\eta_M \delta e_{M0}}{2\eta_M - 2(k_M + \delta)(\theta_M - k_M)}$$

$$\times \frac{[D_0 - c_S - c_M + (\theta_S - k_S)e_S^*][2\eta_M - (k_M + \delta)(\theta_M - k_M)] - \delta e_{M0}(\theta_M - k_M)^2}{4\eta_M - 4(k_M + \delta)(\theta_M - k_M)}$$

$$-0.5\eta_M \left\{ \frac{(k_M + \delta)[D_0 - c_S - c_M + (\theta_S - k_S)e_S^*] - \delta e_{M0}(\theta_M - k_M)}{2\eta_M - 2(k_M + \delta)(\theta_M - k_M)} \right\}^2$$

$$(5-21)$$

$$\pi_R^* = \left[\frac{D_4 - \delta e_{M0}(\theta_M - k_M)^2}{4\eta_M - 4(k_M + \delta)(\theta_M - k_M)} \right]^2 \qquad (5-22)$$

式（5－22）中：

$$D_4 = [D_0 - c_S - c_M + (\theta_S - k_S)e_S^*][2\eta_M - (k_M + \delta)(\theta_M - k_M)]$$

式（5－17）、式（5－18）、式（5－20）～式（5－22）中的 e_S^* 由式（5－16）决定。在式（5－20）～式（5－22）的基础上，可得到供应商主导三级供应链时供应链总利润：

$$\pi_{SMR}^* = \pi_S^* + \pi_M^* + \pi_R^* \qquad (5-23)$$

5.3　零售商主导三级供应链的博弈分析

在碳税政策下，当零售商主导三级供应链时，博弈参与人的决策顺序为：首先，零售商根据最大利润原则决定产品批发成本基础上的加成价 w_R（从而确定了产品零售价）；其次，制造商获知产品加成价后，根据最大利润原则决定单位产品减排量 e_M（从而确定了产品批发价）；最后，供应商获知零售商的产品加成价及制造商的产品减排量后，根据最大利润原则决定单位原材料减排量 e_S（从而确定了原材料批发价）。博弈参与人的决策确定后，供应商生产原材料并按事先决定的批发价批发给制造商，制造商利用原材料生产出产品后，按事先决定的批发价批发给零售商销售。

根据逆向递推思想，应先求解供应商的决策问题。供应商的利润函数仍为式（5-7），其对 e_S 的二阶导数为：

$$H_S = 2(k_S + \delta)(\theta_S - k_S) - \eta_S$$

由此容易看出，当

$$2(k_S + \delta)(\theta_S - k_S) < \eta_S \qquad (5-24)$$

成立时，供应商的利润函数式（5-7）是关于单位原材料减排量 e_S 的凹函数，故该函数在式（5-24）的条件下存在最大值。

由式（5-7）关于 e_S 的一阶条件，可得到供应商对制造商的单位产品减排量 e_M 的最优反应函数为：

$$e_S = \frac{(k_S + \delta)\left[D_0 - c_S - c_M + (\theta_M - k_M)e_M - w_R\right] - \delta e_{S0}(\theta_S - k_S)}{\eta_S - 2(k_S + \delta)(\theta_S - k_S)}$$

$$(5-25)$$

由式（5-25）可知，当 $\theta_M - k_M > 0$，制造商单位产品的减排量 e_M 越大时，供应商单位原材料减排量 e_S 越大；而当 $\theta_M - k_M < 0$，制造商单位产品的减排量 e_M 越大时，供应商单位原材料减排量 e_S 越小。

将式（5-25）代入制造商利润函数式（5-8），得到：

$$\pi_M = \frac{D_5 - \delta e_{S0}(\theta_S - k_S)^2}{\eta_S - 2(k_S + \delta)(\theta_S - k_S)}(k_M e_M - \delta e_{M0} + \delta e_M) - 0.5\eta_M e_M^2$$

$$(5-26)$$

式 (5-26) 中:

$$D_5 = [D_0 - c_S - c_M + (\theta_M - k_M)e_M - w_R][\eta_S - (k_S + \delta)(\theta_S - k_S)]$$

式 (5-26) 关于 e_M 的二阶导数为:

$$H_M = \frac{2(k_M + \delta)(\theta_M - k_M)[\eta_S - (k_S + \delta)(\theta_S - k_S)]}{\eta_S - 2(k_S + \delta)(\theta_S - k_S)} - \eta_M$$

显然, 当

$$\frac{2(k_M + \delta)(\theta_M - k_M)[\eta_S - (k_S + \delta)(\theta_S - k_S)]}{\eta_S - 2(k_S + \delta)(\theta_S - k_S)} < \eta_M \quad (5-27)$$

成立时, 制造商的利润函数式 (5-26) 存在最大值。由式 (5-26) 关于 e_M 的一阶条件, 可得到制造商对零售商产品批发成本基础上的加成价 w_R 的最优反应函数为:

$$e_M = \frac{D_6 - \delta e_{S0}(k_M + \delta)(\theta_S - k_S)^2}{\eta_M[\eta_S - 2(k_S + \delta)(\theta_S - k_S)] - 2(\theta_M - k_M)(k_M + \delta)[\eta_S - (k_S + \delta)(\theta_S - k_S)]}$$

$$(5-28)$$

式 (5-28) 中:

$$D_6 = [\eta_S - (k_S + \delta)(\theta_S - k_S)][(k_M + \delta)(D_0 - c_S - c_M - w_R) - \delta e_{M0}(\theta_M - k_M)]$$

由式 (5-24)、式 (5-27)、式 (5-28) 可知, 零售商产品批发成本基础上的加成价 w_R 越大, 则制造商单位产品的减排量 e_M 越小。

将式 (5-25) 代入零售商利润函数式 (5-9), 可得到:

$$\pi_R = w_R \frac{[D_0 - c_S - c_M + (\theta_M - k_M)e_M - w_R][\eta_S - (k_S + \delta)(\theta_S - k_S)] - D_7}{\eta_S - 2(k_S + \delta)(\theta_S - k_S)}$$

$$(5-29)$$

式 (5-29) 中, e_M 由式 (5-28) 决定, 且 $D_7 = \delta e_{S0}(\theta_S - k_S)^2$。

式 (5-29) 关于 w_R 的二阶导数为:

$$H_R = \cfrac{\begin{array}{c}(\theta_M - k_M)(k_M + \delta)\left[\eta_S - (k_S + \delta)(\theta_S - k_S)\right] \\ - \eta_M\left[\eta_S - 2(k_S + \delta)(\theta_S - k_S)\right]\end{array}}{\begin{array}{c}\eta_M\left[\eta_S - 2(k_S + \delta)(\theta_S - k_S)\right] - 2(\theta_M - k_M) \\ \times (k_M + \delta)\left[\eta_S - (k_S + \delta)(\theta_S - k_S)\right]\end{array}}$$

$$\times \frac{2\eta_S - 2(k_S + \delta)(\theta_S - k_S)}{\eta_S - 2(k_S + \delta)(\theta_S - k_S)}$$

当 $H_R < 0$ 时，零售商的利润函数式（5-29）存在最大值。当式（5-24）、式（5-27）成立时，$H_R < 0$ 就自然成立。

由式（5-29）对 w_R 的一阶导数等于0可得：

$$\frac{\left[\eta_S - (k_S + \delta)(\theta_S - k_S)\right]\left[D_0 - c_S - c_M + (\theta_M - k_M)e_M - w_R\right] - \delta e_{S0}(\theta_S - k_S)^2}{\eta_S - 2(k_S + \delta)(\theta_S - k_S)}$$

$$+ \cfrac{\begin{array}{c}(\theta_M - k_M)(k_M + \delta)\left[\eta_S - (k_S + \delta)(\theta_S - k_S)\right] \\ - \eta_M\left[\eta_S - 2(k_S + \delta)(\theta_S - k_S)\right]\end{array}}{\begin{array}{c}\eta_M\left[\eta_S - 2(k_S + \delta)(\theta_S - k_S)\right] - 2(\theta_M - k_M) \\ \times (k_M + \delta)\left[\eta_S - (k_S + \delta)(\theta_S - k_S)\right]\end{array}}$$

$$\times \frac{\eta_S - (k_S + \delta)(\theta_S - k_S)}{\eta_S - 2(k_S + \delta)(\theta_S - k_S)} \times w_R = 0 \qquad (5-30)$$

式（5-30）中，e_M 由式（5-28）决定。式（5-30）是有关 w_R 的复杂的线性方程，参数形式的解析解表达式很庞大，因而此处不写出 w_R 的最优解 w_R^* 具体的表达式，只是说 w_R^* 由式（5-30）决定。在此基础上可得：

$$e_M^* = \cfrac{\begin{array}{c}\left[\eta_S - (k_S + \delta)(\theta_S - k_S)\right]\left[(k_M + \delta)(D_0 - c_S - c_M - w_R^*)\right] \\ - \delta e_{M0}(\theta_M - k_M) - D_8\end{array}}{\begin{array}{c}\eta_M\left[\eta_S - 2(k_S + \delta)(\theta_S - k_S)\right] \\ - 2(\theta_M - k_M)(k_M + \delta)\left[\eta_S - (k_S + \delta)(\theta_S - k_S)\right]\end{array}}$$

$$(5-31)$$

式（5-31）中，w_R^* 由式（5-30）决定，且

$$D_8 = \delta e_{S0}(k_M + \delta)(\theta_S - k_S)^2$$

$$e_S^* = \frac{(k_S + \delta)\left[D_0 - c_S - c_M + (\theta_M - k_M)e_M^* - w_R^*\right] - \delta e_{S0}(\theta_S - k_S)}{\eta_S - 2(k_S + \delta)(\theta_S - k_S)}$$

$$(5-32)$$

式（5-32）中，e_M^* 与 w_R^* 分别由式（5-31）及式（5-30）决定。

在最优决策变量的基础上，由式（5-7）~式（5-9）可得到零售商主导三级供应链情形下供应商、制造商、零售商最优的目标函数值分别为：

$$\pi_S^* = \frac{(k_S + \delta)^2 D_9 + \delta e_{S0}(k_S + \delta)(\theta_S - k_S) - \eta_S \delta e_{S0}}{\eta_S - 2(k_S + \delta)(\theta_S - k_S)}$$

$$\times \frac{\left[\eta_S - (k_S + \delta)(\theta_S - k_S)\right]D_9 - \delta e_{S0}(\theta_S - k_S)^2}{\eta_S - 2(k_S + \delta)(\theta_S - k_S)}$$

$$-\frac{\eta_S}{2}\left[\frac{(k_S + \delta)D_9 - \delta e_{S0}(\theta_S - k_S)}{\eta_S - 2(k_S + \delta)(\theta_S - k_S)}\right]^2 \qquad (5-33)$$

$$\pi_M^* = \frac{\left[\eta_S - (k_S + \delta)(\theta_S - k_S)\right]D_9 - \delta e_{S0}(\theta_S - k_S)^2}{\eta_S - 2(k_S + \delta)(\theta_S - k_S)}$$

$$\times \left[(k_M + \delta)e_M^* - \delta e_{M0}\right] - 0.5\eta_M(e_M^*)^2 \qquad (5-34)$$

$$\pi_R^* = w_R^* \frac{\left[\eta_S - (k_S + \delta)(\theta_S - k_S)\right]D_9 - \delta e_{S0}(\theta_S - k_S)^2}{\eta_S - 2(k_S + \delta)(\theta_S - k_S)} \qquad (5-35)$$

式（5-33）~式（5-35）中，e_M^* 与 w_R^* 分别由式（5-31）及式（5-30）决定，且

$$D_9 = \left[D_0 - c_S - c_M + (\theta_M - k_M)e_M^* - w_R^*\right]$$

在式（5-33）~式（5-35）的基础上，可得到零售商主导三级供应链时供应链总利润：

$$\pi_{SMR}^* = \pi_S^* + \pi_M^* + \pi_R^* \qquad (5-36)$$

5.4 制造商主导三级供应链的博弈分析

在碳税政策下，当制造商主导三级供应链时，制造商作为三级供应链核心企业，在供应链中充当领导者角色，供应商与零售商作为跟随者，这样形成一个两阶段博弈。博弈参与人的决策顺序为：首先，制造商根据最大利润原则决定单位产品减排量 e_M；其次，供应商及零售商获知制造商的单位产品减排量 e_M 后，同时决定单位原材料减排量 e_s 及产品批发成本基础上的加成价 w_R。

上述博弈中，根据逆向递推思想，应先求解跟随者供应商及零售商的决策问题。在参数满足式（5－24）约束下（供应商的利润函数关于变量 e_s 存在最大值的充分条件），由式（5－7）对 e_s 的一阶条件，式（5－9）对 w_R 的一阶条件（零售商的利润函数关于变量 w_R 的二阶充分条件明显满足），得到：

$$e_S = \frac{(k_S + \delta)\left[D_0 - c_S - c_M + (\theta_M - k_M)e_M - w_R\right] - \delta e_{S0}(\theta_S - k_S)}{\eta_S - 2(k_S + \delta)(\theta_S - k_S)}$$

$$(5-37)$$

$$w_R = \frac{D_0 - c_S - c_M + (\theta_S - k_S)e_S + (\theta_M - k_M)e_M}{2}$$ $(5-38)$

联立求解式（5－37）、式（5－38）分别得到供应商、零售商对制造商的单位产品减排量 e_M 的最优反应函数为：

$$e_S = \frac{(k_S + \delta)\left[D_0 - c_S - c_M + (\theta_M - k_M)e_M\right] - 2\delta e_{S0}(\theta_S - k_S)}{2\eta_S - 3(k_S + \delta)(\theta_S - k_S)}$$

$$(5-39)$$

$$w_R = \frac{[D_0 - c_S - c_M + (\theta_M - k_M)e_M][\eta_S - (k_S + \delta)(\theta_S - k_S)] - \delta e_{S0}(\theta_S - k_S)^2}{2\eta_S - 3(k_S + \delta)(\theta_S - k_S)}$$

$$(5-40)$$

最优反应式（5-39）、式（5-40）表明，在式（5-24）条件下，当 $\eta_S - (k_S + \delta)(\theta_S - k_S) > 0$，$\theta_M - k_M < 0$ 时，随着制造商的单位产品减排量 e_M 的增加，供应商的单位原材料减排量 e_S 变小，零售商在产品批发成本基础上的加成价 w_R 变小。

将式（5-39）、式（5-40）代入制造商的利润函数式（5-8），可得到：

$$\pi_M = \frac{[D_0 - c_S - c_M + (\theta_M - k_M)e_M][\eta_S - (k_S + \delta)(\theta_S - k_S)] - \delta e_{S0}(\theta_S - k_S)^2}{2\eta_S - 3(k_S + \delta)(\theta_S - k_S)}$$

$$\times [(k_M + \delta)e_M - \delta e_{M0}] - 0.5\eta_M e_M^2 \qquad (5-41)$$

式（5-41）关于 e_M 的二阶导数为：

$$H_M = \frac{2(k_M + \delta)(\theta_M - k_M)[\eta_S - (k_S + \delta)(\theta_S - k_S)]}{2\eta_S - 3(k_S + \delta)(\theta_S - k_S)} - \eta_M$$

当

$$\frac{2(k_M + \delta)(\theta_M - k_M)[\eta_S - (k_S + \delta)(\theta_S - k_S)]}{2\eta_S - 3(k_S + \delta)(\theta_S - k_S)} < \eta_M \qquad (5-42)$$

成立时，制造商的利润函数式（5-41）存在最大值。在此基础上，由式（5-41）对 e_M 的一阶导数等于 0 可得：

$$e_M^* = \frac{(D_0 - c_S - c_M)(k_M + \delta)[\eta_S - (k_S + \delta)(\theta_S - k_S)] - D_{10}}{\eta_M[2\eta_S - 3(k_S + \delta)(\theta_S - k_S)]}$$
$$- 2(k_M + \delta)(\theta_M - k_M)[\eta_S - (k_S + \delta)(\theta_S - k_S)]$$

$$(5-43)$$

式（5-43）中：

$$D_{10} = (\theta_M - k_M)[\eta_S - (k_S + \delta)(\theta_S - k_S)]\delta e_{M0} + (k_M + \delta)(\theta_S - k_S)^2 \delta e_{S0}$$

根据式（5-43）可知，在式（5-24）条件下，当 $\eta_S - (k_S + \delta)(\theta_S - k_S) > 0$，$\theta_M - k_M < 0$ 时，制造商的最优单位产品减排量 e_M^* 随着产品的初始市场需求 D_0、单位产品初始碳排放量 e_{M0} 的值增加而增加，随着供应商单位原材料生产成本 c_S、制造商单位产品生产成本 c_M、制造商减排成本系数 η_M、单位原材料初始碳排放量 e_{S0} 的值增加而减小。

在式（5-43）的基础上，由式（5-39）、式（5-40）可得：

$$e_S^* = \frac{(k_S + \delta)\left[D_0 - c_S - c_M + (\theta_M - k_M)e_M^*\right] - 2\delta e_{S0}(\theta_S - k_S)}{2\eta_S - 3(k_S + \delta)(\theta_S - k_S)}$$

$$(5-44)$$

$$w_R^* = \frac{\left[D_0 - c_S - c_M + (\theta_M - k_M)e_M^*\right]\left[\eta_S - (k_S + \delta)(\theta_S - k_S)\right] - \delta e_{S0}(\theta_S - k_S)^2}{2\eta_S - 3(k_S + \delta)(\theta_S - k_S)}$$

$$(5-45)$$

式（5-44）、式（5-45）中的 e_M^* 由式（5-43）决定。

在 e_M^*、e_S^*、w_R^* 的基础上，由式（5-7）~式（5-9）可得：

$$\pi_S^* = \frac{(k_S + \delta)^2\left[D_0 - c_S - c_M + (\theta_M - k_M)e_M^*\right] + \delta e_{S0}(k_S + \delta)(\theta_S - k_S) - 2\eta_S\delta e_{S0}}{2\eta_S - 3(k_S + \delta)(\theta_S - k_S)}$$

$$\times \frac{\left[D_0 - c_S - c_M + (\theta_M - k_M)e_M^*\right]\left[\eta_S - (k_S + \delta)(\theta_S - k_S)\right] - \delta e_{S0}(\theta_S - k_S)^2}{2\eta_S - 3(k_S + \delta)(\theta_S - k_S)}$$

$$-0.5\eta_S\left\{\frac{(k_S + \delta)\left[D_0 - c_S - c_M + (\theta_M - k_M)e_M^*\right] - 2\delta e_{S0}(\theta_S - k_S)}{2\eta_S - 3(k_S + \delta)(\theta_S - k_S)}\right\}^2$$

$$(5-46)$$

$$\pi_M^* = \frac{\left[D_0 - c_S - c_M + (\theta_M - k_M)e_M^*\right]\left[\eta_S - (k_S + \delta)(\theta_S - k_S)\right] - \delta e_{S0}(\theta_S - k_S)^2}{2\eta_S - 3(k_S + \delta)(\theta_S - k_S)}$$

$$\times\left[(k_M + \delta)e_M^* - \delta e_{M0}\right] - 0.5\eta_M(e_M^*)^2 \qquad (5-47)$$

$$\pi_R^* = \left\{ \frac{\left[D_0 - c_S - c_M + (\theta_M - k_M)e_M^* \right]\left[\eta_S - (k_S + \delta)(\theta_S - k_S) \right] - \delta e_{S0}(\theta_S - k_S)^2}{2\eta_S - 3(k_S + \delta)(\theta_S - k_S)} \right\}^2$$

$$(5-48)$$

式（5-46）~式（5-48）中，e_M^* 由式（5-43）决定。由此，可得到制造商主导三级供应链时供应链总利润：

$$\pi_{SMR}^* = \pi_S^* + \pi_M^* + \pi_R^* \tag{5-49}$$

5.5　三级供应链集中决策

在碳税政策下，三级供应链集中决策意味着供应商、制造商与零售商三方以供应链系统总利润最大为原则，共同确定 e_S、e_M、w_R 的值。此时供应链的总利润为：

$$\begin{aligned} \pi_{SMR}^C = &\left[(k_S e_S - \delta e_{S0} + \delta e_S) + (k_M e_M - \delta e_{M0} + \delta e_M) + w_R \right]\left[D_0 - c_S - c_M \right. \\ &\left. + (\theta_S - k_S)e_S + (\theta_M - k_M)e_M - w_R \right] - 0.5\eta_S e_S^2 - 0.5\eta_M e_M^2 \end{aligned}$$

$$(5-50)$$

式（5-50）中，供应商的单位原材料减排量 e_S 及制造商的单位产品减排量 e_M 应满足非负约束，但零售商在产品批发成本基础上的加成价 w_R 可以不受符号约束。当 w_R 值为正时，表示产品零售价比制造商的产品批发价高（由于此时供应链进行集中决策，不存在真正意义上的产品批发价），这与通常的情况一样；当 w_R 值为负时，产品零售价比批发价低。后一种情况意味着为了扩大产品需求，降价出售产品从整个三级供应链来看是有利的。

式（5-50）中，π_{SMR}^C 关于 w_R、e_S、e_M 的海塞（Hessian）矩阵为：

$$H_C = \begin{bmatrix} -2 & \theta_S - 2k_S - \delta & \theta_M - 2k_M - \delta \\ \theta_S - 2k_S - \delta & 2(k_S + \delta)(\theta_S - k_S) - \eta_S & D_{11} \\ \theta_M - 2k_M - \delta & D_{11} & 2(k_M + \delta)(\theta_M - k_M) - \eta_M \end{bmatrix}$$

$$(5 - 51)$$

式 (5 – 51) 中:

$$D_{11} = (k_S + \delta)(\theta_M - k_M) + (k_M + \delta)(\theta_S - k_S)$$

由式 (5 – 51) 可知, 当

$$2\eta_S > (\theta_S + \delta)^2 \tag{5 - 52}$$

$$2D_{11}^2 - 2\left[2(k_S + \delta)(\theta_S - k_S) - \eta_S\right]\left[2(k_M + \delta)(\theta_M - k_M) - \eta_M\right]$$

$$- (\theta_M - 2k_M - \delta)^2\left[2(k_S + \delta)(\theta_S - k_S) - \eta_S\right] - (\theta_S - 2k_S - \delta)^2$$

$$\times \left[2(k_M + \delta)(\theta_M - k_M) - \eta_M\right] + 2(\theta_S - 2k_S - \delta)(\theta_M - 2k_M - \delta)D_{11} < 0$$

$$(5 - 53)$$

成立时, 式 (5 – 50) 是关于 w_R、e_S、e_M 的凹函数, 故该函数在式 (5 – 52)、式 (5 – 53) 的条件下存在最大值。

由式 (5 – 50) 关于 w_R、e_S、e_M 的一阶条件可得:

$$D_0 - c_S - c_M + (\theta_S - k_S)e_S + (\theta_M - k_M)e_M - (k_S e_S$$

$$- \delta e_{S0} + \delta e_S) - (k_M e_M - \delta e_{M0} + \delta e_M) - 2w_R = 0 \tag{5 - 54}$$

$$(k_S + \delta)\left[D_0 - c_S - c_M + (\theta_S - k_S)e_S + (\theta_M - k_M)e_M - w_R\right] + (\theta_S$$

$$- k_S)\left[(k_S e_S - \delta e_{S0} + \delta e_S) + (k_M e_M - \delta e_{M0} + \delta e_M) + w_R\right] - \eta_S e_S = 0$$

$$(5 - 55)$$

$$(k_M + \delta)\left[D_0 - c_S - c_M + (\theta_S - k_S)e_S + (\theta_M - k_M)e_M - w_R\right] + (\theta_M$$

$$- k_M)\left[(k_S e_S - \delta e_{S0} + \delta e_S) + (k_M e_M - \delta e_{M0} + \delta e_M) + w_R\right] - \eta_M e_M = 0$$

$$(5 - 56)$$

由式 (5 – 54) ~ 式 (5 – 56) 可解得:

$$w_R^* = \frac{D_0 - c_S - c_M + \delta e_{S0} + \delta e_{M0}}{2}$$

$$+ \frac{(D_0 - c_S - c_M - \delta e_{S0} - \delta e_{M0}) \, D_{12}}{4\eta_S\eta_M - 2\eta_M \, (\theta_S + \delta)^2 - 2\eta_S \, (\theta_M + \delta)^2} \tag{5-57}$$

$$e_S^* = \frac{\eta_M(\theta_S + \delta)(D_0 - c_S - c_M - \delta e_{S0} - \delta e_{M0})}{2\eta_S\eta_M - \eta_M(\theta_S + \delta)^2 - \eta_S(\theta_M + \delta)^2} \tag{5-58}$$

$$e_M^* = \frac{\eta_S(\theta_M + \delta)(D_0 - c_S - c_M - \delta e_{S0} - \delta e_{M0})}{2\eta_S\eta_M - \eta_M(\theta_S + \delta)^2 - \eta_S(\theta_M + \delta)^2} \tag{5-59}$$

式（5-57）中：

$$D_{12} = \eta_M(\theta_S + \delta)(\theta_S - 2k_S - \delta) + \eta_S(\theta_M + \delta)(\theta_M - 2k_M - \delta)$$

根据式（5-57）~式（5-59）可知，当供应商的减排成本系数 η_S 相对于制造商的减排成本系数 η_M 越大时，供应商单位原材料减排量相对越小，制造商单位产品减排量相对越大；当单位原材料减排量对产品需求的影响系数 θ_S，相对于单位产品减排量对产品需求的影响系数 η_M 越大时，供应商单位原材料减排量相对越大，制造商单位产品减排量相对越小；供应商单位原材料减排量、制造商单位产品减排量不会受到原材料单位减排量对原材料批发价的影响系数 k_S 及产品单位减排量对产品批发价的影响系数 k_M 的影响，但参数 k_S，k_M 会影响产品批发成本基础上的加成价，即会影响产品零售价。

在式（5-57）~式（5-59）的基础上，可得到供应链最优利润：

$$\pi_{SMR}^{C*} = \frac{\eta_S\eta_M(D_0 - c_S - c_M - \delta e_{S0} - \delta e_{M0})^2}{4\eta_S\eta_M - 2\eta_M(\theta_S + \delta)^2 - 2\eta_S(\theta_M + \delta)^2} \tag{5-60}$$

由式（5-60）可知，供应链最优利润非负要求：

$$2\eta_S\eta_M - \eta_M(\theta_S + \delta)^2 - \eta_S(\theta_M + \delta)^2 > 0 \tag{5-61}$$

进一步，根据式（5-58）、式（5-59），要求：

$$D_0 - c_S - c_M - \delta e_{S0} - \delta e_{M0} > 0 \tag{5-62}$$

由此，根据式（5 - 60）可知，供应链最优利润不受参数 k_S、k_M 的影响；当供应商的减排成本系数 η_S、制造商的减排成本系数 η_M、供应商单位原材料生产成本 c_S、制造商单位产品生产成本 c_M、单位原材料初始碳排放量 e_{S0}、单位产品初始碳排放量 e_{M0} 变大时，供应链最优利润变小；当产品的初始市场需求 D_0、单位原材料减排量对产品需求的影响系数 θ_S、单位产品减排量对产品需求的影响系数 θ_M 变大时，供应链最优利润变大。

在式（5 - 57）~ 式（5 - 59）的基础上，如果按式（5 - 7）~ 式（5 - 9）计算供应商、制造商、零售商利润（协调利润分配时的一种参照），可得：

$$\pi_S^{C*} = \frac{\eta_S \eta_M (D_0 - c_S - c_M - \delta e_{S0} - \delta e_{M0})}{2\eta_S \eta_M - \eta_M (\theta_S + \delta)^2 - \eta_S (\theta_M + \delta)^2}$$

$$\times \left[\frac{\eta_M (\theta_S + \delta)(2k_S + \delta - \theta_S)(D_0 - c_S - c_M - \delta e_{S0} - \delta e_{M0})}{4\eta_S \eta_M - 2\eta_M (\theta_S + \delta)^2 - 2\eta_S (\theta_M + \delta)^2} - \delta e_{S0} \right]$$

$$(5 - 63)$$

$$\pi_M^{C*} = \frac{\eta_S \eta_M (D_0 - c_S - c_M - \delta e_{S0} - \delta e_{M0})}{2\eta_S \eta_M - \eta_M (\theta_S + \delta)^2 - \eta_S (\theta_M + \delta)^2}$$

$$\times \left[\frac{\eta_S (\theta_M + \delta)(2k_M + \delta - \theta_M)(D_0 - c_S - c_M - \delta e_{S0} - \delta e_{M0})}{4\eta_S \eta_M - 2\eta_M (\theta_S + \delta)^2 - 2\eta_S (\theta_M + \delta)^2} - \delta e_{M0} \right]$$

$$(5 - 64)$$

$$\pi_R^{C*} = \frac{\eta_S \eta_M (D_0 - c_S - c_M - \delta e_{S0} - \delta e_{M0})}{2\eta_S \eta_M - \eta_M (\theta_S + \delta)^2 - \eta_S (\theta_M + \delta)^2}$$

$$\times \left[\frac{D_0 - c_S - c_M + \delta e_{S0} + \delta e_{M0}}{2} + \frac{(D_0 - c_S - c_M - \delta e_{S0} - \delta e_{M0})D_{12}}{4\eta_S \eta_M - 2\eta_M (\theta_S + \delta)^2 - 2\eta_S (\theta_M + \delta)^2} \right]$$

$$(5 - 65)$$

5.6　碳税政策下三级供应链运营博弈数值算例

由于前述各种情形下，决策变量及目标函数的表达式很复杂，很难直接进行比较及进一步分析。下面通过数值算例进行探讨，并在此基础上进一步研究。考虑到各种情形参数应满足的条件，设 $\delta = 0.5$，$D_0 = 50$，$c_S = 1$，$c_M = 1$，$k_S = 3$，$k_M = 3$，$\eta_S = 15$，$\eta_M = 15$，$e_{S0} = 10$，$e_{M0} = 10$，$\theta_S = 1$，$\theta_M = 1$。将这些参数值代入本章的碳税政策下供应商主导三级供应链、零售商主导三级供应链、制造商主导三级供应链、三级供应链集中决策情形的相关表达式中，可得到供应商、制造商、零售商的相关决策变量及各自目标函数等的数值结果。

5.6.1　供应商主导三级供应链情形的数值结果

碳税政策下，当供应商主导三级供应链进行三阶段博弈时，由 5.2 节的相关表达式可计算得到供应商单位原材料减排量 $e_S^* = 3.5452$，制造商单位产品减排量 $e_M^* = 3.4814$，零售商在产品批发成本基础上的加成价 $w_R^* = 16.9734$，供应商最优利润 $\pi_S^* = 31.4790$，制造商最优利润 $\pi_M^* = 31.0511$，零售商最优利润 $\pi_R^* = 288.0963$，三级供应链最优总利润 $\pi_{SMR}^* = 350.6264$。另外，产品的市场需求 $D^* = 16.9734$，供应商生产的原材料批发价 $w_S^* = 11.6356$，制造商生产的产品批发价 $w_M^* = 23.0798$，产品零售价 $p^* = 40.0532$。以上数值容易看出，零售商最优利润相对较高，原因是零售商既无碳减排成本，也不需要承担碳税成本、产品销售成本。

5.6.2 零售商主导三级供应链情形的数值结果

碳税政策下，当零售商主导三级供应链时，由 5.3 节的相关表达式可计算得到供应商单位原材料减排量 $e_S^* = 2.6714$，制造商单位产品减排量 $e_M^* = 2.7748$，零售商在产品批发成本基础上的加成价 $w_R^* = 23.1729$，供应商最优利润 $\pi_S^* = 7.0917$，制造商最优利润 $\pi_M^* = 7.9112$，零售商最优利润 $\pi_R^* = 322.9074$，三级供应链最优总利润 $\pi_{SMR}^* = 337.9103$。另外，产品的市场需求 $D^* = 13.9347$，供应商生产的原材料批发价 $w_S^* = 9.0142$，制造商生产的产品批发价 $w_M^* = 18.3386$，产品零售价 $p^* = 41.5115$。显然，相较于供应商主导三级供应链，零售商主导三级供应链不利于供应商、制造商碳减排。由于零售商的核心地位加之前述的成本优势，零售商与制造商、供应商的利润差距进一步扩大。

5.6.3 制造商主导三级供应链情形的数值结果

碳税政策下，当制造商主导三级供应链时，由 5.4 节的相关表达式可计算得到供应商单位原材料减排量 $e_S^* = 3.1943$，制造商单位产品减排量 $e_M^* = 3.5843$，零售商在产品批发成本基础上的加成价 $w_R^* = 17.2214$，供应商最优利润 $\pi_S^* = 29.9025$，制造商最优利润 $\pi_M^* = 33.5823$，零售商最优利润 $\pi_R^* = 296.5766$，三级供应链最优总利润 $\pi_{SMR}^* = 360.0614$。另外，产品的市场需求 $D^* = 17.2214$，供应商生产的原材料批发价 $w_S^* = 10.5829$，制造商生产的产品批发价 $w_M^* = 22.3358$，产品零售价 $p^* = 39.5572$。由供应链三种分散决策的数值结果可知，供应商、制造商、零售商都偏爱各自主导三级供应链，且越接近"核心"博弈位置,对局中人越有利;对整条供应链来说,制造商主导三级供应链时,供应链利润最高;零售商主导三级供应链时,供应链利润最低。

5.6.4　三级供应链集中决策情形的数值结果

碳税政策下,当供应商、制造商、零售商集中决策时,由 5.5 节的相关表达式可计算得到供应商单位原材料减排量 $e_S^* = 2.2353$,制造商单位产品减排量 $e_M^* = 2.2353$,零售商在产品批发成本基础上的加成价 $w_R^* = 16.7059$,供应商最优利润 $\pi_S^{C*} = 25.6403$ [如果按式 (5-7) 或式 (5-63) 计算],制造商最优利润 $\pi_M^{C*} = 25.6403$ [如果按式 (5-8) 或式 (5-64) 计算],零售商最优利润 $\pi_R^{C*} = 373.4253$ [如果按式 (5-9) 或式 (5-65) 计算],三级供应链最优总利润 $\pi_{SMR}^{C*} = 424.7059$。另外,产品的市场需求 $D^{C*} = 22.3529$,供应商生产的原材料批发价 $w_S^{C*} = 7.7059$,制造商生产的产品批发价 $w_M^{C*} = 15.4118$,产品零售价 $p^{C*} = 32.1177$。

5.6.5　各种情形的比较分析

由本章碳税政策下各种情形的数值结果可知:

(1) 三级供应链集中决策时,供应商、制造商总减排量最低;供应商主导三级供应链时,供应商、制造商总减排量最高,说明本章三级供应链集中决策不利于碳减排,对整个生态环境没有好处,因供应链成员目标函数中没有考虑碳排放带来的环境损害,但三级供应链集中决策时,供应链总利润最大,符合系统的一般原理。

（2）三级供应链集中决策时，供应商生产的原材料批发价、制造商生产的产品批发价、零售商在产品批发成本基础上的加成价、产品零售价都最低，产品市场需求最高；而供应商主导三级供应链时，原材料批发价、产品批发价最高；零售商主导三级供应链时，零售商在产品批发成本基础上的加成价、产品零售价最高，产品市场需求最低。这意味着三级供应链集中决策对消费者有利。

5.6.6　灵敏度分析及管理启示

为了得到更多的管理启示，以前述数值算例中的参数取值为基准，下面对 δ、k_S、k_M、θ_S 及 θ_M 在各种情形下进行灵敏度分析，结果如表 5-1 ~ 表 5-4 所示。

表 5-1　　　　供应商主导三级供应链情形的灵敏度分析结果

基准	e_S^*	e_M^*	w_R^*	π_S^*	π_M^*	π_R^*
	3.5452	3.4814	16.9734	31.4790	31.0511	288.0963
$\delta = 0.40$	3.4536	3.3880	17.1584	43.3895	42.9284	294.4118
$\delta = 0.45$	3.4997	3.4350	17.0654	37.3929	36.9489	291.2265
$\delta = 0.55$	3.5901	3.5274	16.8825	25.6453	25.2342	285.0189
$\delta = 0.60$	3.6345	3.5728	16.7927	19.8910	19.4958	281.9942
$k_S = 2.90$	3.5160	3.5141	17.1457	26.5214	32.5358	293.9766
$k_S = 2.95$	3.5311	3.4977	17.0594	29.0110	31.7896	291.0248
$k_S = 3.05$	3.5582	3.4652	16.8876	33.9238	30.3214	285.1915
$k_S = 3.10$	3.5703	3.4491	16.8022	36.3457	29.5999	282.3127
$k_M = 2.90$	3.5743	3.4575	17.1411	32.9134	26.1393	293.8178
$k_M = 2.95$	3.5597	3.4700	17.0571	32.1918	28.6065	290.9435
$k_M = 3.05$	3.5307	3.4919	16.8901	30.7742	33.4734	285.2764

续表

基准	e_S^*	e_M^*	w_R^*	π_S^*	π_M^*	π_R^*
	3.5452	3.4814	16.9734	31.4790	31.0511	288.0963
$k_M = 3.10$	3.5162	3.5014	16.8073	30.0786	35.8718	282.4859
$\theta_S = 0.90$	3.5058	3.4598	16.8591	30.3908	30.0797	284.2281
$\theta_S = 0.95$	3.5254	3.4706	16.9159	30.9307	30.5617	286.1488
$\theta_S = 1.05$	3.5652	3.4924	17.0314	32.0350	31.5488	290.0703
$\theta_S = 1.10$	3.5856	3.5035	17.0901	32.5998	32.0542	292.0724
$\theta_M = 0.90$	3.5255	3.4412	16.8613	30.5303	29.9602	284.3023
$\theta_M = 0.95$	3.5353	3.4612	16.9170	31.0008	30.5016	286.1858
$\theta_M = 1.05$	3.5551	3.5020	17.0304	31.9642	31.6097	290.0336
$\theta_M = 1.10$	3.5652	3.5229	17.0880	32.4576	32.1766	291.9993

表 5－2　　　零售商主导三级供应链情形的灵敏度分析结果

基准	e_S^*	e_M^*	w_R^*	π_S^*	π_M^*	π_R^*
	2.6714	2.7748	23.1729	7.0917	7.9112	322.9074
$\delta = 0.40$	2.5738	2.6858	23.3309	17.5420	18.5116	330.1296
$\delta = 0.45$	2.6230	2.7307	23.2510	12.2794	13.1721	326.4827
$\delta = 0.55$	2.7194	2.8185	23.0936	1.9866	2.7366	319.3973
$\delta = 0.56$	2.7289	2.8272	23.0781	0.9739	1.7104	318.7036
$k_S = 2.90$	2.6780	2.8001	23.2023	4.1334	8.9248	327.3637
$k_S = 2.95$	2.6751	2.7875	23.1872	5.6270	8.4129	325.1171
$k_S = 3.05$	2.6672	2.7625	23.1566	8.5372	7.4291	320.7302
$k_S = 3.10$	2.6623	2.7503	23.1413	9.9539	6.9567	318.5902
$k_M = 2.90$	2.7014	2.7751	23.2014	8.1856	4.8819	327.6771
$k_M = 2.95$	2.6864	2.7754	23.1867	7.6334	6.4110	325.2765
$k_M = 3.05$	2.6569	2.7737	23.1571	6.5699	9.3920	320.5659
$k_M = 3.10$	2.6424	2.7718	23.1421	6.0583	10.8440	318.2570

续表

基准	e_S^*	e_M^*	w_R^*	π_S^*	π_M^*	π_R^*
	2.6714	2.7748	23.1729	7.0917	7.9112	322.9074
$\theta_S = 0.90$	2.6338	2.7576	23.1354	6.2635	7.2453	319.6965
$\theta_S = 0.95$	2.6524	2.7662	23.1538	6.6739	7.5759	321.2905
$\theta_S = 1.05$	2.6911	2.7838	23.1898	7.5270	8.2611	324.5432
$\theta_S = 1.10$	2.7111	2.7927	23.2073	7.9704	8.6164	326.2033
$\theta_M = 0.90$	2.6518	2.7364	23.1390	6.3885	7.0597	319.5732
$\theta_M = 0.95$	2.6616	2.7555	23.1556	6.7375	7.4818	321.2287
$\theta_M = 1.05$	2.6816	2.7948	23.1880	7.4612	8.3578	324.6053
$\theta_M = 1.10$	2.6919	2.8151	23.2039	7.8366	8.8124	326.3277

表 5 – 3   制造商主导三级供应链情形的灵敏度分析结果

基准	e_S^*	e_M^*	w_R^*	π_S^*	π_M^*	π_R^*
	3.1943	3.5843	17.2214	29.9025	33.5823	296.5766
$\delta = 0.40$	3.0841	3.4944	17.4215	41.6574	45.7170	303.5098
$\delta = 0.45$	3.1396	3.5396	17.3208	35.7402	39.6058	300.0097
$\delta = 0.55$	3.2483	3.6285	17.1232	24.1420	27.6443	293.2037
$\delta = 0.60$	3.3016	3.6722	17.0263	18.4580	21.7902	289.8945
$k_S = 2.90$	3.1929	3.6083	17.3585	25.1891	34.7800	301.3180
$k_S = 2.95$	3.1941	3.5962	17.2895	27.5594	34.1760	298.9285
$k_S = 3.05$	3.1936	3.5726	17.1539	32.2169	32.9987	294.2579
$k_S = 3.10$	3.1921	3.5609	17.0874	34.5028	32.4255	291.9777
$k_M = 2.90$	3.2226	3.5563	17.3990	31.3607	28.5288	302.7239
$k_M = 2.95$	3.2084	3.5708	17.3100	30.6274	31.0672	299.6367
$k_M = 3.05$	3.1803	3.5968	17.1330	29.1855	36.0730	293.5401
$k_M = 3.10$	3.1663	3.6083	17.0450	28.4774	38.5390	290.5335
$\theta_S = 0.90$	3.1514	3.5671	17.1240	28.7709	32.7385	293.2299

续表

基准	e_S^*	e_M^*	w_R^*	π_S^*	π_M^*	π_R^*
	3.1943	3.5843	17.2214	29.9025	33.5823	296.5766
$\theta_S = 0.95$	3.1726	3.5757	17.1724	29.3320	33.1571	294.8906
$\theta_S = 1.05$	3.2164	3.5931	17.2709	30.4818	34.0140	298.2837
$\theta_S = 1.10$	3.2390	3.6020	17.3210	31.0708	34.4527	300.0178
$\theta_M = 0.90$	3.1756	3.5437	17.1035	28.9474	32.4332	292.5304
$\theta_M = 0.95$	3.1849	3.5639	17.1621	29.4210	33.0033	294.5385
$\theta_M = 1.05$	3.2038	3.6051	17.2812	30.3912	34.1700	298.6402
$\theta_M = 1.10$	3.2135	3.6261	17.3417	30.8881	34.7669	300.7352

表 5 – 4　　　　　供应链集中决策情形的灵敏度分析结果

基准	e_S^*	e_M^*	w_R^*	π_{SMR}^{C*}
	2.2353	2.2353	16.7059	424.7059
$\delta = 0.40$	2.1472	2.1472	16.4049	460.1227
$\delta = 0.45$	2.1923	2.1923	16.5520	442.2369
$\delta = 0.55$	2.2762	2.2762	16.8668	407.5213
$\delta = 0.60$	2.3151	2.3151	17.0354	390.6752
$k_S = 2.90$	2.2353	2.2353	16.9294	424.7059
$k_S = 2.95$	2.2353	2.2353	16.8176	424.7059
$k_S = 3.05$	2.2353	2.2353	16.5941	424.7059
$k_S = 3.10$	2.2353	2.2353	16.4824	424.7059
$k_M = 2.90$	2.2353	2.2353	16.9294	424.7059
$k_M = 2.95$	2.2353	2.2353	16.8176	424.7059
$k_M = 3.05$	2.2353	2.2353	16.5941	424.7059
$k_M = 3.10$	2.2353	2.2353	16.4824	424.7059
$\theta_S = 0.90$	2.0628	2.2102	17.1462	419.9302
$\theta_S = 0.95$	2.1484	2.2224	16.9266	422.2634

基准	e_S^*	e_M^*	w_R^*	π_{SMR}^{C*}
	2.2353	2.2353	16.7059	424.7059
$\theta_S = 1.05$	2.3237	2.2487	16.4839	427.2611
$\theta_S = 1.10$	2.4137	2.2628	16.2604	429.9325
$\theta_M = 0.90$	2.2102	2.0628	17.1462	419.9302
$\theta_M = 0.95$	2.2224	2.1484	16.9266	422.2634
$\theta_M = 1.05$	2.2487	2.3237	16.4839	427.2611
$\theta_M = 1.10$	2.2628	2.4137	16.2604	429.9325

5.6.6.1　由表 5 -1 ~ 表 5 -4 可得到的结论

（1）在供应商主导三级供应链情形下，随着碳税税率 δ 值增加，供应商单位原材料减排量 e_S^*，制造商单位产品减排量 e_M^* 都增加，但零售商在产品批发成本基础上的加成价 w_R^*、供应商最优利润 π_S^*、制造商最优利润 π_M^*、零售商最优利润 π_R^* 都减小；随着原材料单位减排量对原材料批发价的影响系数 k_S 值增加，e_S^*、π_S^* 都增加，而 e_M^*、w_R^*、π_M^*、π_R^* 都减小；随着产品单位减排量对产品批发价的影响系数 k_M 值增加，e_M^*、π_M^* 增加，而 e_S^*、w_R^*、π_S^*、π_R^* 减小；随着单位原材料减排量对产品需求的影响系数 θ_S、单位产品减排量对产品需求的影响系数 θ_M 值增加，e_S^*、e_M^*、w_R^*、π_S^*、π_M^*、π_R^* 都变大。

（2）在零售商主导三级供应链情形下，随着 δ 值增加，e_S^*、e_M^* 增加，而 w_R^*、π_S^*、π_M^*、π_R^* 变小；随着 k_S 值增加，π_S^* 值也增加，但 e_S^*、e_M^*、w_R^*、π_M^*、π_R^* 值都减小；随着 k_M 值增加，π_M^* 值也增加，但 e_S^*、w_R^*、π_S^*、π_R^* 值都减小，而 e_M^* 值并不单调变化；随着 θ_S、θ_M 值增加，e_S^*、e_M^*、w_R^*、π_S^*、π_M^*、π_R^* 都变大。

（3）在制造商主导三级供应链情形下，随着 δ 值变大，e_S^*、e_M^* 值也变大，而 w_R^*、π_S^*、π_M^*、π_R^* 值都变小；随着 k_S 值增加，e_S^* 值并不单调变化，但 π_S^* 值单调递增，而 e_M^*、w_R^*、π_M^*、π_R^* 值都单调递减；随着 k_M 值增加，e_M^*、π_M^* 值也增加，但 e_S^*、w_R^*、π_S^*、π_R^* 值都减少；随着 θ_S、θ_M 值变小，e_S^*、e_M^*、w_R^*、π_S^*、π_M^*、π_R^* 值都变小。

（4）在三级供应链集中决策情形下，随着 δ 值变大，e_S^*、e_M^*、w_R^* 值变大，而三级供应链总利润 π_{SMR}^{C*} 值变小；随着 k_S、k_M 值增加，e_S^*、e_M^*、π_{SMR}^{C*} 值不变，而 w_R^* 值变小；随着 θ_S、θ_M 值增加，e_S^*、e_M^*、π_{SMR}^{C*} 值增加，但 w_R^* 值变小。

5.6.6.2　由上述结论，可得的管理启示

由上述结论，可得的管理启示如下：

（1）由于无论是三级供应链的哪种情形，随着碳税税率 δ 值增加，供应商与制造商的减排量都会增加，这带来了社会效益，但同时供应商、制造商、零售商的利润及供应链总利润都减少，这引起了经济损失。因此，政府部门应对碳税税率进行适当管控，平衡好社会效益与经济效益，甚至可以类似第 2 章优化碳税税率，以使整个社会福利最大。

（2）无论哪种情形，当 θ_S、θ_M 值增加时，供应商与制造商的减排量都会增加，同时供应商、制造商、零售商的利润及供应链总利润也增加。因此，除了供应商、制造商、零售商应积极采取措施提升 θ_S、θ_M 值，如大力宣传低碳产品相对非低碳产品的好处，零售商也可对供应商、制造商提升 θ_S、θ_M 值进行成本分担，政府可在全社会营造低碳、"绿色"氛围，或者政府对消费者购买低碳产品进行适当补贴，以增加产品的需求。

（3）分散决策时，由于 k_S 值增加，则供应商利润增加；k_M 值增

加，则制造商利润增加。因此，供应商、制造商有动力采取措施提升 k_S、k_M 值。具体措施与供应商、制造商提升 θ_S、θ_M 值的措施类似。

（4）在对应参数取值相同的情况下，三级供应链集中决策时总利润大于分散决策时供应链总利润，这符合系统的一般原理。但要实现供应链集中决策的总利润，即实现系统协调，可采用 5.7 节中的两部收费协调契约。

5.7　碳税政策下三级供应链的协调研究

5.7.1　成本分担协调契约

由前述数值算例可知，分散决策时，供应商、制造商、零售商都希望自己处于供应链中的"核心位置"，进而主导三级供应链，且不能主导时也会尽力接近主导的位置。基于此认识，前述三种分散决策中，制造商主导三级供应链时供应商、零售商在"博弈位置"方面都同样接近主导者，是没有"远离"主导者的局中人，加之制造商主导三级供应链时，供应链最优利润在分散决策中最大，因而此处以制造商主导三级供应链为基础研究三级供应链的协调问题。

考虑常见的成本分担契约协调三级供应链的可能性。假设零售商分担供应商、制造商碳减排成本的比例分别为 ε_S、ε_M，其中 $0 \leqslant \varepsilon_S \leqslant 1$，$0 \leqslant \varepsilon_M \leqslant 1$。此时供应商、制造商、零售商的决策问题分别为：

$$\max_{e_s} \pi_S = (k_S e_S - \delta e_{S0} + \delta e_S)\left[D_0 - c_S - c_M + (\theta_S - k_S)e_S \right.$$
$$\left. + (\theta_M - k_M)e_M - w_R\right] - 0.5(1 - \varepsilon_S)\eta_S e_S^2 \quad (5-66)$$

$$\max_{e_M}\pi_M = (k_M e_M - \delta e_{M0} + \delta e_M)\big[D_0 - c_S - c_M + (\theta_S - k_S)e_S $$
$$+ (\theta_M - k_M)e_M - w_R\big] - 0.5(1 - \varepsilon_M)\eta_M e_M^2 \qquad (5-67)$$

$$\max_{w_R}\pi_R = w_R\big[D_0 - c_S - c_M + (\theta_S - k_S)e_S + (\theta_M - k_M)e_M - w_R\big]$$
$$- 0.5\varepsilon_S\eta_S e_S^2 - 0.5\varepsilon_M\eta_M e_M^2 \qquad (5-68)$$

考虑到前面的制造商主导三级供应链的决策顺序，应先求解供应商与零售商的决策问题。对供应商而言，当

$$2(k_S + \delta)(\theta_S - k_S) < \eta_S(1 - \varepsilon_S) \qquad (5-69)$$

成立时，式（5-66）关于变量 e_S 存在最大值。

根据式（5-66）对变量 e_S、式（5-68）对变量 w_R 的一阶条件（零售商的利润函数关于变量 w_R 的二阶充分条件明显满足）可得：

$$e_S = \frac{(k_S + \delta)\big[D_0 - c_S - c_M + (\theta_M - k_M)e_M - w_R\big] - \delta e_{S0}(\theta_S - k_S)}{\eta_S(1 - \varepsilon_S) - 2(k_S + \delta)(\theta_S - k_S)}$$
$$(5-70)$$

$$w_R = \frac{D_0 - c_S - c_M + (\theta_S - k_S)e_S + (\theta_M - k_M)e_M}{2} \qquad (5-71)$$

联立式（5-70）、式（5-71）可得供应商、零售商对制造商的单位产品减排量 e_M 的最优反应函数为：

$$e_S = \frac{(k_S + \delta)\big[D_0 - c_S - c_M + (\theta_M - k_M)e_M\big] - 2\delta e_{S0}(\theta_S - k_S)}{2\eta_S(1 - \varepsilon_S) - 3(k_S + \delta)(\theta_S - k_S)} \qquad (5-72)$$

$$w_R = \frac{\big[D_0 - c_S - c_M + (\theta_M - k_M)e_M\big]D_{13} - \delta e_{S0}(\theta_S - k_S)^2}{2\eta_S(1 - \varepsilon_S) - 3(k_S + \delta)(\theta_S - k_S)} \qquad (5-73)$$

式（5-73）中：

$$D_{13} = \eta_S(1 - \varepsilon_S) - (k_S + \delta)(\theta_S - k_S)$$

将式（5-72）、式（5-73）代入制造商的利润函数式（5-67），可得到：

$$\max_{e_M} \pi_M = \frac{\left[D_0 - c_S - c_M + (\theta_M - k_M) e_M \right] D_{13} - \delta e_{S0} (\theta_S - k_S)^2}{2\eta_S(1 - \varepsilon_S) - 3(k_S + \delta)(\theta_S - k_S)}$$

$$\times \left[(k_M + \delta) e_M - \delta e_{M0} \right] - 0.5(1 - \varepsilon_M)\eta_M e_M^2 \qquad (5-74)$$

式（5-74）关于 e_M 的二阶导数为：

$$H_M = \frac{2(k_M + \delta)(\theta_M - k_M)\left[\eta_S(1 - \varepsilon_S) - (k_S + \delta)(\theta_S - k_S) \right]}{2\eta_S(1 - \varepsilon_S) - 3(k_S + \delta)(\theta_S - k_S)} - (1 - \varepsilon_M)\eta_M$$

当 $H_M < 0$ 时制造商的利润函数式（5-74）存在最大值。在此基础上，由式（5-74）对 e_M 的一阶导数等于 0 可得：

$$e_M^* = \frac{(D_0 - c_S - c_M)(k_M + \delta)D_{13} - D_{14}}{\eta_M(1 - \varepsilon_M)\left[2\eta_S(1 - \varepsilon_S) - 3(k_S + \delta)(\theta_S - k_S) \right] - 2(k_M + \delta)(\theta_M - k_M)D_{13}}$$

$$(5-75)$$

式（5-75）中的 D_{13} 同式（5-73），且

$$D_{14} = (\theta_M - k_M)\left[\eta_S(1 - \varepsilon_S) - (k_S + \delta)(\theta_S - k_S) \right]\delta e_{M0} + (k_M + \delta)(\theta_S - k_S)^2 \delta e_{S0}$$

在式（5-75）的基础上，由式（5-72）、式（5-73）可得：

$$e_S^* = \frac{(k_S + \delta)\left[D_0 - c_S - c_M + (\theta_M - k_M) e_M^* \right] - 2\delta e_{S0}(\theta_S - k_S)}{2\eta_S(1 - \varepsilon_S) - 3(k_S + \delta)(\theta_S - k_S)} \qquad (5-76)$$

$$w_R^* = \frac{\left[D_0 - c_S - c_M + (\theta_M - k_M) e_M^* \right] D_{13} - \delta e_{S0}(\theta_S - k_S)^2}{2\eta_S(1 - \varepsilon_S) - 3(k_S + \delta)(\theta_S - k_S)} \qquad (5-77)$$

式（5-76）、式（5-77）中的 e_M^* 由式（5-75）决定。

在式（5-75）~式（5-77）的基础上，可得成本分担契约下供应商、制造商、零售商的利润分别为：

$$\pi_S^* = \frac{\left[D_0 - c_S - c_M + (\theta_M - k_M) e_M^* \right] D_{13} - \delta e_{S0}(\theta_S - k_S)^2}{2\eta_S(1 - \varepsilon_S) - 3(k_S + \delta)(\theta_S - k_S)}$$

$$\times \left\{ (k_S + \delta) \frac{(k_S + \delta)\left[D_0 - c_S - c_M + (\theta_M - k_M) e_M^* \right] - 2\delta e_{S0}(\theta_S - k_S)}{2\eta_S(1 - \varepsilon_S) - 3(k_S + \delta)(\theta_S - k_S)} - \delta e_{S0} \right\}$$

$$- 0.5(1 - \varepsilon_S)\eta_S \left\{ \frac{(k_S + \delta)\left[D_0 - c_S - c_M + (\theta_M - k_M) e_M^* \right] - 2\delta e_{S0}(\theta_S - k_S)}{2\eta_S(1 - \varepsilon_S) - 3(k_S + \delta)(\theta_S - k_S)} \right\}^2$$

$$(5-78)$$

$$\pi_M^* = \frac{\left[D_0 - c_S - c_M + (\theta_M - k_M)e_M^*\right]D_{13} - \delta e_{S0}(\theta_S - k_S)^2}{2\eta_S(1 - \varepsilon_S) - 3(k_S + \delta)(\theta_S - k_S)}$$

$$\times \left[(k_M + \delta)e_M^* - \delta e_{M0}\right] - 0.5(1 - \varepsilon_M)\eta_M(e_M^*)^2 \qquad (5-79)$$

$$\pi_R^* = \left\{\frac{\left[D_0 - c_S - c_M + (\theta_M - k_M)e_M^*\right]D_{13} - \delta e_{S0}(\theta_S - k_S)^2}{2\eta_S(1 - \varepsilon_S) - 3(k_S + \delta)(\theta_S - k_S)}\right\}^2 \qquad (5-80)$$

式（5 – 78）～式（5 – 80）中的 e_M^* 由式（5 – 75）决定。

如果供应链能实现协调，则式（5 – 58）中的 e_S^* 与式（5 – 76）中的 e_S^* 应相等，式（5 – 57）中的 w_R^* 与式（5 – 77）中的 w_R^* 应相等，式（5 – 59）中的 e_M^* 与式（5 – 75）中的 e_M^* 应相等。同时，成本分担契约下分散决策时，供应链成员的利润应大于等于无成本分担契约分散决策时各自对应的利润。由于相关表达式较复杂，通过数值算例中的参数取值进行说明（邱若臻和黄小原，2007）。通过数值计算表明，碳税政策下成本分担契约不能协调三级供应链（因零售商分担供应商、制造商碳减排成本的比例 ε_S、ε_M 为负）。受数值算例结果的启发，分析供应链不能协调的原因是：原本三级供应链集中决策时，供应商、制造商减排量比无成本分担契约分散决策的减排量更小；分散决策时，如果有成本分担契约相当于供应商、制造商得到了"补贴"，其减排量会变得比无成本分担契约分散决策时更大，当然更大于集中决策时对应的减排量。因此，碳税政策下，成本分担契约不能使三级供应链出现协调。另外，如果允许 ε_S、ε_M 为负，即供应商、制造商可以向零售商"反向补贴"，仍无法实现供应链的协调，因此时供应商、制造商的利润小于无成本分担契约分散决策时的利润。

5.7.2　两部收费协调契约

对于前述制造商主导的三级供应链，参考一些二级供应链协调的方法，考虑供应商、制造商在较低原材料、产品批发价（由前述假设知，相当于较低的单位原材料、单位产品减排量）的基础上，向零售商收取一定的固定费用以保证自身的利润，即所谓的"两部收费契约"（张玉忠和柏庆国，2017；邱若臻和黄小原，2007；高波和石书生，2011；武志辉和陈东彦，2020）。假设供应商、制造商向零售商收取的固定费用分别为 I_S、I_M，则两部收费协调契约下，供应商、制造商、零售商的目标函数分别为：

$$\pi_S = (k_S e_S - \delta e_{S0} + \delta e_S)\left[D_0 - c_S - c_M + (\theta_S - k_S)e_S \right.$$
$$\left. + (\theta_M - k_M)e_M - w_R \right] - 0.5\eta_S e_S^2 + I_S \qquad (5-81)$$

$$\pi_M = (k_M e_M - \delta e_{M0} + \delta e_M)\left[D_0 - c_S - c_M + (\theta_S - k_S)e_S \right.$$
$$\left. + (\theta_M - k_M)e_M - w_R \right] - 0.5\eta_M e_M^2 + I_M \qquad (5-82)$$

$$\pi_R = w_R\left[D_0 - c_S - c_M + (\theta_S - k_S)e_S + (\theta_M - k_M)e_M - w_R \right] - I_S - I_M$$
$$(5-83)$$

两部收费契约下分散决策时，供应链协调要求供应商单位原材料减排量、制造商单位产品减排量、零售商的产品加成价与供应链集中决策时的对应值相等，同时要求两部收费契约下分散决策时，供应链成员的利润应大于等于无契约分散决策时各自对应的利润。基于此，两部收费契约下供应链协调时，零售商的产品加成价、供应商单位原材料减排量、制造商单位产品减排量应由式（5-57）~式（5-59）决定。根据前面的内容可知，分散决策时供应商、制造商没有动机按式（5-58）、式（5-59）进行减排及提供原材料、产品。但是，在两部收费契约下，可以通过调整 I_S、I_M 实现三级供应链利益重新分配，从而实现供应链协调。

两部收费契约下，当决策变量按式（5-57）~式（5-59）取值时，供应商、制造商、零售商的目标函数分别为：

$$\pi_S^* = \frac{\eta_S \eta_M (D_0 - c_S - c_M - \delta e_{S0} - \delta e_{M0})}{2\eta_S \eta_M - \eta_M (\theta_S + \delta)^2 - \eta_S (\theta_M + \delta)^2}$$

$$\times \left[\frac{\eta_M (\theta_S + \delta)(2k_S + \delta - \theta_S)(D_0 - c_S - c_M - \delta e_{S0} - \delta e_{M0})}{4\eta_S \eta_M - 2\eta_M (\theta_S + \delta)^2 - 2\eta_S (\theta_M + \delta)^2} - \delta e_{S0} \right] + I_S$$

$$(5-84)$$

$$\pi_M^* = \frac{\eta_S \eta_M (D_0 - c_S - c_M - \delta e_{S0} - \delta e_{M0})}{2\eta_S \eta_M - \eta_M (\theta_S + \delta)^2 - \eta_S (\theta_M + \delta)^2}$$

$$\times \left[\frac{\eta_S (\theta_M + \delta)(2k_M + \delta - \theta_M)(D_0 - c_S - c_M - \delta e_{S0} - \delta e_{M0})}{4\eta_S \eta_M - 2\eta_M (\theta_S + \delta)^2 - 2\eta_S (\theta_M + \delta)^2} - \delta e_{M0} \right] + I_M$$

$$(5-85)$$

$$\pi_R^* = \frac{\eta_S \eta_M (D_0 - c_S - c_M - \delta e_{S0} - \delta e_{M0})}{2\eta_S \eta_M - \eta_M (\theta_S + \delta)^2 - \eta_S (\theta_M + \delta)^2}$$

$$\times \left[\frac{D_0 - c_S - c_M + \delta e_{S0} + \delta e_{M0}}{2} + \frac{(D_0 - c_S - c_M - \delta e_{S0} - \delta e_{M0})D_{12}}{4\eta_S \eta_M - 2\eta_M (\theta_S + \delta)^2 - 2\eta_S (\theta_M + \delta)^2} \right] - I_S - I_M$$

$$(5-86)$$

式（5-86）中的 D_{12} 与式（5-57）中的 D_{12} 相同。

三级供应链协调时，要求式（5-46）~式（5-48）对应的利润小于等于式（5-84）~式（5-86）对应的利润，据此可得到：

$$I_S \geqslant \frac{(k_S + \delta)^2 \left[D_0 - c_S - c_M + (\theta_M - k_M) e_M^* \right] + \delta e_{S0}(k_S + \delta)(\theta_S - k_S) - 2\eta_S \delta e_{S0}}{2\eta_S - 3(k_S + \delta)(\theta_S - k_S)}$$

$$\times \frac{\left[D_0 - c_S - c_M + (\theta_M - k_M) e_M^* \right]\left[\eta_S - (k_S + \delta)(\theta_S - k_S) \right] - \delta e_{S0}(\theta_S - k_S)^2}{2\eta_S - 3(k_S + \delta)(\theta_S - k_S)}$$

$$- 0.5\eta_S \left\{ \frac{(k_S + \delta)\left[D_0 - c_S - c_M + (\theta_M - k_M) e_M^* \right] - 2\delta e_{S0}(\theta_S - k_S)}{2\eta_S - 3(k_S + \delta)(\theta_S - k_S)} \right\}^2$$

$$- \frac{\eta_S \eta_M (D_0 - c_S - c_M - \delta e_{S0} - \delta e_{M0})}{2\eta_S \eta_M - \eta_M (\theta_S + \delta)^2 - \eta_S (\theta_M + \delta)^2}$$

$$\times \left[\frac{\eta_M (\theta_S + \delta)(2k_S + \delta - \theta_S)(D_0 - c_S - c_M - \delta e_{S0} - \delta e_{M0})}{4\eta_S \eta_M - 2\eta_M (\theta_S + \delta)^2 - 2\eta_S (\theta_M + \delta)^2} - \delta e_{S0} \right]$$

$$(5-87)$$

$$I_M \geqslant \frac{[D_0 - c_S - c_M + (\theta_M - k_M)e_M^*][\eta_S - (k_S + \delta)(\theta_S - k_S)] - \delta e_{S0}(\theta_S - k_S)^2}{2\eta_S - 3(k_S + \delta)(\theta_S - k_S)}$$

$$\times [(k_M + \delta)e_M^* - \delta e_{M0}] - 0.5\eta_M(e_M^*)^2 - \frac{\eta_S \eta_M (D_0 - c_S - c_M - \delta e_{S0} - \delta e_{M0})}{2\eta_S \eta_M - \eta_M(\theta_S + \delta)^2 - \eta_S(\theta_M + \delta)^2}$$

$$\times \left[\frac{\eta_S(\theta_M + \delta)(2k_M + \delta - \theta_M)(D_0 - c_S - c_M - \delta e_{S0} - \delta e_{M0})}{4\eta_S \eta_M - 2\eta_M(\theta_S + \delta)^2 - 2\eta_S(\theta_M + \delta)^2} - \delta e_{M0} \right]$$

$$(5-88)$$

$$I_S + I_M \leqslant \frac{\eta_S \eta_M (D_0 - c_S - c_M - \delta e_{S0} - \delta e_{M0})}{2\eta_S \eta_M - \eta_M(\theta_S + \delta)^2 - \eta_S(\theta_M + \delta)^2}$$

$$\times \left[\frac{D_0 - c_S - c_M + \delta e_{S0} + \delta e_{M0}}{2} + \frac{(D_0 - c_S - c_M - \delta e_{S0} - \delta e_{M0})D_{12}}{4\eta_S \eta_M - 2\eta_M(\theta_S + \delta)^2 - 2\eta_S(\theta_M + \delta)^2} \right]$$

$$- \left\{ \frac{[D_0 - c_S - c_M + (\theta_M - k_M)e_M^*][\eta_S - (k_S + \delta) \times (\theta_S - k_S)] - \delta e_{S0}(\theta_S - k_S)^2}{2\eta_S - 3(k_S + \delta)(\theta_S - k_S)} \right\}$$

$$(5-89)$$

式（5-87）~式（5-89）中，e_M^* 由式（5-43）决定。也就是说，在决策变量按式（5-57）~式（5-59）取值，且 I_S、I_M 满足式（5-87）~式（5-89）的条件下，两部收费契约可以协调三级供应链。实际中，I_S、I_M 的具体取值依赖于供应商、制造商、零售商各自的议价能力。

根据 5.6 节中对相关参数的设定值（采用参数基准值）、两部收费契约协调制造商主导的三级供应链的要求，以及式（5-87）~式（5-89），可得到 $e_S^* = 2.2353$，$e_M^* = 2.2353$，$w_R^* = 16.7059$，$\pi_S^* = 25.6403 + I_S$，$\pi_M^* = 25.6403 + I_M$，$\pi_R^* = 373.4253 - I_S - I_M$，$I_S \geqslant 4.2622$，$I_M \geqslant 7.9420$，$I_S + I_M \leqslant 76.8487$，$\pi_S^* + \pi_M^* + \pi_R^* = 424.7059$。显然，两部收费契约下，三级供应链利润与集中决策时相同，制造商主导的三级供应链利润实现了完美协调。

第 6 章

碳补贴政策下三级供应链
运营博弈及协调研究

在本章中，涉及的相关符号与假设基本上同第 5 章的碳税情形，只是政府政策由碳税变为了碳补贴。

6.1 供应商主导三级供应链的博弈分析

在政府的碳补贴政策下，政府对供应商、制造商的碳减排成本补贴比例分别为 s_S、s_M。此时，供应商、制造商、零售商之间构成一个三阶段博弈。博弈参与人的决策顺序为：首先，供应商进行原材料生产，并根据最大利润原则决定单位原材料减排量 e_S（从而确定了原材料批发价）；其次，制造商进行产品生产，并根据最大利润原则决定单位产品减排量 e_M（从而确定了产品批发价）；最后，零售商根据最大利润原则决定产品批发成本基础上的加成价 w_R（从而确定了产品零售价）。因此，在第 5 章相关假设的基础上，可得到供应商、制造商、零售商的利润函数分别为：

$$\pi_S = k_S e_S [D_0 - c_S - c_M + (\theta_S - k_S)e_S + (\theta_M - k_M)e_M - w_R]$$
$$- 0.5(1 - s_S)\eta_S e_S^2 \qquad (6-1)$$

$$\pi_M = k_M e_M [D_0 - c_S - c_M + (\theta_S - k_S)e_S + (\theta_M - k_M)e_M - w_R]$$
$$- 0.5(1 - s_M)\eta_M e_M^2 \qquad (6-2)$$

$$\pi_R = w_R [D_0 - c_S - c_M + (\theta_S - k_S)e_S + (\theta_M - k_M)e_M - w_R] \qquad (6-3)$$

式（6-1）~式（6-3）中，各决策变量 e_S、e_M、w_R 应满足的条件与第 5 章碳税政策下应满足的条件相同。

在给定的碳补贴政策下，当供应商主导三级供应链时，根据逆向递推思想，应先求解零售商的决策问题。对零售商的利润函数式（6-3），显然有关变量 w_R 的二阶导数小于 0，即式（6-3）关于 w_R 存在最大值。由式（6-3）对 w_R 的一阶条件可得：

$$w_R = \frac{D_0 - c_S - c_M + (\theta_S - k_S)e_S + (\theta_M - k_M)e_M}{2} \qquad (6-4)$$

将式（6-4）代入制造商的利润表达式（6-2），可得：

$$\pi_M = 0.5 k_M e_M [D_0 - c_S - c_M + (\theta_S - k_S)e_S + (\theta_M - k_M)e_M]$$
$$- 0.5(1 - s_M)\eta_M e_M^2 \qquad (6-5)$$

式（6-5）关于 e_M 的二阶导数为：

$$H_M = k_M(\theta_M - k_M) - (1 - s_M)\eta_M$$

显然，当

$$k_M(\theta_M - k_M) < (1 - s_M)\eta_M \qquad (6-6)$$

成立时，制造商的利润函数式（6-5）关于单位产品减排量 e_M 存在最大值。

由式（6-5）对 e_M 的一阶条件，可得制造商对供应商单位原材料减排量 e_S 的最优反应函数为：

$$e_M = \frac{k_M \left[D_0 - c_S - c_M + (\theta_S - k_S) e_S \right]}{2(1 - s_M) \eta_M - 2 k_M (\theta_M - k_M)} \qquad (6-7)$$

显然，当 $\theta_S - k_S < 0$，供应商单位原材料的减排量 e_S 越大时，根据式（6-6），制造商单位产品减排量 e_M 的值就越小；当 s_M 值越大时，制造商单位产品减排量 e_M 的值就越大，即政府对制造商减排成本的补贴比例越大越有利于制造商减排。

将式（6-4）、式（6-7）代入供应商的利润表达式（6-1），可得到：

$$\pi_S = \frac{k_S e_S E_1}{4(1 - s_M) \eta_M - 4 k_M (\theta_M - k_M)} - 0.5(1 - s_S) \eta_S e_S^2 \qquad (6-8)$$

式（6-8）中：

$$E_1 = \left[D_0 - c_S - c_M + (\theta_S - k_S) e_S \right] \left[2(1 - s_M) \eta_M - k_M (\theta_M - k_M) \right]$$

式（6-8）关于 e_S 的二阶导数为：

$$H_S = \frac{k_S (\theta_S - k_S) \left[2(1 - s_M) \eta_M - k_M (\theta_M - k_M) \right]}{2(1 - s_M) \eta_M - 2 k_M (\theta_M - k_M)} - (1 - s_S) \eta_S$$

当

$$\frac{k_S (\theta_S - k_S) \left[2(1 - s_M) \eta_M - k_M (\theta_M - k_M) \right]}{2(1 - s_M) \eta_M - 2 k_M (\theta_M - k_M)} < (1 - s_S) \eta_S \qquad (6-9)$$

成立时，供应商的利润函数式（6-8）关于单位原材料减排量 e_S 存在最大值。

根据式（6-8）关于 e_S 的一阶条件，可得供应商最优的单位原材料减排量：

$$e_S^* = \frac{k_S (D_0 - c_S - c_M) \left[2(1 - s_M) \eta_M - k_M (\theta_M - k_M) \right]}{4(1 - s_S) \eta_S \left[(1 - s_M) \eta_M - k_M (\theta_M - k_M) \right] - E_2} \qquad (6-10)$$

式（6-10）中：

$$E_2 = 2 k_S (\theta_S - k_S) \left[2(1 - s_M) \eta_M - k_M (\theta_M - k_M) \right]$$

根据式（6-6）、式（6-9），最优的单位原材料减排量大于0，要求 $D_0 - c_S - c_M > 0$。

由式（6-10）可得结论：供应商最优的单位原材料减排量随着产品的初始市场需求 D_0、政府对供应商的碳减排成本补贴比例 s_S 的增加而增加，随着供应商单位原材料生产成本 c_S、制造商单位产品生产成本 c_M、供应商减排成本系数 η_S 的增加而减小。

在式（6-10）的基础上，由式（6-7）、式（6-4）可得：

$$e_M^* = \frac{k_M(D_0 - c_S - c_M)}{2(1 - s_M)\eta_M - 2k_M(\theta_M - k_M)} + \frac{k_M(\theta_S - k_S)}{2(1 - s_M)\eta_M - 2k_M(\theta_M - k_M)}$$

$$\times \frac{k_S(D_0 - c_S - c_M)[2(1 - s_M)\eta_M - k_M(\theta_M - k_M)]}{4(1 - s_S)\eta_S[(1 - s_M)\eta_M - k_M(\theta_M - k_M)] - E_2} \qquad (6-11)$$

$$w_R^* = \frac{E_3}{4(1 - s_M)\eta_M - 4k_M(\theta_M - k_M)} + \frac{(\theta_S - k_S)[2(1 - s_M)\eta_M - k_M(\theta_M - k_M)]}{4(1 - s_M)\eta_M - 4k_M(\theta_M - k_M)}$$

$$\times \frac{k_S(D_0 - c_S - c_M)[2(1 - s_M)\eta_M - k_M(\theta_M - k_M)]}{4(1 - s_S)\eta_S[(1 - s_M)\eta_M - k_M(\theta_M - k_M)] - E_2} \qquad (6-12)$$

式（6-11）、式（6-12）中的 E_2 同式（6-10）中的 E_2，且 $E_3 = (D_0 - c_S - c_M)[2(1 - s_M)\eta_M - k_M(\theta_M - k_M)]$

在得到了各决策变量最优取值后，进一步可得到制造商、零售商、供应商最优的目标函数值分别为：

$$\pi_M^* = \left\{ \frac{k_M^2(D_0 - c_S - c_M)}{2(1 - s_M)\eta_M - 2k_M(\theta_M - k_M)} + \frac{k_M^2(\theta_S - k_S)}{2(1 - s_M)\eta_M - 2k_M(\theta_M - k_M)} \right.$$

$$\times \frac{k_S(D_0 - c_S - c_M)[2(1 - s_M)\eta_M - k_M(\theta_M - k_M)]}{4(1 - s_S)\eta_S[(1 - s_M)\eta_M - k_M(\theta_M - k_M)] - E_2} \Bigg\}$$

$$\times \left\{ \frac{E_3}{4(1 - s_M)\eta_M - 4k_M(\theta_M - k_M)} + \frac{(\theta_S - k_S)[2(1 - s_M)\eta_M - k_M(\theta_M - k_M)]}{4(1 - s_M)\eta_M - 4k_M(\theta_M - k_M)} \right.$$

$$\times \frac{k_S(D_0 - c_S - c_M)[2(1 - s_M)\eta_M - k_M(\theta_M - k_M)]}{4(1 - s_S)\eta_S[(1 - s_M)\eta_M - k_M(\theta_M - k_M)] - E_2} \Bigg\} - 0.5(1 - s_M)\eta_M$$

$$\times \left\{ \frac{k_M(D_0 - c_S - c_M)}{2(1-s_M)\eta_M - 2k_M(\theta_M - k_M)} + \frac{k_M(\theta_S - k_S)}{2(1-s_M)\eta_M - 2k_M(\theta_M - k_M)} \right.$$

$$\times \left. \frac{k_S(D_0 - c_S - c_M)[2(1-s_M)\eta_M - k_M(\theta_M - k_M)]}{4(1-s_S)\eta_S[(1-s_M)\eta_M - k_M(\theta_M - k_M)] - E_2} \right\}^2 \qquad (6-13)$$

$$\pi_R^* = \left\{ \frac{E_3}{4(1-s_M)\eta_M - 4k_M(\theta_M - k_M)} + \frac{(\theta_S - k_S)[2(1-s_M)\eta_M - k_M(\theta_M - k_M)]}{4(1-s_M)\eta_M - 4k_M(\theta_M - k_M)} \right.$$

$$\times \left. \frac{k_S(D_0 - c_S - c_M)[2(1-s_M)\eta_M - k_M(\theta_M - k_M)]}{4(1-s_S)\eta_S[(1-s_M)\eta_M - k_M(\theta_M - k_M)] - E_2} \right\}^2 \qquad (6-14)$$

$$\pi_S^* = \frac{k_S^2(D_0 - c_S - c_M)[2(1-s_M)\eta_M - k_M(\theta_M - k_M)]}{4(1-s_S)\eta_S[(1-s_M)\eta_M - k_M(\theta_M - k_M)] - E_2}$$

$$\times \left\{ \frac{E_3}{4(1-s_M)\eta_M - 4k_M(\theta_M - k_M)} + \frac{(\theta_S - k_S)[2(1-s_M)\eta_M - k_M(\theta_M - k_M)]}{4(1-s_M)\eta_M - 4k_M(\theta_M - k_M)} \right.$$

$$\times \left. \frac{k_S(D_0 - c_S - c_M)[2(1-s_M)\eta_M - k_M(\theta_M - k_M)]}{4(1-s_S)\eta_S[(1-s_M)\eta_M - k_M(\theta_M - k_M)] - E_2} \right\} - 0.5(1-s_S)\eta_S$$

$$\times \left\{ \frac{k_S(D_0 - c_S - c_M)[2(1-s_M)\eta_M - k_M(\theta_M - k_M)]}{4(1-s_S)\eta_S[(1-s_M)\eta_M - k_M(\theta_M - k_M)] - E_2} \right\}^2 \qquad (6-15)$$

在式（6-13）~式（6-15）的基础上，可得碳补贴政策下供应商主导三级供应链时供应链总利润为：

$$\pi_{SMR}^* = \pi_M^* + \pi_R^* + \pi_S^* \qquad (6-16)$$

6.2　零售商主导三级供应链的博弈分析

在碳补贴政策下，当零售商主导三级供应链时，博弈参与人的决策顺序为：首先，零售商根据最大利润原则决定产品批发成本基础上的加成价 w_R；其次，制造商获知产品加成价后，根据最大利润原则决定单位产品减排量 e_M；最后，供应商获知零售商的产品加成价及制造商的产品减排量后，根据最大利润原则决定单位原材料减排量 e_S。博弈参与人的决策确定后，供应商生产原材料并批发给制造商，制造商利用原材料生产出产品后批发给零售商销售。

根据逆向递推思想，应首先求解供应商的决策问题。供应商的利润函数仍为式（6-1），其对 e_S 的二阶导数为：

$$H_S = 2k_S(\theta_S - k_S) - (1 - s_S)\eta_S$$

显然，当

$$2k_S(\theta_S - k_S) < (1 - s_S)\eta_S \tag{6-17}$$

成立时，供应商的利润函数式（6-1）关于单位原材料减排量 e_S 存在最大值。

由式（6-1）关于 e_S 的一阶条件，可得供应商对制造商的单位产品减排量 e_M 的最优反应函数为：

$$e_S = \frac{k_S[D_0 - c_S - c_M + (\theta_M - k_M)e_M - w_R]}{(1 - s_S)\eta_S - 2k_S(\theta_S - k_S)} \tag{6-18}$$

由式（6-18）可知，当 $\theta_M - k_M < 0$，制造商单位产品的减排量 e_M 越大时，供应商单位原材料减排量 e_S 越小。

将式（6-18）代入制造商利润函数式（6-2），得到：

$$\pi_M = \frac{k_M e_M[D_0 - c_S - c_M + (\theta_M - k_M)e_M - w_R][(1 - s_S)\eta_S - k_S(\theta_S - k_S)]}{(1 - s_S)\eta_S - 2k_S(\theta_S - k_S)}$$
$$- 0.5(1 - s_M)\eta_M e_M^2 \tag{6-19}$$

式（6-19）关于 e_M 的二阶导数为：

$$H_M = \frac{2k_M(\theta_M - k_M)[(1 - s_S)\eta_S - k_S(\theta_S - k_S)]}{(1 - s_S)\eta_S - 2k_S(\theta_S - k_S)} - (1 - s_M)\eta_M$$

显然，当

$$\frac{2k_M(\theta_M - k_M)[(1 - s_S)\eta_S - k_S(\theta_S - k_S)]}{(1 - s_S)\eta_S - 2k_S(\theta_S - k_S)} < (1 - s_M)\eta_M \tag{6-20}$$

成立时，制造商的利润函数式（6-19）关于单位产品减排量 e_M 存在最大值。

根据式（6-19）关于 e_M 的一阶条件，可得到制造商对零售商产品批发成本基础上的加成价 w_R 的最优反应函数为：

$$e_M = \frac{k_M(D_0 - c_S - c_M - w_R)\left[(1-s_S)\eta_S - k_S(\theta_S - k_S)\right]}{(1-s_M)\eta_M\left[(1-s_S)\eta_S - 2k_S(\theta_S - k_S)\right] - E_4} \qquad (6-21)$$

式（6-21）中：

$$E_4 = 2k_M(\theta_M - k_M)\left[(1-s_S)\eta_S - k_S(\theta_S - k_S)\right]$$

由式（6-20）、式（6-21）可知，零售商产品批发成本基础上的加成价 w_R 越大，则制造商单位产品的减排量 e_M 越小。

将式（6-18）、式（6-21）代入零售商利润函数式（6-3），可得到：

$$
\begin{aligned}
\pi_R &= \frac{w_R\left[D_0 - c_S - c_M + (\theta_M - k_M)e_M - w_R\right]\left[(1-s_S)\eta_S - k_S(\theta_S - k_S)\right]}{(1-s_S)\eta_S - 2k_S(\theta_S - k_S)}\\
&= \frac{(1-s_S)\eta_S - k_S(\theta_S - k_S)}{(1-s_S)\eta_S - 2k_S(\theta_S - k_S)}(D_0 - c_S - c_M - w_R)w_R\\
&\quad \times \frac{(1-s_M)\eta_M\left[(1-s_S)\eta_S - 2k_S(\theta_S - k_S)\right]}{(1-s_M)\eta_M\left[(1-s_S)\eta_S - 2k_S(\theta_S - k_S)\right]} \\
&\qquad \frac{-k_M(\theta_M - k_M)\left[(1-s_S)\eta_S - k_S(\theta_S - k_S)\right]}{-2k_M(\theta_M - k_M)\left[(1-s_S)\eta_S - k_S(\theta_S - k_S)\right]}
\end{aligned}
\qquad (6-22)
$$

式（6-22）关于 w_R 的二阶导数为：

$$
\begin{aligned}
H_R &= \frac{-2\left[(1-s_S)\eta_S - k_S(\theta_S - k_S)\right]}{(1-s_S)\eta_S - 2k_S(\theta_S - k_S)}\\
&\quad \times \frac{(1-s_M)\eta_M\left[(1-s_S)\eta_S - 2k_S(\theta_S - k_S)\right]}{(1-s_M)\eta_M\left[(1-s_S)\eta_S - 2k_S(\theta_S - k_S)\right]}\\
&\qquad \frac{-k_M(\theta_M - k_M)\left[(1-s_S)\eta_S - k_S(\theta_S - k_S)\right]}{-2k_M(\theta_M - k_M)\left[(1-s_S)\eta_S - k_S(\theta_S - k_S)\right]}
\end{aligned}
$$

当 $H_R < 0$ 时,零售商的利润函数式(6-22)存在最大值。当式(6-17)、式(6-20)成立时,$H_R < 0$ 就自然成立。

由式(6-22)对 w_R 的一阶导数等于 0 可得:

$$w_R^* = 0.5(D_0 - c_S - c_M) \tag{6-23}$$

在式(6-23)的基础上,由式(6-21)、式(6-18)得:

$$e_M^* = \frac{0.5k_M(D_0 - c_S - c_M)[(1 - s_S)\eta_S - k_S(\theta_S - k_S)]}{(1 - s_M)\eta_M[(1 - s_S)\eta_S - 2k_S(\theta_S - k_S)] - E_4} \tag{6-24}$$

$$e_S^* = \frac{0.5k_S(D_0 - c_S - c_M)}{(1 - s_S)\eta_S - 2k_S(\theta_S - k_S)}$$

$$\times \frac{(1 - s_M)\eta_M[(1 - s_S)\eta_S - 2k_S(\theta_S - k_S)]}{-k_M(\theta_M - k_M)[(1 - s_S)\eta_S - k_S(\theta_S - k_S)]}{(1 - s_M)\eta_M[(1 - s_S)\eta_S - 2k_S(\theta_S - k_S)]}{-2k_M(\theta_M - k_M)[(1 - s_S)\eta_S - k_S(\theta_S - k_S)]} \tag{6-25}$$

式(6-23)~式(6-25)都表明,在碳补贴政策及零售商主导三级供应链的情形下,零售商、制造商、供应商的最优决策值都随着产品的初始市场需求 D_0 的增加而增加,随着供应商单位原材料生产成本 c_S、制造商单位产品生产成本 c_M 的增加而减小。

在式(6-23)~式(6-25)的基础上,由式(6-1)~式(6-3)可得碳补贴政策下供应商、制造商、零售商的最优利润分别为:

$$\pi_S^* = \frac{0.125k_S^2(D_0 - c_S - c_M)^2}{(1 - s_S)\eta_S - 2k_S(\theta_S - k_S)}$$

$$\times \left\{ \frac{(1 - s_M)\eta_M[(1 - s_S)\eta_S - 2k_S(\theta_S - k_S)] - 0.5E_4}{(1 - s_M)\eta_M[(1 - s_S)\eta_S - 2k_S(\theta_S - k_S)] - E_4} \right\}^2 \tag{6-26}$$

$$\pi_M^* = \left\{ \frac{0.5k_M(D_0 - c_S - c_M)[(1 - s_S)\eta_S - k_S(\theta_S - k_S)]}{(1 - s_M)\eta_M[(1 - s_S)\eta_S - 2k_S(\theta_S - k_S)] - E_4} \right\}^2$$

$$\times \left\{ 0.5(1 - s_M)\eta_M - \frac{k_M(\theta_M - k_M)[(1 - s_S)\eta_S - k_S(\theta_S - k_S)]}{(1 - s_S)\eta_S - 2k_S(\theta_S - k_S)} \right\}$$

$$\tag{6-27}$$

$$\pi_R^* = \frac{0.25(D_0 - c_S - c_M)^2 \left[(1 - s_S)\eta_S - k_S(\theta_S - k_S)\right]}{(1 - s_S)\eta_S - 2k_S(\theta_S - k_S)}$$

$$\times \frac{(1 - s_M)\eta_M\left[(1 - s_S)\eta_S - 2k_S(\theta_S - k_S)\right]}{(1 - s_M)\eta_M\left[(1 - s_S)\eta_S - 2k_S(\theta_S - k_S)\right]} \qquad (6-28)$$

$$\frac{-k_M(\theta_M - k_M)\left[(1 - s_S)\eta_S - k_S(\theta_S - k_S)\right]}{-2k_M(\theta_M - k_M)\left[(1 - s_S)\eta_S - k_S(\theta_S - k_S)\right]}$$

在式（6-26）～式（6-28）的基础上，可得碳补贴政策下零售商主导三级供应链时供应链总利润为：

$$\pi_{SMR}^* = \pi_S^* + \pi_M^* + \pi_R^* \qquad (6-29)$$

6.3　制造商主导三级供应链的博弈分析

在碳补贴政策下，当制造商主导三级供应链时，制造商作为三级供应链核心企业，在供应链中充当领导者角色，此时供应商与零售商作为跟随者，这样形成一个两阶段博弈。博弈参与人的决策顺序为：首先，制造商根据最大利润原则决定单位产品减排量 e_M；其次，供应商及零售商获知制造商的单位产品减排量 e_M 后，同时决定单位原材料减排量 e_S 及产品批发成本基础上的加成价 w_R。博弈参与人的决策确定后，供应商生产原材料并按事先决定的批发价批发给制造商，制造商利用原材料生产出产品后批发给零售商销售。

上述博弈中，据逆向递推思想，应先求解跟随者供应商及零售商的决策问题。供应商及零售商的利润函数为式（6-1）、式（6-3）。在参数满足式（6-17）约束下（供应商的利润函数关于变量 e_S 存在最大值的充分条件），由式（6-1）对 e_S 的一阶条件，式（6-3）对 w_R 的一阶条件（零售商的利润函数关于变量 w_R 的二阶充分条件明显满足），联立两个一阶条件得到供应商、零售商对制造商的单位产品减排量 e_M 的最优反应函数为：

$$e_S = \frac{k_S[D_0 - c_S - c_M + (\theta_M - k_M)e_M]}{2(1 - s_S)\eta_S - 3k_S(\theta_S - k_S)} \quad (6-30)$$

$$w_R = \frac{[D_0 - c_S - c_M + (\theta_M - k_M)e_M][(1 - s_S)\eta_S - k_S(\theta_S - k_S)]}{2(1 - s_S)\eta_S - 3k_S(\theta_S - k_S)} \quad (6-31)$$

最优反应式（6-30）、式（6-31）表明，在碳补贴政策及式（6-17）条件下，当 $\theta_M - k_M < 0$ 时，随着制造商的单位产品减排量 e_M 的增加，供应商的单位原材料减排量 e_S 变小，零售商在单位产品批发成本基础上的加成价 w_R 变小。

将式（6-30）、式（6-31）代入制造商的利润函数式（6-2），可得到：

$$\pi_M = \frac{k_M e_M[D_0 - c_S - c_M + (\theta_M - k_M)e_M][(1 - s_S)\eta_S - k_S(\theta_S - k_S)]}{2(1 - s_S)\eta_S - 3k_S(\theta_S - k_S)}$$
$$- 0.5(1 - s_M)\eta_M e_M^2 \quad (6-32)$$

式（6-32）关于 e_M 的二阶导数为：

$$H_M = \frac{2k_M(\theta_M - k_M)[(1 - s_S)\eta_S - k_S(\theta_S - k_S)]}{2(1 - s_S)\eta_S - 3k_S(\theta_S - k_S)} - (1 - s_M)\eta_M$$

显然，当

$$\frac{2k_M(\theta_M - k_M)[(1 - s_S)\eta_S - k_S(\theta_S - k_S)]}{2(1 - s_S)\eta_S - 3k_S(\theta_S - k_S)} < (1 - s_M)\eta_M \quad (6-33)$$

成立时，制造商的利润函数式（6-32）关于 e_M 存在最大值。在此基础上，由式（6-32）对 e_M 的一阶导数等于 0 可得：

$$e_M^* = \frac{k_M(D_0 - c_S - c_M)[(1 - s_S)\eta_S - k_S(\theta_S - k_S)]}{(1 - s_M)\eta_M[2(1 - s_S)\eta_S - 3k_S(\theta_S - k_S)] - E_4} \quad (6-34)$$

在式（6-34）的基础上，由式（6-30）、式（6-31）可得：

$$e_S^* = \frac{k_S(D_0 - c_S - c_M)}{2(1-s_S)\eta_S - 3k_S(\theta_S - k_S)}$$

$$\times \frac{(1-s_M)\eta_M[2(1-s_S)\eta_S - 3k_S(\theta_S - k_S)] - 0.5E_4}{(1-s_M)\eta_M[2(1-s_S)\eta_S - 3k_S(\theta_S - k_S)] - E_4} \qquad (6-35)$$

$$w_R^* = \frac{(D_0 - c_S - c_M)[(1-s_S)\eta_S - k_S(\theta_S - k_S)]}{2(1-s_S)\eta_S - 3k_S(\theta_S - k_S)}$$

$$\times \frac{(1-s_M)\eta_M[2(1-s_S)\eta_S - 3k_S(\theta_S - k_S)] - 0.5E_4}{(1-s_M)\eta_M[2(1-s_S)\eta_S - 3k_S(\theta_S - k_S)] - E_4} \qquad (6-36)$$

据式（6-17）、式（6-33）、式（6-34）~式（6-36）可知，制造商的最优单位产品减排量 e_M^*、供应商的最优单位原材料减排量 e_S^*、零售商单位产品最优加成价 w_R^*，随着产品的初始市场需求 D_0、政府对制造商的碳减排成本补贴比例 s_M 的值增加而增加；随着供应商单位原材料生产成本 c_S、制造商单位产品生产成本 c_M、制造商减排成本系数 η_M 的值增加而减少。

在得到各决策变量最优值以后，由式（6-1）~式（6-3）可得：

$$\pi_S^* = \frac{k_S^2(D_0 - c_S - c_M)^2[0.5(1-s_S)\eta_S - k_S(\theta_S - k_S)]}{[2(1-s_S)\eta_S - 3k_S(\theta_S - k_S)]^2}$$

$$\times \left\{ \frac{(1-s_M)\eta_M[2(1-s_S)\eta_S - 3k_S(\theta_S - k_S)] - 0.5E_4}{(1-s_M)\eta_M[2(1-s_S)\eta_S - 3k_S(\theta_S - k_S)] - E_4} \right\}^2 \qquad (6-37)$$

$$\pi_M^* = \left\{ \frac{k_M(D_0 - c_S - c_M)[(1-s_S)\eta_S - k_S(\theta_S - k_S)]}{(1-s_M)\eta_M[2(1-s_S)\eta_S - 3k_S(\theta_S - k_S)] - E_4} \right\}^2$$

$$\times \left\{ 0.5(1-s_M)\eta_M - \frac{k_M(\theta_M - k_M)[(1-s_S)\eta_S - k_S(\theta_S - k_S)]}{2(1-s_S)\eta_S - 3k_S(\theta_S - k_S)} \right\}$$

$$\qquad (6-38)$$

$$\pi_R^* = \left\{ \frac{(D_0 - c_S - c_M)[(1-s_S)\eta_S - k_S(\theta_S - k_S)]}{2(1-s_S)\eta_S - 3k_S(\theta_S - k_S)} \right.$$

$$\times \frac{(1-s_M)\eta_M[2(1-s_S)\eta_S - 3k_S(\theta_S - k_S)] - 0.5E_4}{(1-s_M)\eta_M[2(1-s_S)\eta_S - 3k_S(\theta_S - k_S)] - E_4}\}^2 \qquad (6-39)$$

在式（6-37）~式（6-39）的基础上，可得碳补贴政策下制造商主导三级供应链时供应链总利润为：

$$\pi_{SMR}^* = \pi_S^* + \pi_M^* + \pi_R^* \qquad (6-40)$$

6.4 三级供应链集中决策

在碳补贴政策下，供应链集中决策意味着供应商、制造商、零售商三方以供应链系统总利润最大为原则，共同确定 e_S、e_M、w_R 的值。此时供应链的总利润为：

$$\pi_{SMR}^C = (k_S e_S + k_M e_M + w_R)[D_0 - c_S - c_M + (\theta_S - k_S)e_S + (\theta_M - k_M)e_M - w_R]$$
$$- 0.5(1-s_S)\eta_S e_S^2 - 0.5(1-s_M)\eta_M e_M^2 \qquad (6-41)$$

式（6-41）中，供应商的单位原材料减排量 e_S 及制造商的单位产品减排量 e_M 应满足非负约束，但零售商在产品批发成本基础上的加成价 w_R 可以不受符号约束（理由类似第 5 章的供应链集中决策情形）。

式（6-41）中，π_{SMR}^C 关于 w_R、e_S、e_M 的海塞（Hessian）矩阵为：

$$H_C = \begin{bmatrix} -2 & \theta_S - 2k_S & \theta_M - 2k_M \\ \theta_S - 2k_S & 2k_S(\theta_S - k_S) - (1-s_S)\eta_S & k_S(\theta_M - k_M) + k_M(\theta_S - k_S) \\ \theta_M - 2k_M & k_S(\theta_M - k_M) + k_M(\theta_S - k_S) & 2k_M(\theta_M - k_M) - (1-s_M)\eta_M \end{bmatrix}$$

$$(6-42)$$

由式（6-42）可知，当

$$2[(1-s_S)\eta_S - 2k_S(\theta_S - k_S)] > (\theta_S - 2k_S)^2 \qquad (6-43)$$

$$-2\big[(1-s_S)\eta_S-2k_S(\theta_S-k_S)\big]\big[(1-s_M)\eta_M-2k_M(\theta_M-k_M)\big]$$

$$+2(\theta_S-2k_S)(\theta_M-2k_M)\big[k_S(\theta_M-k_M)+k_M(\theta_S-k_S)\big]$$

$$+(\theta_M-2k_M)^2\big[(1-s_S)\eta_S-2k_S(\theta_S-k_S)\big]+(\theta_S-2k_S)^2$$

$$\times\big[(1-s_M)\eta_M-2k_M(\theta_M-k_M)\big]+2\big[k_S(\theta_M-k_M)+k_M(\theta_S-k_S)\big]^2<0$$

$$(6-44)$$

成立时，式（6-41）关于变量 w_R、e_S、e_M 存在最大值。

据式（6-41）关于变量 w_R、e_S、e_M 的一阶条件可得：

$$D_0-c_S-c_M+(\theta_S-2k_S)e_S+(\theta_M-2k_M)e_M-2w_R=0 \qquad (6-45)$$

$$k_S\big[D_0-c_S-c_M+(\theta_S-k_S)e_S+(\theta_M-k_M)e_M-w_R\big]$$

$$+(\theta_S-k_S)(k_Se_S+k_Me_M+w_R)-(1-s_S)\eta_Se_S=0 \qquad (6-46)$$

$$k_M\big[D_0-c_S-c_M+(\theta_S-k_S)e_S+(\theta_M-k_M)e_M-w_R\big]$$

$$+(\theta_M-k_M)(k_Se_S+k_Me_M+w_R)-(1-s_M)\eta_Me_M=0 \qquad (6-47)$$

求解式（6-45）~式（6-47），可得决策变量的最优解：

$$w_R^*=\frac{D_0-c_S-c_M}{2}\left\{1+\frac{2\big[\theta_S(\theta_S-2k_S)(1-s_M)\eta_M+\theta_M(\theta_M-2k_M)(1-s_S)\eta_S\big]}{\big[2(1-s_S)\eta_S-\theta_S^2\big]\big[2(1-s_M)\eta_M-\theta_M^2\big]-\theta_S^2\theta_M^2}\right\}$$

$$(6-48)$$

$$e_S^*=\frac{2\theta_S(D_0-c_S-c_M)(1-s_M)\eta_M}{\big[2(1-s_S)\eta_S-\theta_S^2\big]\big[2(1-s_M)\eta_M-\theta_M^2\big]-\theta_S^2\theta_M^2} \qquad (6-49)$$

$$e_M^*=\frac{2\theta_M(D_0-c_S-c_M)(1-s_S)\eta_S}{\big[2(1-s_S)\eta_S-\theta_S^2\big]\big[2(1-s_M)\eta_M-\theta_M^2\big]-\theta_S^2\theta_M^2} \qquad (6-50)$$

据式（6-49）、式（6-50），有：

$$\frac{e_S^*}{e_M^*}=\frac{\theta_S(1-s_M)\eta_M}{\theta_M(1-s_S)\eta_S} \qquad (6-51)$$

由式（6-51）可知，当单位原材料减排量对产品需求的影响系
数 θ_S 相对于单位产品减排量对产品需求的影响系数 θ_M 越小时，供应
商单位原材料减排量相对越小，制造商单位产品减排量相对越大；当

政府对供应商的碳减排成本补贴比例 s_S 相对于政府对制造商的碳减排成本补贴比例 s_M 越小时，供应商单位原材料减排量相对越小，制造商单位产品减排量相对越大；当供应商的减排成本系数 η_S 相对于制造商的减排成本系数 η_M 越小时，供应商单位原材料减排量相对越大，制造商单位产品减排量相对越小。

另外，由式（6-48）~式（6-50）可知，原材料单位减排量对原材料批发价的影响系数 k_S 及产品单位减排量对产品批发价的影响系数 k_M 会影响产品批发成本基础上的加成价，即会影响产品零售价，但供应商单位原材料减排量、制造商单位产品减排量不会受到参数 k_S、k_M 的影响。

在式（6-48）~式（6-50）的基础上，可得三级供应链的最优利润为：

$$\pi_{SMR}^{C*} = \frac{(D_0 - c_S - c_M)^2 (1-s_S)(1-s_M)\eta_S\eta_M}{[2(1-s_S)\eta_S - \theta_S^2][2(1-s_M)\eta_M - \theta_M^2] - \theta_S^2\theta_M^2} \tag{6-52}$$

三级供应链的最优利润非负要求分母大于0，即：

$$2(1-s_S)(1-s_M)\eta_S\eta_M - (1-s_M)\eta_M\theta_S^2 - (1-s_S)\eta_S\theta_M^2 > 0 \tag{6-53}$$

据式（6-52）可知，三级供应链的最优利润不受参数 k_S、k_M、e_{S0}、e_{M0} 的影响；当供应商的减排成本系数 η_S，制造商的减排成本系数 η_M，供应商单位原材料生产成本 c_S，制造商单位产品生产成本 c_M 变大时，供应链最优利润变小；当产品的初始市场需求 D_0，政府对供应商的碳减排成本补贴比例 s_S，政府对制造商的碳减排成本补贴比例 s_M，单位原材料减排量对产品需求的影响系数 θ_S，单位产品减排量对产品需求的影响系数 θ_M 变大时，供应链最优利润变大。

在式（6-48）~式（6-50）的基础上，如果按式（6-1）~式（6-3）计算供应商、制造商、零售商利润（协调利润分配时的一种参照），可得：

$$\pi_S^{C*} = \frac{2(D_0 - c_S - c_M)^2(1-s_S)(1-s_M)^2(2k_S - \theta_S)\eta_S\eta_M^2\theta_S}{\{[2(1-s_S)\eta_S - \theta_S^2][2(1-s_M)\eta_M - \theta_M^2] - \theta_S^2\theta_M^2\}^2} \quad (6-54)$$

$$\pi_M^{C*} = \frac{2(D_0 - c_S - c_M)^2(1-s_S)^2(1-s_M)(2k_M - \theta_M)\eta_S^2\eta_M\theta_M}{\{[2(1-s_S)\eta_S - \theta_S^2][2(1-s_M)\eta_M - \theta_M^2] - \theta_S^2\theta_M^2\}^2} \quad (6-55)$$

$$\pi_R^{C*} = \frac{4(D_0 - c_S - c_M)^2(1-s_S)(1-s_M)\eta_S\eta_M}{\{[2(1-s_S)\eta_S - \theta_S^2][2(1-s_M)\eta_M - \theta_M^2] - \theta_S^2\theta_M^2\}^2}$$

$$\times [(1-s_S)(1-s_M)\eta_S\eta_M - (1-s_S)\eta_S\theta_M k_M - (1-s_M)\eta_M\theta_S k_S]$$

$$(6-56)$$

6.5 碳补贴政策下三级供应链运营博弈数值算例

碳补贴政策下，考虑到各种情形参数应满足的条件，假设 $s_S =$ 0.2，$s_M = 0.2$，$D_0 = 50$，$c_S = 1$，$c_M = 1$，$k_S = 3$，$k_M = 3$，$\eta_S = 15$，$\eta_M = 15$，$e_{S0} = 10$，$e_{M0} = 10$，$\theta_S = 1$，$\theta_M = 1$。将这些参数值代入本章的碳补贴政策下，供应商主导三级供应链、零售商主导三级供应链、制造商主导三级供应链、三级供应链集中决策情形的相关表达式中，可得到供应商、制造商、零售商的相关决策变量及各自目标函数等的数值结果。

6.5.1 供应商主导三级供应链情形的数值结果

碳补贴政策下，当供应商主导三级供应链进行三阶段博弈时，由 6.1 节的相关表达式可计算得到供应商单位原材料减排量 $e_S^* = 3.5294$，制造商单位产品减排量 $e_M^* = 3.4118$，零售商在产品批发成本基础上的加成价 $w_R^* = 17.0588$，供应商最优利润 $\pi_S^* = 105.8820$，制造商最优利润 $\pi_M^* = 104.7614$，零售商最优利润 $\pi_R^* = 291.0027$，三级供应链最优总利润 $\pi_{SMR}^* = 501.6461$。另外，产品的市场需求 $D^* = 17.0588$，供应商生产的原材料批发价 $w_S^* = 11.5882$，制造商生产的产品批发价 $w_M^* = 22.8236$，产品零售价 $p^* = 39.8824$。由此容易看出，零售商最优利润相对较高，原因是零售商既无碳减排成本，也不需要承担产品销售成本。

6.5.2　零售商主导三级供应链情形的数值结果

碳补贴政策下，当零售商主导三级供应链时，由 6.2 节的相关表达式可计算得到供应商单位原材料减排量 $e_S^* = 2.3571$，制造商单位产品减排量 $e_M^* = 2.5714$，零售商在产品批发成本基础上的加成价 $w_R^* = 24.0000$，供应商最优利润 $\pi_S^* = 66.6739$，制造商最优利润 $\pi_M^* = 69.4293$，零售商最优利润 $\pi_R^* = 339.4320$，三级供应链最优总利润 $\pi_{SMR}^* = 475.5352$。另外，产品的市场需求 $D^* = 14.1430$，供应商生产的原材料批发价 $w_S^* = 8.0713$，制造商生产的产品批发价 $w_M^* = 16.7855$，产品零售价 $p^* = 40.7855$。显然，相较于供应商主导三级供应链，零售商主导三级供应链不利于供应商、制造商碳减排。由于零售商的核心地位加之前述的成本优势，零售商与制造商、供应商的利润差距进一步扩大。

6.5.3　制造商主导三级供应链情形的数值结果

碳补贴政策下，当制造商主导三级供应链时，由 6.3 节的相关表达式可计算得到供应商单位原材料减排量 $e_S^* = 2.9143$，制造商单位产品减排量 $e_M^* = 3.6000$，零售商在产品批发成本基础上的加成价 $w_R^* = 17.4857$，供应商最优利润 $\pi_S^* = 101.9169$，制造商最优利润 $\pi_M^* = 111.0856$，零售商最优利润 $\pi_R^* = 305.7497$，三级供应链最优总利润 $\pi_{SMR}^* = 518.7522$。另外，产品的市场需求 $D^* = 17.4857$，供应商生产的原材料批发价 $w_S^* = 9.7429$，制造商生产的产品批发价 $w_M^* = 21.5429$，产品零售价 $p^* = 39.0286$。由供应链三种分散决策的数值结果可知，供应商、制造商、零售商都偏爱各自主导三级供应链，且越接近"核心"博弈位置，对局中人越有利；对整条供应链来说，制造商主导三级供应链时，供应链利润最高；零售商主导三级供应链时，供应链利润最低，这与碳税政策下的结果类似。

6.5.4　三级供应链集中决策情形的数值结果

碳补贴政策下，当供应商、制造商、零售商集中决策时，由 6.4 节的相关表达式可计算得到供应商单位原材料减排量 $e_S^* = 2.1818$，制造商单位产品减排量 $e_M^* = 2.1818$，零售商在产品批发成本基础上的加成价 $w_R^* = 13.0909$，供应商最优利润 $\pi_S^{C*} = 142.8095$ [如果按式（6-1）或式（6-54）计算]，制造商最优利润 $\pi_M^{C*} = 142.8095$ [如果按式（6-2）或式（6-55）计算]，零售商最优利润 $\pi_R^{C*} = 342.7446$ [如果按式（6-3）或式（6-56）计算]，三级供应链最优总利润 $\pi_{SMR}^{C*} = 628.3636$。另外，产品的市场需求 $D^{C*} = 26.1819$，供应商生产的原材料批发价 $w_S^{C*} = 7.5454$，制造商生产的产品批发价 $w_M^{C*} = 15.0908$，产品零售价 $p^{C*} = 28.1817$。

6.5.5 各种情形的比较分析

由本章碳补贴政策下，各种情形的数值结果可知：

（1）三级供应链集中决策时，供应商、制造商总减排量最低；供应商主导三级供应链时，供应商、制造商总减排量最高。这说明碳补贴政策下三级供应链集中决策不利于碳减排，对整个生态环境没有好处，因供应链成员目标函数中没有考虑碳排放带来的环境损害，但三级供应链集中决策时供应链总利润最大，符合系统的一般原理。

（2）三级供应链集中决策时，供应商生产的原材料批发价、制造商生产的产品批发价、零售商在产品批发成本基础上的加成价、产品零售价都最低，产品市场需求最高；而供应商主导三级供应链时，原材料批发价、产品批发价最高；零售商主导三级供应链时，零售商在产品批发成本基础上的加成价、产品零售价最高，产品市场需求最低。这意味着三级供应链集中决策对消费者有利，这两点与碳税政策下的数值结果类似。

（3）供应链集中决策时，如果按供应商、制造商、零售商原有的利润函数计算各自"应得"的利润，各自"应得"利润均大于三种分散决策时的各自的利润，这说明供应链三成员均愿意全面合作进行集中决策，同时按各自利润函数"分配"集中决策的总利润是可行的，这也意味着碳补贴政策下，三级供应链"天然"地可以实现协调。

6.5.6 灵敏度分析及管理启示

为了得到更多的管理启示，以前述数值算例中的参数取值为基准，下面对 s_S、s_M、k_S、k_M、θ_S 及 θ_M 在各种情形下进行灵敏度分析，结果如表 6-1 ~ 表 6-4 所示。

表 6-1 　　　　供应商主导三级供应链情形的灵敏度分析结果

基准	e_S^*	e_M^*	w_R^*	π_S^*	π_M^*	π_R^*
	3.5294	3.4118	17.0588	105.8820	104.7614	291.0027
$s_S=0.10$	3.2432	3.4595	17.2973	97.2973	107.7107	299.1965
$s_S=0.15$	3.3803	3.4366	17.1831	101.4085	106.2932	295.2589
$s_S=0.25$	3.6923	3.3846	16.9231	110.7692	103.1006	286.3905
$s_S=0.30$	3.8710	3.3548	16.7742	116.1290	101.2945	281.3736
$s_M=0.10$	3.5676	3.1435	17.2890	108.6736	96.3425	298.9089
$s_M=0.15$	3.5493	3.2721	17.1786	107.3307	100.3755	295.1040
$s_M=0.25$	3.5077	3.5639	16.9284	104.3157	109.5482	286.5717
$s_M=0.30$	3.4839	3.7302	16.7859	102.6158	114.7941	281.7672
$k_S=2.90$	3.4957	3.4465	17.2325	101.3762	106.9058	296.9607
$k_S=2.95$	3.5132	3.4291	17.1455	103.6397	105.8287	293.9687
$k_S=3.05$	3.5444	3.3945	16.9725	108.1031	103.7039	288.0665
$k_S=3.10$	3.5581	3.3773	16.8867	110.3013	102.6573	285.1592
$k_M=2.90$	3.5572	3.3857	17.2264	107.9108	100.3599	296.7472
$k_M=2.95$	3.5433	3.3994	17.1423	106.8913	102.5714	293.8595
$k_M=3.05$	3.5156	3.4230	16.9759	104.8845	106.9285	288.1802
$k_M=3.10$	3.5019	3.4330	16.8935	103.8981	109.0726	285.3910
$\theta_S=0.90$	3.4783	3.3913	16.9565	104.3478	103.5085	287.5236
$\theta_S=0.95$	3.5036	3.4015	17.0073	105.1095	104.1294	289.2482

基准	e_S^*	e_M^*	w_R^*	π_S^*	π_M^*	π_R^*
	3.5294	3.4118	17.0588	105.8820	104.7614	291.0027
$\theta_S = 1.05$	3.5556	3.4222	17.1111	106.6667	105.4044	292.7901
$\theta_S = 1.10$	3.5821	3.4328	17.1642	107.4627	106.0593	294.6090
$\theta_M = 0.90$	3.5130	3.3585	16.9605	104.7002	103.2087	287.6590
$\theta_M = 0.95$	3.5212	3.3849	17.0093	105.2858	103.9791	289.3155
$\theta_M = 1.05$	3.5378	3.4390	17.1092	106.4901	105.5553	292.7237
$\theta_M = 1.10$	3.5463	3.4667	17.1603	107.1093	106.3615	294.4771

表 6 - 2　　　　　零售商主导三级供应链情形的灵敏度分析结果

基准	e_S^*	e_M^*	w_R^*	π_S^*	π_M^*	π_R^*
	2.3571	2.5714	24.0000	66.6739	69.4293	339.4320
$s_S = 0.10$	2.2118	2.6000	24.0000	62.3718	71.5765	345.0353
$s_S = 0.15$	2.2821	2.5862	24.0000	64.4505	70.5329	342.3197
$s_S = 0.25$	2.4373	2.5556	24.0000	69.0562	68.2581	336.3441
$s_S = 0.30$	2.5231	2.5385	24.0000	71.6166	67.0154	333.0462
$s_M = 0.10$	2.4000	2.4000	24.0000	69.1200	64.8000	345.6000
$s_M = 0.15$	2.3793	2.4828	24.0000	67.9334	67.0345	342.6207
$s_M = 0.25$	2.3333	2.6667	24.0000	65.3333	72.0000	336.0000
$s_M = 0.30$	2.3077	2.7692	24.0000	63.9053	74.7692	332.3077
$k_S = 2.90$	2.3704	2.5922	24.0000	64.6697	70.9813	343.4886
$k_S = 2.95$	2.3641	2.5817	24.0000	65.6837	70.1956	341.4385
$k_S = 3.05$	2.3496	2.5613	24.0000	67.6393	68.6802	337.4589
$k_S = 3.10$	2.3414	2.5513	24.0000	68.5814	67.9502	335.5293
$k_M = 2.90$	2.3882	2.5759	24.0000	68.4438	67.2302	343.9053
$k_M = 2.95$	2.3726	2.5741	24.0000	67.5490	68.3418	341.6499
$k_M = 3.05$	2.3420	2.5680	24.0000	65.8172	70.4908	337.2419

基准	e_S^*	e_M^*	w_R^*	π_S^*	π_M^*	π_R^*
	2.3571	2.5714	24.0000	66.6739	69.4293	339.4320
$k_M = 3.10$	2.3270	2.5637	24.0000	64.9800	71.5286	335.0903
$\theta_S = 0.90$	2.3026	2.5594	24.0000	65.2128	68.5431	337.0970
$\theta_S = 0.95$	2.3295	2.5654	24.0000	65.9350	68.9800	338.2489
$\theta_S = 1.05$	2.3854	2.5776	24.0000	67.4288	69.8893	340.6370
$\theta_S = 1.10$	2.4144	2.5839	24.0000	68.2017	70.3627	341.8754
$\theta_M = 0.90$	2.3392	2.5175	24.0000	65.6601	67.9720	336.8392
$\theta_M = 0.95$	2.3481	2.5442	24.0000	66.1604	68.6926	338.1201
$\theta_M = 1.05$	2.3664	2.5993	24.0000	67.1997	70.1805	340.7653
$\theta_M = 1.10$	2.3759	2.6277	24.0000	67.7395	70.9489	342.1314

表 6 - 3　　　　　制造商主导三级供应链情形的灵敏度分析结果

基准	e_S^*	e_M^*	w_R^*	π_S^*	π_M^*	π_R^*
	2.9143	3.6000	17.4857	101.9169	111.0856	305.7497
$s_S = 0.10$	2.7163	3.6279	17.6558	94.0717	113.1907	311.7278
$s_S = 0.15$	2.8118	3.6145	17.5737	97.8394	112.1728	308.8365
$s_S = 0.25$	3.0245	3.5844	17.3911	106.3430	109.9221	302.4487
$s_S = 0.30$	3.1435	3.5676	17.2890	111.1645	108.6736	298.9089
$s_M = 0.10$	2.9557	3.3103	17.7340	104.8315	102.1478	314.4944
$s_M = 0.15$	2.9358	3.4491	17.6151	103.4301	106.4294	310.2902
$s_M = 0.25$	2.8908	3.7647	17.3445	100.2777	116.1681	300.8330
$s_M = 0.30$	2.8650	3.9452	17.1898	98.4967	121.7378	295.4900
$k_S = 2.90$	2.9164	3.6203	17.6091	97.8983	112.6113	310.0818
$k_S = 2.95$	2.9158	3.6101	17.5470	99.9218	111.8418	307.8966
$k_S = 3.05$	2.9118	3.5901	17.4254	103.8826	110.3431	303.6430
$k_S = 3.10$	2.9084	3.5803	17.3659	105.8189	109.6140	301.5751

续表

基准	e_S^*	e_M^*	w_R^*	π_S^*	π_M^*	π_R^*
	2.9143	3.6000	17.4857	101.9169	111.0856	305.7497
$k_M=2.90$	2.9444	3.5674	17.6665	104.0356	106.4105	312.1068
$k_M=2.95$	2.9293	3.5844	17.5759	102.9711	108.7596	308.9133
$k_M=3.05$	2.8993	3.6144	17.3959	100.8730	113.3879	302.6190
$k_M=3.10$	2.8844	3.6275	17.3067	99.8404	115.6654	299.5212
$\theta_S=0.90$	2.8548	3.5882	17.4142	100.2430	110.2065	303.2555
$\theta_S=0.95$	2.8842	3.5941	17.4496	101.0733	110.6412	304.4886
$\theta_S=1.05$	2.9450	3.6061	17.5226	102.7735	111.5405	307.0412
$\theta_S=1.10$	2.9763	3.6122	17.5603	103.6438	112.0060	308.3626
$\theta_M=0.90$	2.8966	3.5468	17.3793	100.6801	109.4441	302.0404
$\theta_M=0.95$	2.9054	3.5732	17.4321	101.2929	110.2588	303.8787
$\theta_M=1.05$	2.9234	3.6272	17.5401	102.5520	111.9252	307.6559
$\theta_M=1.10$	2.9326	3.6548	17.5954	103.1989	112.7774	309.5967

表 6 - 4　　　　供应链集中决策情形的灵敏度分析结果

基准	e_S^*	e_M^*	w_R^*	π_{SMR}^{C*}
	2.1818	2.1818	13.0909	628.3636
$s_S=0.10$	1.9296	2.1709	13.7487	625.2060
$s_S=0.15$	2.0480	2.1760	13.4400	626.6880
$s_S=0.25$	2.3343	2.1884	12.6930	630.2736
$s_S=0.30$	2.5098	2.1961	12.2353	632.4706
$s_M=0.10$	2.1709	1.9296	13.7487	625.2060
$s_M=0.15$	2.1760	2.0480	13.4400	626.6880
$s_M=0.25$	2.1884	2.3343	12.6930	630.2736
$s_M=0.30$	2.1961	2.5098	12.2353	632.4706

基准	e_S^*	e_M^*	w_R^*	π_{SMR}^{C*}
	2.1818	2.1818	13.0909	628.3636
$k_S = 2.90$	2.1818	2.1818	13.3091	628.3636
$k_S = 2.95$	2.1818	2.1818	13.2000	628.3636
$k_S = 3.05$	2.1818	2.1818	12.9818	628.3636
$k_S = 3.10$	2.1818	2.1818	12.8727	628.3636
$k_M = 2.90$	2.1818	2.1818	13.3091	628.3636
$k_M = 2.95$	2.1818	2.1818	13.2000	628.3636
$k_M = 3.05$	2.1818	2.1818	12.9818	628.3636
$k_M = 3.10$	2.1818	2.1818	12.8727	628.3636
$\theta_S = 0.90$	1.9468	2.1631	13.6278	622.9833
$\theta_S = 0.95$	2.0636	2.1722	13.3590	625.5911
$\theta_S = 1.05$	2.3016	2.1920	12.8234	631.3049
$\theta_S = 1.10$	2.4231	2.2028	12.5562	634.4195
$\theta_M = 0.90$	2.1631	1.9468	13.6278	622.9833
$\theta_M = 0.95$	2.1722	2.0636	13.3590	625.5911
$\theta_M = 1.05$	2.1920	2.3016	12.8234	631.3049
$\theta_M = 1.10$	2.2028	2.4231	12.5562	634.4195

6.5.6.1 根据表 6 − 1 ~ 表 6 − 4 可得到的结论

根据表 6 − 1 ~ 表 6 − 4 可得到如下结论:

（1）在供应商主导三级供应链情形下，随着政府对供应商的碳减排成本补贴比例 s_S 值、原材料单位减排量对原材料批发价的影响系数 k_S 值增加，供应商单位原材料减排量 e_S^*、供应商最优利润 π_S^* 都增加，但制造商单位产品减排量 e_M^*、零售商在产品批发成本基础上的加成价 w_R^*、制造商最优利润 π_M^*、零售商最优利润 π_R^* 都减少；随着政府对制造商的碳减排成本补贴比例 s_M 值、产品单位减排量对产品批发价的影响系数 k_M 值增加，e_M^*、π_M^* 值变大，而 e_S^*、w_R^*、π_S^*、π_R^* 值变小；随着单位原材料减排量对产品需求的影响系数 θ_S、单位产品减排量对产品需求的影响系数 θ_M 值减少，e_S^*、e_M^*、w_R^*、π_S^*、π_M^*、π_R^* 都变少。

（2）在零售商主导三级供应链情形下，w_R^* 值不受 s_S、s_M、k_S、k_M、θ_S、θ_M 值变化的影响；随着 s_S 值变大，e_S^*、π_S^* 值变大，但 e_M^*、π_M^*、π_R^* 值都变小；随着 s_M 值增加，e_M^*、π_M^* 值增加，但 e_S^*、π_S^*、π_R^* 值减少；随着 k_S 值增加，π_S^* 值变大，但 e_S^*、e_M^*、π_M^*、π_R^* 值都变小；随着 k_M 值增加、π_M^* 值增加，而 e_S^*、e_M^*、π_S^*、π_R^* 值都变少；随着 θ_S、θ_M 值增加，e_S^*、e_M^*、π_S^*、π_M^*、π_R^* 值都单调增加。

（3）在制造商主导三级供应链情形下，随着 s_S 值增加，e_S^*、π_S^* 值都单调增加，而 e_M^*、w_R^*、π_M^*、π_R^* 值都单调减少；随着 s_M、k_M 值增加，e_M^*、π_M^* 值都单调增加，而 e_S^*、w_R^*、π_S^*、π_R^* 值都单调减少；随着 k_S 值增加，π_S^* 值变大，但 e_S^*、e_M^*、w_R^*、π_M^*、π_R^* 值都减少；随着 θ_S、θ_M 值增加，e_S^*、e_M^*、w_R^*、π_S^*、π_M^*、π_R^* 都变大。

（4）在供应链集中决策情形下，随着 s_S、s_M、θ_S、θ_M 值变大，e_S^*、e_M^* 及三级供应链总利润 π_{SMR}^C 值变大，而 w_R^* 值变小；随着 k_S、k_M 值增加，w_R^* 值变少，而 e_S^*、e_M^* 及 π_{SMR}^C 值不变。

6.5.6.2 由上述结论，可得到的管理启示

（1）在对应参数取值相同的情况下，碳补贴政策下三级供应链分散决策时总利润小于集中决策时供应链总利润，这符合系统的一般原理。但要实现三级供应链集中决策的总利润，即实现系统协调，可以

考虑下面的两部收费协调契约。

（2）在供应链集中决策时，政府可提高对供应商、制造商减排的补贴比例，这样可以减少碳排放量，带来社会效益，同时，三级供应链总利润也会增加，带来经济效益。

（3）碳补贴政策下，供应商、制造商、零售商都应积极采取措施提升 θ_S、θ_M 值，比如，大力宣传非低碳产品相对低碳产品的劣势，零售商也可对供应商、制造商提升 θ_S、θ_M 值进行成本分担，以增加产品的需求，从而增加供应链成员的利润及减排量。

6.6　碳补贴政策下三级供应链的协调研究

在碳补贴政策下，由于三种分散决策中通常制造商主导三级供应链时供应链总利润最大，所以此处以制造商主导三级供应链为基础，研究三级供应链的协调问题。除了上述利用供应链成员各自的利润函数"分配"集中决策的总利润来协调供应链以外，考虑常见的两部收费契约在碳补贴政策下协调三级供应链的可能性。

按两部收费契约的要求，假设供应商、制造商向零售商收取的固定费用分别为非负的 I_S、I_M，则碳补贴政策及两部收费协调契约下供应商、制造商、零售商的目标函数分别为：

$$\pi_S = k_S e_S \left[D_0 - c_S - c_M + (\theta_S - k_S) e_S + (\theta_M - k_M) e_M - w_R \right]$$
$$- 0.5 (1 - s_S) \eta_S e_S^2 + I_S \tag{6-57}$$

$$\pi_M = k_M e_M \left[D_0 - c_S - c_M + (\theta_S - k_S) e_S + (\theta_M - k_M) e_M - w_R \right]$$
$$- 0.5 (1 - s_M) \eta_M e_M^2 + I_M \tag{6-58}$$

$$\pi_R = w_R \left[D_0 - c_S - c_M + (\theta_S - k_S) e_S + (\theta_M - k_M) e_M - w_R \right] - I_S - I_M$$

$$(6-59)$$

根据三级供应链协调的要求，在两部收费契约下，零售商的单位产品加成价、供应商单位原材料减排量、制造商单位产品减排量应由式（6-48）~式（6-50）决定。据前述的内容可知，制造商主导三级供应链的分散决策时，供应商、制造商没有动机按式（6-49）、式（6-50）进行减排及提供原材料、产品。但是，在两部收费契约下，可以通过调整 I_S、I_M 实现三级供应链利益重新分配，从而实现供应链协调。

两部收费契约下，当决策变量按式（6-48）~式（6-50）取值时，供应商、制造商、零售商的目标函数分别为：

$$\pi_S^* = \frac{2(D_0 - c_S - c_M)^2 (1-s_S)(1-s_M)^2 (2k_S - \theta_S) \eta_S \eta_M^2 \theta_S}{\left\{ \left[2(1-s_S)\eta_S - \theta_S^2 \right] \left[2(1-s_M)\eta_M - \theta_M^2 \right] - \theta_S^2 \theta_M^2 \right\}^2} + I_S$$

$$(6-60)$$

$$\pi_M^* = \frac{2(D_0 - c_S - c_M)^2 (1-s_S)^2 (1-s_M)(2k_M - \theta_M) \eta_S^2 \eta_M \theta_M}{\left\{ \left[2(1-s_S)\eta_S - \theta_S^2 \right] \left[2(1-s_M)\eta_M - \theta_M^2 \right] - \theta_S^2 \theta_M^2 \right\}^2} + I_M$$

$$(6-61)$$

$$\pi_R^* = \frac{4(D_0 - c_S - c_M)^2 (1-s_S)(1-s_M) \eta_S \eta_M}{\left\{ \left[2(1-s_S)\eta_S - \theta_S^2 \right] \left[2(1-s_M)\eta_M - \theta_M^2 \right] - \theta_S^2 \theta_M^2 \right\}^2}$$
$$\times \left[(1-s_S)(1-s_M)\eta_S \eta_M - (1-s_S)\eta_S \theta_M k_M \right.$$
$$\left. - (1-s_M)\eta_M \theta_S k_S \right] - I_S - I_M$$

$$(6-62)$$

三级供应链协调时，要求两部收费契约下供应链各成员利润大于等于制造商主导三级供应链的供应链各成员对应的利润，即要求式（6-60）~式（6-62）对应的利润大于等于式（6-37）~式（6-39）对应的利润，据此可得到：

$$I_S \geqslant \frac{k_S^2(D_0 - c_S - c_M)^2[0.5(1-s_S)\eta_S - k_S(\theta_S - k_S)]}{[2(1-s_S)\eta_S - 3k_S(\theta_S - k_S)]^2}$$

$$\times \left\{ \frac{(1-s_M)\eta_M[2(1-s_S)\eta_S - 3k_S(\theta_S - k_S)] - 0.5E_4}{(1-s_M)\eta_M[2(1-s_S)\eta_S - 3k_S(\theta_S - k_S)] - E_4} \right\}^2$$

$$- \frac{2(D_0 - c_S - c_M)^2(1-s_S)(1-s_M)^2(2k_S - \theta_S)\eta_S\eta_M^2\theta_S}{\{[2(1-s_S)\eta_S - \theta_S^2][2(1-s_M)\eta_M - \theta_M^2] - \theta_S^2\theta_M^2\}^2} \quad (6-63)$$

$$I_M \geqslant \left\{ \frac{k_M(D_0 - c_S - c_M)[(1-s_S)\eta_S - k_S(\theta_S - k_S)]}{(1-s_M)\eta_M[2(1-s_S)\eta_S - 3k_S(\theta_S - k_S)] - E_4} \right\}^2$$

$$\times \left\{ 0.5(1-s_M)\eta_M - \frac{k_M(\theta_M - k_M)[(1-s_S)\eta_S - k_S(\theta_S - k_S)]}{2(1-s_S)\eta_S - 3k_S(\theta_S - k_S)} \right\}$$

$$- \frac{2(D_0 - c_S - c_M)^2(1-s_S)^2(1-s_M)(2k_M - \theta_M)\eta_S^2\eta_M\theta_M}{\{[2(1-s_S)\eta_S - \theta_S^2][2(1-s_M)\eta_M - \theta_M^2] - \theta_S^2\theta_M^2\}^2} \quad (6-64)$$

$$I_S + I_M \leqslant \frac{4(D_0 - c_S - c_M)^2(1-s_S)(1-s_M)\eta_S\eta_M}{\{[2(1-s_S)\eta_S - \theta_S^2][2(1-s_M)\eta_M - \theta_M^2] - \theta_S^2\theta_M^2\}^2}$$

$$\times [(1-s_S)(1-s_M)\eta_S\eta_M - (1-s_S)\eta_S\theta_M k_M - (1-s_M)\eta_M\theta_S k_S]$$

$$- \left\{ \frac{(D_0 - c_S - c_M)[(1-s_S)\eta_S - k_S(\theta_S - k_S)]}{2(1-s_S)\eta_S - 3k_S(\theta_S - k_S)} \right.$$

$$\left. \times \frac{(1-s_M)\eta_M[2(1-s_S)\eta_S - 3k_S(\theta_S - k_S)] - 0.5E_4}{(1-s_M)\eta_M[2(1-s_S)\eta_S - 3k_S(\theta_S - k_S)] - E_4} \right\}^2 \quad (6-65)$$

式（6-63）~式（6-65）中的 E_4 同式（6-21）中的 E_4。也就是说，在各决策变量按式（6-48）~式（6-50）取值，且在 I_S、I_M 满足式（6-63）~式（6-65）的条件下，两部收费契约可以协调碳补贴政策下的三级供应链。实际中，I_S、I_M 的具体取值依赖于供应商、制造商、零售商各自的讨价还价能力。

根据 6.5 节中对相关参数的假设（采用参数基准值）、两部收费契约协调制造商主导的三级供应链的要求，以及式（6-63）~式（6-65），可得到 $e_S^* = 2.1818$，$e_M^* = 2.1818$，$w_R^* = 13.0909$，$\pi_S^* = 142.8095 +$

I_S，$\pi_M^* = 142.8095 + I_M$，$\pi_R^* = 342.7446 - I_S - I_M$，$I_S \geqslant 0$，$I_M \geqslant 0$，$I_S + I_M \leqslant 36.9949$，$\pi_S^* + \pi_M^* + \pi_R^* = 628.3636$。显然，碳补贴政策下，采用两部收费契约时，制造商主导的三级供应链利润与集中决策时相同，三级供应链实现了完美协调。同时，也易看出，当 $I_S = 0$，$I_M = 0$ 时，即为前述的"按各自的利润函数分配供应链集中决策的利润"，也就是说，前述的供应链集中决策利润"天然"分配方式是两部收费契约的特殊情况。

第7章

碳限额与交易政策下三级供应链
运营博弈及协调研究

在本章中，涉及的相关符号与假设基本上同第 5 章的碳税情形。除此之外，假设政府给予碳排放企业供应商及制造商的单位原材料和单位产品的碳排放限额分别为 e_{gS}、e_{gM}，则供应商、制造商可以获得的免费碳排放限额分别为 $e_{gS}D$、$e_{gM}D$（可理解为与市场需求相关的某种补贴），当供应商、制造商需要排放的量超过 $e_{gS}D$、$e_{gM}D$ 时，应从市场上以单价 p_c（p_c 为市场决定的外生变量）购买碳排放权；当供应商、制造商需要排放的量低于 $e_{gS}D$、$e_{gM}D$ 时，可以单价 p_c 出售没有用完的碳排放权。

7.1 供应商主导三级供应链的博弈分析

在碳限额与交易政策及供应商主导三级供应链情形下，博弈参与人供应商、制造商、零售商之间构成一个三阶段博弈。博弈参与人的决策顺序为：首先，供应商进行原材料生产，并根据最大利润原则决定单位原材料减排量 e_S（从而确定了原材料批发价）；其次，制造商进行产品生产，并根据最大利润原则决定单位产品减排量 e_M（从而确定了产品批发价）；最后，零售商根据最大利润原则决定产品批发成本基础上的加成价 w_R（从而确定了产品零售价）。因此，在第 5 章相关假设的基础上可得到供应商、制造商、零售商的利润函数分别为：

$$\pi_S = (k_S e_S - p_c e_{S0} + p_c e_S + p_c e_{gS})[D_0 - c_S - c_M + (\theta_S - k_S)e_S \\ + (\theta_M - k_M)e_M - w_R] - 0.5\eta_S e_S^2 \tag{7-1}$$

$$\pi_M = (k_M e_M - p_c e_{M0} + p_c e_M + p_c e_{gM})[D_0 - c_S - c_M + (\theta_S - k_S)e_S \\ + (\theta_M - k_M)e_M - w_R] - 0.5\eta_M e_M^2 \tag{7-2}$$

$$\pi_R = w_R[D_0 - c_S - c_M + (\theta_S - k_S)e_S + (\theta_M - k_M)e_M - w_R] \tag{7-3}$$

模型式（7-1）~式（7-3）中，各决策变量 e_S、e_M、w_R 应满足的条件与第 5 章碳税政策下应满足的条件相同。

在给定的碳限额与交易政策下，当供应商主导三级供应链时，根据逆向递推思想，应首先求解零售商的决策问题。对零售商的利润函数式（7-3），显然有关变量 w_R 的二阶导数小于 0，即式（7-3）关于变量 w_R 存在最大值。由式（7-3）对 w_R 的一阶条件，可得零售商对制造商单位产品减排量 e_M 的最优反应函数为：

$$w_R = \frac{D_0 - c_S - c_M + (\theta_S - k_S)e_S + (\theta_M - k_M)e_M}{2} \tag{7-4}$$

最优反应函数式（7-4）表明，在碳限额与交易政策及供应商主导三级供应链的情形下，当 $\theta_M - k_M < 0$ 时，制造商单位产品的减排量 e_M 越大，零售商在产品批发成本基础上的加成价 w_R 越小；而当 $\theta_M - k_M > 0$ 时，制造商单位产品的减排量 e_M 越大，零售商在产品批发成本基础上的加成价 w_R 越大。

将式（7-4）代入制造商的利润表达式（7-2），可得：

$$\pi_M = 0.5(k_M e_M - p_c e_{M0} + p_c e_M + p_c e_{gM})[D_0 - c_S - c_M + (\theta_S - k_S)e_S$$

$$+ (\theta_M - k_M)e_M] - 0.5\eta_M e_M^2 \qquad (7-5)$$

式（7-5）关于 e_M 的二阶导数为：

$$H_M = (k_M + p_c)(\theta_M - k_M) - \eta_M$$

显然，当

$$(k_M + p_c)(\theta_M - k_M) < \eta_M \qquad (7-6)$$

成立时，制造商的利润函数式（7-5）关于单位产品减排量 e_M 存在最大值。

由式（7-5）对 e_M 的一阶条件，可得制造商对供应商单位原材料减排量 e_S 的最优反应函数为：

$$e_M = \frac{(k_M + p_c)[D_0 - c_S - c_M + (\theta_S - k_S)e_S] + p_c(\theta_M - k_M)(e_{gM} - e_{M0})}{2\eta_M - 2(\theta_M - k_M)(k_M + p_c)} \qquad (7-7)$$

显然，当 $\theta_S - k_S < 0$，供应商单位原材料的减排量 e_S 越大时，制造商单位产品减排量 e_M 的值就越小。将式（7-4）、式（7-7）代入式（7-1）可得：

$$\pi_S = (k_S e_S - p_c e_{S0} + p_c e_S + p_c e_{gS})$$

$$\times \frac{[D_0 - c_S - c_M + (\theta_S - k_S)e_S]F_1 + p_c(\theta_M - k_M)^2(e_{gM} - e_{M0})}{4[\eta_M - (\theta_M - k_M)(k_M + p_c)]} - 0.5\eta_S e_S^2 \qquad (7-8)$$

式（7-8）中：

$$F_1 = 2\eta_M - (\theta_M - k_M)(k_M + p_c)$$

式（7-8）关于 e_S 的二阶导数为：

$$H_S = \frac{(\theta_S - k_S)(k_S + p_c)[2\eta_M - (\theta_M - k_M)(k_M + p_c)]}{2[\eta_M - (\theta_M - k_M)(k_M + p_c)]} - \eta_S$$

显然，当

$$\frac{(\theta_S - k_S)(k_S + p_c)[2\eta_M - (\theta_M - k_M)(k_M + p_c)]}{2[\eta_M - (\theta_M - k_M)(k_M + p_c)]} < \eta_S \qquad (7-9)$$

成立时，供应商的利润函数式（7-8）关于单位原材料减排量 e_S 存在最大值。

根据式（7-8）关于 e_S 的一阶条件，可得供应商最优的单位原材料减排量为：

$$e_S^* = \frac{F_1(k_S + p_c)(D_0 - c_S - c_M) + F_1 p_c(\theta_S - k_S)(e_{gS} - e_{S0}) + F_2}{4\eta_S[\eta_M - (\theta_M - k_M)(k_M + p_c)] - F_3}$$

$$(7-10)$$

式（7-10）中的 F_1 同式（7-8）中的 F_1，且

$$F_2 = p_c(k_S + p_c)(\theta_M - k_M)^2(e_{gM} - e_{M0})$$

$$F_3 = 2(\theta_S - k_S)(k_S + p_c)[2\eta_M - (\theta_M - k_M)(k_M + p_c)]$$

根据式（7-6）、式（7-9）可知，F_1 为正数，式（7-10）的分母为正数，因此有结论：在碳限额与交易政策及供应商主导三级供应链的情形下，供应商最优的单位原材料减排量随着产品的初始市场需求 D_0、政府给予制造商单位产品碳排放限额 e_{gM} 的增加而增加，随着供应商单位原材料生产成本 c_S、制造商单位产品生产成本 c_M、供应商减排成本系数 η_S、制造商单位产品初始碳排放量 e_{M0} 的增加而减小。

在式（7-10）的基础上，由式（7-7）、式（7-4）可得：

$$e_M^* = \frac{F_1(k_S + p_c)(D_0 - c_S - c_M) + F_1 p_c(\theta_S - k_S)(e_{gS} - e_{S0}) + F_2}{4\eta_2[\eta_M - (\theta_M - k_M)(k_M + p_c)] - F_3}$$

$$\times \frac{(\theta_S - k_S)(k_M + p_c)}{2\eta_M - 2(\theta_M - k_M)(k_M + p_c)} + \frac{(k_M + p_c)(D_0 - c_S - c_M) + p_c(\theta_M - k_M)(e_{gM} - e_{M0})}{2\eta_M - 2(\theta_M - k_M)(k_M + p_c)}$$

$$(7-11)$$

$$w_R^* = \frac{p_c(\theta_M - k_M)^2(e_{gM} - e_{M0}) + F_1(D_0 - c_S - c_M)}{4\eta_M - 4(\theta_M - k_M)(k_M + p_c)} + \frac{F_1(\theta_S - k_S)}{4\eta_M - 4(\theta_M - k_M)(k_M + p_c)}$$

$$\times \frac{F_1(k_S + p_c)(D_0 - c_S - c_M) + F_1 p_c(\theta_S - k_S)(e_{gS} - e_{S0}) + F_2}{4\eta_S[\eta_M - (\theta_M - k_M)(k_M + p_c)] - F_3} \quad (7-12)$$

在得到了各决策变量最优取值后，进一步可得到供应商、制造商、零售商最优的目标函数值分别为：

$$\pi_S^* = \left\{ (k_S + p_c)\frac{\begin{array}{c} F_1(k_S + p_c)(D_0 - c_S - c_M) \\ + F_1 p_c(\theta_S - k_S)(e_{gS} - e_{S0}) + F_2 \end{array}}{4\eta_S[\eta_M - (\theta_M - k_M)(k_M + p_c)] - F_3} + p_c e_{gS} - p_c e_{S0} \right\}$$

$$\times \left\{ \frac{F_1(k_S + p_c)(D_0 - c_S - c_M) + F_1 p_c(\theta_S - k_S)(e_{gS} - e_{S0}) + F_2}{4\eta_S[\eta_M - (\theta_M - k_M)(k_M + p_c)] - F_3} \right.$$

$$\left. \times \frac{F_1(\theta_S - k_S)}{4\eta_M - 4(\theta_M - k_M)(k_M + p_c)} + \frac{p_c(\theta_M - k_M)^2(e_{gM} - e_{M0}) + F_1(D_0 - c_S - c_M)}{4\eta_M - 4(\theta_M - k_M)(k_M + p_c)} \right\}$$

$$- 0.5\eta_S\left\{ \frac{F_1(k_S + p_c)(D_0 - c_S - c_M) + F_1 p_c(\theta_S - k_S)(e_{gS} - e_{S0}) + F_2}{4\eta_S[\eta_M - (\theta_M - k_M)(k_M + p_c)] - F_3} \right\}^2$$

$$(7-13)$$

$$\pi_M^* = (k_M e_M^* - p_c e_{M0} + p_c e_M^* + p_c e_{gM})$$

$$\times \left\{ \frac{p_c(\theta_M - k_M)^2(e_{gM} - e_{M0}) + F_1(D_0 - c_S - c_M)}{4\eta_M - 4(\theta_M - k_M)(k_M + p_c)} \right.$$

$$\left. + \frac{F_1(\theta_S - k_S)}{4\eta_M - 4(\theta_M - k_M)(k_M + p_c)} \times \frac{\begin{array}{c} F_1(k_S + p_c)(D_0 - c_S - c_M) \\ + F_1 p_c(\theta_S - k_S)(e_{gS} - e_{S0}) + F_2 \end{array}}{4\eta_S[\eta_M - (\theta_M - k_M)(k_M + p_c)] - F_3} \right\}$$

$$- 0.5\eta_M(e_M^*)^2 \quad (7-14)$$

$$\pi_R^* = \left\{ \frac{p_c(\theta_M - k_M)^2(e_{gM} - e_{M0}) + F_1(D_0 - c_S - c_M)}{4\eta_M - 4(\theta_M - k_M)(k_M + p_c)} \right.$$

$$\left. + \frac{F_1(\theta_S - k_S)}{4\eta_M - 4(\theta_M - k_M)(k_M + p_c)} \times \frac{\begin{array}{c} F_1(k_S + p_c)(D_0 - c_S - c_M) \\ + F_1 p_c(\theta_S - k_S)(e_{gS} - e_{S0}) + F_2 \end{array}}{4\eta_S[\eta_M - (\theta_M - k_M)(k_M + p_c)] - F_3} \right\}^2$$

$$(7-15)$$

式（7－14）中，e_M^* 由式（7－11）决定。

在式（7－13）~式（7－15）的基础上，可得碳限额与交易政策下供应商主导三级供应链时供应链总利润为：

$$\pi_{SMR}^* = \pi_S^* + \pi_M^* + \pi_R^* \tag{7－16}$$

7.2　零售商主导三级供应链的博弈分析

在碳限额与交易政策下，当零售商主导三级供应链时，博弈参与人的决策顺序为：首先，零售商根据最大利润原则决定产品批发成本基础上的加成价 w_R（从而确定了产品零售价）；其次，制造商获知产品加成价后，根据最大利润原则决定单位产品减排量 e_M（从而确定了产品批发价）；最后，供应商获知零售商的产品加成价及制造商的产品减排量后，根据最大利润原则决定单位原材料减排量 e_S（从而确定了原材料批发价）。博弈参与人的决策确定后，供应商生产原材料并按事先决定的批发价批发给制造商，制造商利用原材料生产出产品后批发给零售商销售。

根据逆向递推思想，应首先求解供应商的决策问题。供应商的利润函数仍为式（7－1），其对 e_S 的二阶导数为：

$$H_S = 2(\theta_S - k_S)(k_S + p_c) - \eta_S$$

显然，当

$$2(\theta_S - k_S)(k_S + p_c) < \eta_S \tag{7－17}$$

成立时，供应商的利润函数式（7－1）关于单位原材料减排量 e_S 存在最大值。

由式（7－1）关于 e_S 的一阶条件，可得供应商对制造商的单位

产品减排量 e_M 的最优反应函数为：

$$e_S = \frac{(k_S + p_c)[D_0 - c_S - c_M + (\theta_M - k_M)e_M - w_R] + p_c(\theta_S - k_S)(e_{gS} - e_{S0})}{\eta_S - 2(\theta_S - k_S)(k_S + p_c)}$$

$$(7-18)$$

由式（7-18）可知，当 $\theta_M - k_M < 0$ 时，制造商单位产品的减排量 e_M 越大，供应商单位原材料减排量 e_S 越小。

将式（7-18）代入制造商利润函数式（7-2），得到：

$$\pi_M = -0.5\eta_M e_M^2 + (k_M e_M - p_c e_{M0} + p_c e_M + p_c e_{gM})$$

$$\times \frac{[D_0 - c_S - c_M + (\theta_M - k_M)e_M - w_R][\eta_S - (\theta_S - k_S)(k_S + p_c)] + F_4}{\eta_S - 2(\theta_S - k_S)(k_S + p_c)}$$

$$(7-19)$$

式（7-19）中，

$$F_4 = p_c(\theta_S - k_S)^2(e_{gS} - e_{S0})$$

式（7-19）关于 e_M 的二阶导数为：

$$H_M = \frac{2[\eta_S - (\theta_S - k_S)(k_S + p_c)](k_M + p_c)(\theta_M - k_M)}{\eta_S - 2(\theta_S - k_S)(k_S + p_c)} - \eta_M$$

显然，当

$$\frac{2(\theta_M - k_M)(k_M + p_c)[\eta_S - (\theta_S - k_S)(k_S + p_c)]}{\eta_S - 2(\theta_S - k_S)(k_S + p_c)} < \eta_M \qquad (7-20)$$

成立时，制造商的利润函数式（7-19）关于单位产品减排量 e_M 存在最大值。

根据式（7-19）关于 e_M 的一阶条件，可得到制造商对零售商产品批发成本基础上的加成价 w_R 的最优反应函数为：

$$e_M = \frac{(k_M + p_c)(D_0 - c_S - c_M - w_R)[\eta_S - (\theta_S - k_S)(k_S + p_c)] + F_5}{\eta_M[\eta_S - 2(\theta_S - k_S)(k_S + p_c)] - 2(\theta_M - k_M)}$$
$$\times (k_M + p_c)[\eta_S - (\theta_S - k_S)(k_S + p_c)]$$

$$(7-21)$$

在式（7-21）中：

$$F_5 = p_c(k_M + p_c)(\theta_S - k_S)^2(e_{gS} - e_{S0}) + p_c(e_{gM} - e_{M0})$$
$$\times (\theta_M - k_M)[\eta_S - (\theta_S - k_S)(k_S + p_c)]$$

根据式（7-20）可知式（7-21）的分母为正，所以考虑到式（7-17）有：当零售商产品批发成本基础上的加成价 w_R 的值增加时，e_M 的值会减少。

将式（7-18）、式（7-21）代入零售商利润函数式（7-3），可得到：

$$\pi_R = \frac{\eta_S - (\theta_S - k_S)(k_S + p_c)}{\eta_S - 2(\theta_S - k_S)(k_S + p_c)} w_R(D_0 - c_S - c_M - w_R)$$

$$\times \frac{\eta_M[\eta_S - 2(\theta_S - k_S)(k_S + p_c)] - (\theta_M - k_M)}{\eta_M[\eta_S - 2(\theta_S - k_S)(k_S + p_c)] - 2(\theta_M - k_M)} \frac{\times (k_M + p_c)[\eta_S - (\theta_S - k_S)(k_S + p_c)]}{\times (k_M + p_c)[\eta_S - (\theta_S - k_S)(k_S + p_c)]}$$

$$+ \frac{p_c(\theta_S - k_S)^2(e_{gS} - e_{S0})w_R}{\eta_S - 2(\theta_S - k_S)(k_S + p_c)} + \frac{\eta_S - (\theta_S - k_S)(k_S + p_c)}{\eta_S - 2(\theta_S - k_S)(k_S + p_c)}$$

$$\times \frac{(\theta_M - k_M)F_5 w_R}{\eta_M[\eta_S - 2(\theta_S - k_S)(k_S + p_c)] - 2(\theta_M - k_M)} \quad (7-22)$$
$$\times (k_M + p_c)[\eta_S - (\theta_S - k_S)(k_S + p_c)]$$

式（7-22）关于 w_R 的二阶导数为：

$$H_R = -2\frac{\eta_S - (\theta_S - k_S)(k_S + p_c)}{\eta_S - 2(\theta_S - k_S)(k_S + p_c)}$$

$$\times \frac{\eta_M[\eta_S - 2(\theta_S - k_S)(k_S + p_c)] - (\theta_M - k_M)}{\eta_M[\eta_S - 2(\theta_S - k_S)(k_S + p_c)] - 2(\theta_M - k_M)} \frac{\times (k_M + p_c)[\eta_S - (\theta_S - k_S)(k_S + p_c)]}{\times (k_M + p_c)[\eta_S - (\theta_S - k_S)(k_S + p_c)]}$$

当 $H_R < 0$ 时，零售商的利润函数式（7-22）存在最大值。当式（7-17）、式（7-20）成立时，$H_R < 0$ 就自然成立。

由式（7-22）对 w_R 的一阶导数等于 0 可得：

$$w_R^* = \frac{p_c(\theta_S - k_S)^2(e_{gS} - e_{S0})\{\eta_M[\eta_S - 2(\theta_S - k_S)(k_S + p_c)] - 2F_6\}}{2[\eta_S - (\theta_S - k_S)(k_S + p_c)]\{\eta_M[\eta_S - 2(\theta_S - k_S)(k_S + p_c)] - F_6\}}$$

$$+ \frac{(\theta_M - k_M)F_5}{2\eta_M[\eta_S - 2(\theta_S - k_S)(k_S + p_c)] - 2F_6} + \frac{D_0 - c_S - c_M}{2} \qquad (7-23)$$

式（7-23）中：

$$F_6 = (\theta_M - k_M)(k_M + p_c)[\eta_S - (\theta_S - k_S)(k_S + p_c)]$$

由式（7-23）可知，在碳限额与交易政策及零售商主导三级供应链的情形下，零售商产品批发成本基础上的最优加成价随着产品的初始市场需求 D_0 的增加而增加，随着供应商单位原材料生产成本 c_S、制造商单位产品生产成本 c_M 的增加而减少。

在式（7-23）的基础上，由式（7-21）、式（7-18）得：

$$e_M^* = \frac{0.5(D_0 - c_S - c_M)(k_M + p_c)[\eta_S - (\theta_S - k_S)(k_S + p_c)] + F_5}{\eta_M[\eta_S - 2(\theta_S - k_S)(k_S + p_c)] - 2F_6}$$

$$- \frac{p_c(k_M + p_c)(\theta_S - k_S)^2(e_{gS} - e_{S0})}{2\eta_M[\eta_S - 2(\theta_S - k_S)(k_S + p_c)] - 2F_6}$$

$$- \frac{F_5 F_6}{\{2\eta_M[\eta_S - 2(\theta_S - k_S)(k_S + p_c)] - 2F_6\} \times \{\eta_M[\eta_S - 2(\theta_S - k_S)(k_S + p_c)] - 2F_6\}} \qquad (7-24)$$

$$e_S^* = \frac{(k_S + p_c)[D_0 - c_S - c_M + (\theta_M - k_M)e_M^* - w_R^*] + p_c(\theta_S - k_S)(e_{gS} - e_{S0})}{\eta_S - 2(\theta_S - k_S)(k_S + p_c)}$$

$$(7-25)$$

式（7-25）中，e_M^*、w_R^* 分别由式（7-24）、式（7-23）决定。

在式（7-23）~式（7-25）的基础上，由式（7-1）~式（7-3）可得碳限额与交易政策下，供应商、制造商、零售商的最优利润分别为：

$$\pi_S^* = -\frac{\eta_S}{2}\left\{\frac{\begin{array}{c}(k_S + p_c)\left[D_0 - c_S - c_M + (\theta_M - k_M)e_M^* - w_R^*\right]\\ + p_c(\theta_S - k_S)(e_{gS} - e_{S0})\end{array}}{\eta_S - 2(\theta_S - k_S)(k_S + p_c)}\right\}^2$$

$$+ \frac{\begin{array}{c}\left[D_0 - c_S - c_M + (\theta_M - k_M)e_M^* - w_R^*\right]\\ \times\left[\eta_S - (\theta_S - k_S)(k_S + p_c)\right] + F_4\end{array}}{\eta_S - 2(\theta_S - k_S)(k_S + p_c)}$$

$$\times\left\{\frac{\begin{array}{c}(k_S + p_c)^2\left[D_0 - c_S - c_M + (\theta_M - k_M)e_M^* - w_R^*\right]\\ + p_c(k_S + p_c)(\theta_S - k_S)(e_{gS} - e_{S0})\end{array}}{\eta_S - 2(\theta_S - k_S)(k_S + p_c)} - p_c e_{S0} + p_c e_{gS}\right\}$$

$$(7-26)$$

$$\pi_M^* = -0.5\eta_M(e_M^*)^2 + (k_M e_M^* - p_c e_{M0} + p_c e_M^* + p_c e_{gM})$$

$$\times \frac{\begin{array}{c}\left[D_0 - c_S - c_M + (\theta_M - k_M)e_M^* - w_R^*\right]\\ \times\left[\eta_S - (\theta_S - k_S)(k_S + p_c)\right] + F_4\end{array}}{\eta_S - 2(\theta_S - k_S)(k_S + p_c)} \quad (7-27)$$

$$\pi_R^* = \frac{\begin{array}{c}\left[D_0 - c_S - c_M + (\theta_M - k_M)e_M^* - w_R^*\right]\left[\eta_S\right.\\ \left. - (\theta_S - k_S)(k_S + p_c)\right]w_R^* + F_4 w_R^*\end{array}}{\eta_S - 2(\theta_S - k_S)(k_S + p_c)} \quad (7-28)$$

在式（7-26）~式（7-28）的基础上，可得碳限额与交易政策下零售商主导三级供应链时供应链总利润为：

$$\pi_{SMR}^* = \pi_S^* + \pi_M^* + \pi_R^* \quad (7-29)$$

7.3 制造商主导三级供应链的博弈分析

在碳限额与交易政策下，当制造商主导三级供应链时，制造商作为三级供应链核心企业，在供应链中充当领导者角色，此时供应商与零售商作为跟随者，这样形成一个两阶段博弈。博弈参与人的决策顺序为：首先，制造商根据最大利润原则决定单位产品减排量 e_M（从而确定了产品批发价）；其次，供应商及零售商获知制造商的单位产品减排量 e_M 后，同时决定单位原材料减排量 e_S（从而确定了原材料批发价）及产品批发成本基础上的加成价 w_R（从而确定了产品零售价）。供应商、制造商、零售商的决策确定后，供应商生产原材料并按事先决定的批发价批发给制造商，制造商利用原材料生产出产品后批发给零售商销售。

根据逆向递推思想，上述博弈中应首先求解跟随者供应商及零售商的决策问题。供应商及零售商的利润函数为式（7-1）、式（7-3）。在参数满足式（7-17）约束下（供应商的利润函数关于变量 e_S 在最大值的充分条件），由式（7-1）对 e_S 的一阶条件，式（7-3）对 w_R 的一阶条件（零售商的利润函数关于变量 w_R 的二阶充分条件明显满足），然后联立两个一阶条件得到供应商、零售商对制造商的单位产品减排量 e_M 的最优反应函数为：

$$e_S = \frac{(k_S+p_c)\left[D_0-c_S-c_M+(\theta_M-k_M)e_M\right]+2p_c(\theta_S-k_S)(e_{gS}-e_{S0})}{2\eta_S-3(\theta_S-k_S)(k_S+p_c)}$$

$$(7-30)$$

$$w_R = \frac{\left[D_0-c_S-c_M+(\theta_M-k_M)e_M\right]\left[\eta_s-(\theta_S-k_S)(k_S+p_c)\right]+F_4}{2\eta_S-3(\theta_S-k_S)(k_S+p_c)}$$

$$(7-31)$$

最优反应式（7-30）、式（7-31）表明，在碳限额与交易政策及式（7-17）条件下，当 $\theta_M-k_M<0$ 时，随着制造商的单位产品减排量 e_M 的增加，供应商的单位原材料减排量 e_S 变少，零售商在单位产品批发成本基础上的加成价 w_R 也变少。

将式（7-30）、式（7-31）代入制造商的利润函数式（7-2），可得到：

$$\pi_M = \frac{\left[D_0 - c_S - c_M + (\theta_M - k_M)e_M\right]\left[\eta_S - (\theta_S - k_S)(k_S + p_c)\right] + F_4}{2\eta_S - 3(\theta_S - k_S)(k_S + p_c)}$$

$$\times (k_M e_M - p_c e_{M0} + p_c e_M + p_c e_{gM}) - 0.5\eta_M e_M^2 \qquad (7-32)$$

式（7-32）关于 e_M 的二阶导数为：

$$H_M = \frac{2(\theta_M - k_M)(k_M + p_c)\left[\eta_S - (\theta_S - k_S)(k_S + p_c)\right]}{2\eta_S - 3(\theta_S - k_S)(k_S + p_c)} - \eta_M$$

显然，当

$$\frac{2(\theta_M - k_M)(k_M + p_c)\left[\eta_S - (\theta_S - k_S)(k_S + p_c)\right]}{2\eta_S - 3(\theta_S - k_S)(k_S + p_c)} < \eta_M \qquad (7-33)$$

成立时，制造商的利润函数式（7-32）关于变量 e_M 存在最大值。

由式（7-32）对 e_M 的一阶导数等于 0 可得 e_M 的最优解：

$$e_M^* = \frac{(k_M + p_c)(D_0 - c_S - c_M)\left[\eta_S - (\theta_S - k_S)(k_S + p_c)\right] + F_5}{\eta_M\left[2\eta_S - 3(\theta_S - k_S)(k_S + p_c)\right] - 2F_6} \qquad (7-34)$$

在式（7-34）的基础上，由式（7-30）、式（7-31）可得：

$$e_S^* = \frac{(D_0 - c_S - c_M)\left\{\eta_M\left[2\eta_S - 3(\theta_S - k_S)(k_S + p_c)\right] - F_6\right\} + (\theta_M - k_M)F_5}{\eta_M\left[2\eta_S - 3(\theta_S - k_S)(k_S + p_c)\right] - 2F_6}$$

$$\times \frac{k_S + p_c}{2\eta_S - 3(\theta_S - k_S)(k_S + p_c)} + \frac{2p_c(\theta_S - k_S)(e_{gS} - e_{S0})}{2\eta_S - 3(\theta_S - k_S)(k_S + p_c)} \qquad (7-35)$$

$$w_R^* = \frac{(D_0 - c_S - c_M)\left\{\eta_M\left[2\eta_S - 3(\theta_S - k_S)(k_S + p_c)\right] - F_6\right\} + (\theta_M - k_M)F_5}{\eta_M\left[2\eta_S - 3(\theta_S - k_S)(k_S + p_c)\right] - 2F_6}$$

$$\times \frac{\eta_S - (\theta_S - k_S)(k_S + p_c)}{2\eta_S - 3(\theta_S - k_S)(k_S + p_c)} + \frac{p_c(\theta_S - k_S)^2(e_{gS} - e_{S0})}{2\eta_S - 3(\theta_S - k_S)(k_S + p_c)} \qquad (7-36)$$

由式（7-17）、式（7-33）~式（7-36）可知，制造商的最优单位产品减排量 e_M^*、供应商的最优单位原材料减排量 e_S^*、零售商单位产品最优加成价 w_R^*，随着产品的初始市场需求 D_0 的值增加而增加，随着供应商单位原材料生产成本 c_S、制造商单位产品生产成本

c_M、制造商减排成本系数 η_M 的值增加而减少。

在得到各决策变量最优值以后，由式（7-1）~式（7-3）可得：

$$\pi_S^* = \left\{ \frac{(D_0 - c_S - c_M)\{\eta_M[2\eta_S - 3(\theta_S - k_S)(k_S + p_c)] - F_6\} + (\theta_M - k_M)F_5}{\eta_M[2\eta_S - 3(\theta_S - k_S)(k_S + p_c)] - 2F_6} \right.$$

$$\left. \times \frac{\eta_S - (\theta_S - k_S)(k_S + p_c)}{2\eta_S - 3(\theta_S - k_S)(k_S + p_c)} + \frac{p_c(\theta_S - k_S)^2(e_{gS} - e_{S0})}{2\eta_S - 3(\theta_S - k_S)(k_S + p_c)} \right\}$$

$$\times (k_S e_S^* - p_c e_{S0} + p_c e_S^* + p_c e_{gS}) - 0.5\eta_S(e_S^*)^2 \qquad (7-37)$$

$$\pi_M^* = \left\{ \frac{(D_0 - c_S - c_M)\{\eta_M[2\eta_S - 3(\theta_S - k_S)(k_S + p_c)] - F_6\} + (\theta_M - k_M)F_5}{\eta_M[2\eta_S - 3(\theta_S - k_S)(k_S + p_c)] - 2F_6} \right.$$

$$\left. \times \frac{\eta_S - (\theta_S - k_S)(k_S + p_c)}{2\eta_S - 3(\theta_S - k_S)(k_S + p_c)} + \frac{p_c(\theta_S - k_S)^2(e_{gS} - e_{S0})}{2\eta_S - 3(\theta_S - k_S)(k_S + p_c)} \right\}$$

$$\times \left\{ \frac{(k_M + p_c)^2(D_0 - c_S - c_M)[\eta_S - (\theta_S - k_S)(k_S + p_c)] + F_5(k_M + p_c)}{\eta_M[2\eta_S - 3(\theta_S - k_S)(k_S + p_c)] - 2F_6} + p_c e_{gM} - p_c e_{M0} \right\}$$

$$- \frac{\eta_M}{2}\left\{ \frac{(k_M + p_c)(D_0 - c_S - c_M)[\eta_S - (\theta_S - k_S)(k_S + p_c)] + F_5}{\eta_M[2\eta_S - 3(\theta_S - k_S)(k_S + p_c)] - 2F_6} \right\}^2$$

$$(7-38)$$

$$\pi_R^* = \left\{ \frac{(D_0 - c_S - c_M)\{\eta_M[2\eta_S - 3(\theta_S - k_S)(k_S + p_c)] - F_6\} + (\theta_M - k_M)F_5}{\eta_M[2\eta_S - 3(\theta_S - k_S)(k_S + p_c)] - 2F_6} \right.$$

$$\left. \times \frac{\eta_S - (\theta_S - k_S)(k_S + p_c)}{2\eta_S - 3(\theta_S - k_S)(k_S + p_c)} + \frac{p_c(\theta_S - k_S)^2(e_{gS} - e_{S0})}{2\eta_S - 3(\theta_S - k_S)(k_S + p_c)} \right\}^2$$

$$(7-39)$$

式（7-37）中的 e_S^* 由式（7-35）决定。在式（7-37）~式（7-39）的基础上，可得碳限额与交易政策下制造商主导三级供应链时供应链总利润为：

$$\pi_{SMR}^* = \pi_S^* + \pi_M^* + \pi_R^* \qquad (7-40)$$

7.4 三级供应链集中决策

在碳限额与交易政策下，三级供应链集中决策意味着供应商、制造商、零售商三方以供应链系统总利润最大为原则，共同确定 e_S、e_M、w_R 的值。此时，供应链的总利润为：

$$\pi_{SMR}^{C} = (k_S e_S - p_c e_{S0} + p_c e_S + p_c e_{gS} + k_M e_M - p_c e_{M0} + p_c e_M + p_c e_{gM} + w_R)$$
$$\times [D_0 - c_S - c_M + (\theta_S - k_S) e_S + (\theta_M - k_M) e_M - w_R]$$
$$- 0.5 \eta_S e_S^2 - 0.5 \eta_M e_M^2 \qquad (7-41)$$

式（7-41）中，供应商的单位原材料减排量 e_S 及制造商的单位产品减排量 e_M 应满足非负约束，但零售商在产品批发成本基础上的加成价 w_R 可以不受符号约束（理由类似第 5 章、第 6 章的三级供应链集中决策情形）。

式（7-41）中，π_{SMR}^{C} 关于 w_R、e_S、e_M 的海塞（Hessian）矩阵为：

$$H_C = \begin{bmatrix} -2 & \theta_S - 2k_S - p_c & \theta_M - 2k_M - p_c \\ \theta_S - 2k_S - p_c & 2(k_S + p_c)(\theta_S - k_S) - \eta_S & F_7 \\ \theta_M - 2k_M - p_c & F_7 & 2(k_M + p_c)(\theta_M - k_M) - \eta_M \end{bmatrix}$$

$$(7-42)$$

式（7-42）中：

$$F_7 = (k_S + p_c)(\theta_M - k_M) + (k_M + p_c)(\theta_S - k_S)$$

由式（7-42）可知，当

$$-2[2(k_S + p_c)(\theta_S - k_S) - \eta_S] - (\theta_S - 2k_S - p_c)^2 > 0 \qquad (7-43)$$

$$-2[2(k_S + p_c)(\theta_S - k_S) - \eta_S][2(k_M + p_c)(\theta_M - k_M) - \eta_M]$$

$$+ 2(\theta_S - 2k_S - p_c)(\theta_M - 2k_M - p_c) F_7 - [2(k_S + p_c)(\theta_S - k_S) - \eta_S]$$

$$\times\left(\theta_M-2k_M-p_c\right)^2-\left(\theta_S-2k_S-p_c\right)^2\left[2\left(k_M+p_c\right)\right.$$

$$\left.\times\left(\theta_M-k_M\right)-\eta_M\right]+2F_7^2<0 \tag{7-44}$$

成立时，式（7-41）关于变量 w_R、e_S、e_M 存在最大值。

根据式（7-41）关于变量 w_R、e_S、e_M 的一阶条件可得：

$$D_0-c_S-c_M+p_c\left(e_{S0}-e_{gS}\right)+p_c\left(e_{M0}-e_{gM}\right)+\left(\theta_S-2k_S-p_c\right)e_S$$

$$+\left(\theta_M-2k_M-p_c\right)e_M-2w_R=0 \tag{7-45}$$

$$\left(\theta_S-k_S\right)\left(k_Se_S-p_ce_{S0}+p_ce_S+p_ce_{gS}+k_Me_M-p_ce_{M0}+p_ce_M+p_ce_{gM}+w_R\right)$$

$$+\left(k_S+p_c\right)\left[D_0-c_S-c_M+\left(\theta_S-k_S\right)e_S+\left(\theta_M-k_M\right)e_M-w_R\right]-\eta_Se_S=0$$

$$\tag{7-46}$$

$$\left(\theta_M-k_M\right)\left(k_Se_S-p_ce_{S0}+p_ce_S+p_ce_{gS}+k_Me_M-p_ce_{M0}+p_ce_M+p_ce_{gM}+w_R\right)$$

$$+\left(k_M+p_c\right)\left[D_0-c_S-c_M+\left(\theta_S-k_S\right)e_S+\left(\theta_M-k_M\right)e_M-w_R\right]-\eta_Me_M=0$$

$$\tag{7-47}$$

求解式（7-45）~式（7-47）可得决策变量的最优解：

$$w_R^*=\left[\eta_M\left(\theta_S+p_c\right)\left(\theta_S-2k_S-p_c\right)+\eta_S\left(\theta_M+p_c\right)\left(\theta_M-2k_M-p_c\right)\right]$$

$$\times\frac{D_0-c_S-c_M+p_c\left(e_{gS}+e_{gM}-e_{S0}-e_{M0}\right)}{4\eta_S\eta_M-2\eta_S\left(\theta_M+p_c\right)^2-2\eta_M\left(\theta_S+p_c\right)^2}$$

$$+\frac{D_0-c_S-c_M-p_c\left(e_{gS}+e_{gM}-e_{S0}-e_{M0}\right)}{2} \tag{7-48}$$

$$e_S^*=\frac{\eta_M\left(\theta_S+p_c\right)\left[D_0-c_S-c_M+p_c\left(e_{gS}+e_{gM}-e_{S0}-e_{M0}\right)\right]}{2\eta_S\eta_M-\eta_S\left(\theta_M+p_c\right)^2-\eta_M\left(\theta_S+p_c\right)^2} \tag{7-49}$$

$$e_M^*=\frac{\eta_S\left(\theta_M+p_c\right)\left[D_0-c_S-c_M+p_c\left(e_{gS}+e_{gM}-e_{S0}-e_{M0}\right)\right]}{2\eta_S\eta_M-\eta_S\left(\theta_M+p_c\right)^2-\eta_M\left(\theta_S+p_c\right)^2} \tag{7-50}$$

根据式（7-49）、式（7-50），有：

$$\frac{e_S^*}{e_M^*}=\frac{\eta_M\left(\theta_S+p_c\right)}{\eta_S\left(\theta_M+p_c\right)} \tag{7-51}$$

由式（7-51）可知，在碳限额与交易政策下，当单位原材料减排量对产品需求的影响系数 θ_S 相对于单位产品减排量对产品需求的影响系数 θ_M 越小时，供应商最优单位原材料减排量相对越小，制造商最优单位产品减排量相对越大；当供应商的减排成本系数 η_S 相对于制造商的减排成本系数 η_M 越小时，供应商最优单位原材料减排量相对越大，制造商最优单位产品减排量相对越小。

另外，由式（7-48）~式（7-50）可知，在碳限额与交易政策下，原材料单位减排量对原材料批发价的影响系数 k_S 及产品单位减排量对产品批发价的影响系数 k_M 会影响产品批发成本基础上的最优加成价，即会影响产品零售价，但供应商最优单位原材料减排量、制造商最优单位产品减排量不会受到参数 k_S、k_M 的影响。

在式（7-48）~式（7-50）的基础上，可得碳限额与交易政策下三级供应链的最优利润为：

$$\pi_{SMR}^{C*} = \frac{\eta_S \eta_M \left[D_0 - c_S - c_M + p_c (e_{gS} + e_{gM} - e_{S0} - e_{M0}) \right]^2}{4\eta_S \eta_M - 2\eta_S (\theta_M + p_c)^2 - 2\eta_M (\theta_S + p_c)^2} \tag{7-52}$$

三级供应链的最优利润非负要求分母大于0，即：

$$2\eta_S \eta_M - \eta_S (\theta_M + p_c)^2 - \eta_M (\theta_S + p_c)^2 > 0 \tag{7-53}$$

在此基础上，供应商、制造商减排量的非负性要求：

$$D_0 - c_S - c_M + p_c (e_{gS} + e_{gM} - e_{S0} - e_{M0}) > 0 \tag{7-54}$$

根据式（7-52）可知，在碳限额与交易政策下，三级供应链的最优利润不受参数 k_S、k_M 的影响；当供应商的减排成本系数 η_S、制造商的减排成本系数 η_M、供应商单位原材料生产成本 c_S、制造商单位产品生产成本 c_M、未减排时单位原材料初始碳排放量 e_{S0}、未减排时单位产品初始碳排放量 e_{M0} 变大时，供应链最优利润变小；当产品的初始市场需求 D_0、单位原材料减排量对产品需求的影响系数 θ_S、单位产品减排量对产品需求的影响系数 θ_M、供应商单位原材料的碳排放限额 e_{gS}、制造商单位产品的碳排放限额 e_{gM} 变大时，供应链最优利润变大。

在式（7-48）~式（7-50）的基础上，如果按式（7-1）~式（7-3）计算供应商、制造商、零售商利润（协调利润分配时的一种参照），可得：

$$\pi_S^{C*} = \frac{\eta_S\eta_M[D_0 - c_S - c_M + p_c(e_{gS} + e_{gM} - e_{S0} - e_{M0})]}{2\eta_S\eta_M - \eta_S(\theta_M + p_c)^2 - \eta_M(\theta_S + p_c)^2}$$
$$\times\left\{p_c(e_{gS} - e_{S0}) + \frac{\eta_M(\theta_S + p_c)(2k_S + p_c - \theta_S)[D_0 - c_S - c_M + p_c(e_{gS} + e_{gM} - e_{S0} - e_{M0})]}{4\eta_S\eta_M - 2\eta_S(\theta_M + p_c)^2 - 2\eta_M(\theta_S + p_c)^2}\right\}$$

$$(7-55)$$

$$\pi_M^{C*} = \frac{\eta_S\eta_M[D_0 - c_S - c_M + p_c(e_{gS} + e_{gM} - e_{S0} - e_{M0})]}{2\eta_S\eta_M - \eta_S(\theta_M + p_c)^2 - \eta_M(\theta_S + p_c)^2}$$
$$\times\left\{p_c(e_{gM} - e_{M0}) + \frac{\eta_S(\theta_M + p_c)(2k_M + p_c - \theta_M)[D_0 - c_S - c_M + p_c(e_{gS} + e_{gM} - e_{S0} - e_{M0})]}{4\eta_S\eta_M - 2\eta_S(\theta_M + p_c)^2 - 2\eta_M(\theta_S + p_c)^2}\right\}$$

$$(7-56)$$

$$\pi_R^{C*} = \left\{0.5[\eta_M(\theta_S + p_c)(\theta_S - 2k_S - p_c) + \eta_S(\theta_M + p_c)(\theta_M - 2k_M - p_c)]\right.$$
$$\times\frac{D_0 - c_S - c_M + p_c(e_{gS} + e_{gM} - e_{S0} - e_{M0})}{2\eta_S\eta_M - \eta_S(\theta_M + p_c)^2 - \eta_M(\theta_S + p_c)^2}$$
$$\left.+ \frac{D_0 - c_S - c_M + p_c(e_{gS} + e_{gM} - e_{S0} - e_{M0})}{2}\right\}$$
$$\times\frac{\eta_S\eta_M[D_0 - c_S - c_M + p_c(e_{gS} + e_{gM} - e_{S0} - e_{M0})]}{2\eta_S\eta_M - \eta_S(\theta_M + p_c)^2 - \eta_M(\theta_S + p_c)^2}$$

$$(7-57)$$

7.5 碳限额与交易政策下三级
供应链运营博弈数值算例

在碳限额与交易政策下，考虑到各种情形参数应满足的条件，设 $D_0 = 50$，$c_S = 1$，$c_M = 1$，$k_S = 3$，$k_M = 3$，$\eta_S = 15$，$\eta_M = 15$，$e_{gS} = 6$，$e_{gM} = 6$，$e_{S0} = 10$，$e_{M0} = 10$，$\theta_S = 1$，$\theta_M = 1$，$p_c = 1$。将这些参数值代入本章的碳限额与交易政策下供应商主导三级供应链、零售商主导三级供应链、制造商主导三级供应链、三级供应链集中决策各种情形的相关表达式中，可得到供应商、制造商、零售商的相关决策变量及各自目标函数等的数值结果。

7.5.1 供应商主导三级供应链情形的数值结果

碳限额与交易政策下，当供应商主导三级供应链进行三阶段博弈时，由 7.1 节的相关表达式可计算得到供应商单位原材料减排量 $e_S^* = 3.7907$，制造商单位产品减排量 $e_M^* = 3.6886$，零售商在产品批发成本基础上的加成价 $w_R^* = 16.5207$，供应商最优利润 $\pi_S^* = 76.6470$，制造商最优利润 $\pi_M^* = 75.6269$，零售商最优利润 $\pi_R^* = 272.9335$，三级供应链最优总利润 $\pi_{SMR}^* = 425.2074$。另外，产品的市场需求 $D^* = 16.5207$，供应商生产的原材料批发价 $w_S^* = 12.3721$，制造商生产的产品批发价 $w_M^* = 24.4379$，产品零售价 $p^* = 40.9586$。由此容易看出，零售商最优利润相对较高，原因是零售商既无碳减排成本，也不需要承担产品销售成本。另外，在供应商与制造商相关参数取值相同且面临相同的外部环境情况下，供应商最优碳减排量及利润值都更大，这显然是因为供应商是主导者所致。这也说明，博弈时博弈方所处的位置是影响博弈结果的重要因素。

7.5.2　零售商主导三级供应链情形的数值结果

碳限额与交易政策下，当零售商主导三级供应链时，由 7.2 节的相关表达式可计算得到供应商单位原材料减排量 $e_S^* = 2.6971$，制造商单位产品减排量 $e_M^* = 2.8644$，零售商在产品批发成本基础上的加成价 $w_R^* = 23.3687$，供应商最优利润 $\pi_S^* = 37.1420$，制造商最优利润 $\pi_M^* = 39.2036$，零售商最优利润 $\pi_R^* = 315.6716$，三级供应链最优总利润 $\pi_{SMR}^* = 392.0172$。另外，产品的市场需求 $D^* = 13.5083$，供应商生产的原材料批发价 $w_S^* = 9.0913$，制造商生产的产品批发价 $w_M^* = 18.6845$，产品零售价 $p^* = 42.0532$。显然，相较于供应商主导三级供应链，零售商主导三级供应链不利于供应商、制造商碳减排。由于零售商的核心地位加之前述的成本优势，零售商与制造商、供应商的利润差距进一步扩大。在供应商与制造商相关参数取值相同且面临相同的外部环境情况下，制造商最优碳减排量及利润值都更大，这显然是因为制造商更靠近主导者零售商所致。这也再次说明，博弈时博弈方所处的位置是影响博弈结果的重要因素。

7.5.3　制造商主导三级供应链情形的数值结果

在碳限额与交易政策下，当制造商主导三级供应链时，由 7.3 节的相关表达式可计算得到供应商单位原材料减排量 $e_S^* = 3.2814$，制造商单位产品减排量 $e_M^* = 3.8506$，零售商在产品批发成本基础上的加成价 $w_R^* = 16.8680$，供应商最优利润 $\pi_S^* = 73.1737$，制造商最优利润 $\pi_M^* = 81.1323$，零售商最优利润 $\pi_R^* = 284.5294$，三级供应链最优总利润 $\pi_{SMR}^* = 438.8354$。另外，产品的市场需求 $D^* = 16.8680$，供应商生产的原材料批发价 $w_S^* = 10.8442$，制造商生产的产品批发价 $w_M^* = 23.3960$，产品零售价 $p^* = 40.2640$。由供应链三种分散决策的数值结果可知，供应商、制造商、零售商都偏爱各自主导三级供应链，且越接近"核心"博弈位置，对局中人越有利；对整条供应链来说，制造商主导三级供应链时供应链利润最高，零售商主导三级供应链时供应链利润最低，这与碳税政策、碳补贴政策下的结果类似。

7.5.4 三级供应链集中决策情形的数值结果

在碳限额与交易政策下，当供应商、制造商、零售商集中决策时，由 7.4 节的相关表达式可计算得到供应商单位原材料减排量 $e_S^* = 3.6364$，制造商单位产品减排量 $e_M^* = 3.6364$，零售商在产品批发成本基础上的加成价 $w_R^* = 6.1818$，供应商最优利润 $\pi_S^{C*} = 188.4304$ ［如果按式（7-1）或式（7-55）计算］，制造商最优利润 $\pi_M^{C*} = 188.4304$ ［如果按式（7-2）或式（7-56）计算］，零售商最优利润 $\pi_R^{C*} = 168.5937$ ［如果按式（7-3）或式（7-57）计算］，三级供应链最优总利润 $\pi_{SMR}^{C*} = 545.4545$。另外，产品的市场需求 $D^{C*} = 27.2726$，供应商生产的原材料批发价 $w_S^{C*} = 11.9092$，制造商生产的产品批发价 $w_M^{C*} = 23.8184$，产品零售价 $p^{C*} = 30.0002$。

7.5.5　碳限额与交易政策下各种情形的比较分析

由本章碳限额与交易政策下各种情形的数值结果可知：

（1）当供应商主导三级供应链时，供应商、制造商总减排量最高；零售商主导三级供应链时，供应商、制造商总减排量最低。

（2）当供应商主导三级供应链时，供应商生产的原材料批发价、制造商生产的产品批发价最高；当零售商主导三级供应链时，供应商生产的原材料批发价、制造商生产的产品批发价最低。

（3）当零售商主导三级供应链时，零售商在产品批发成本基础上的加成价最高；供应链集中决策时，零售商在产品批发成本基础上的加成价最低。

（4）当零售商主导三级供应链时，供应链总利润最低；三级供应链集中决策时，供应链总利润最大，符合系统的一般原理。

（5）当零售商主导三级供应链时，产品的市场需求最低、产品零售价最高；而三级供应链集中决策时，产品市场需求最高、产品零售价最低。这意味着三级供应链集中决策对消费者有利，这与碳税政策、碳补贴政策下的数值结果类似。

（6）与碳补贴政策下的结果不同，碳限额与交易政策下，三级供应链按各自利润函数"分配"集中决策的总利润不可行，因零售商分到的利润明显小于各种分散决策下的利润。所以，要实现供应链系统集中决策，需采取别的利润分配方式。

7.5.6　灵敏度分析及管理启示

为了得到更多的管理启示，以本章前述数值算例中的参数取值为基准，下面对 e_{gS}、e_{gM}、k_S、k_M、θ_S、θ_M 及 p_c 在各种情形下进行灵敏度分析，结果如表 7 - 1 ～ 表 7 - 4 所示。

表 7 - 1　　　　　　　供应商主导三级供应链情形的灵敏度分析结果

基准	e_S^*	e_M^*	w_R^*	π_S^*	π_M^*	π_R^*
	3.7907	3.6886	16.5207	76.6470	75.6269	272.9335
$e_{gS} = 5.80$	3.7984	3.6872	16.5144	73.3435	75.5443	272.7245
$e_{gS} = 5.90$	3.7946	3.6879	16.5175	74.9951	75.5854	272.8288
$e_{gS} = 6.10$	3.7869	3.6892	16.5238	78.2992	75.6676	273.0375
$e_{gS} = 6.20$	3.7831	3.6899	16.5270	79.9518	75.7087	273.1419
$e_{gM} = 5.80$	3.7891	3.6975	16.5133	76.5500	72.3402	272.6899
$e_{gM} = 5.90$	3.7899	3.6931	16.5170	76.5985	73.9832	272.8115
$e_{gM} = 6.10$	3.7915	3.6841	16.5244	76.6956	77.2700	273.0549
$e_{gM} = 6.20$	3.7924	3.6796	16.5281	76.7441	78.9139	273.1766
$k_S = 2.90$	3.7774	3.7237	16.6878	72.0748	77.8158	278.4818
$k_S = 2.95$	3.7845	3.7061	16.6040	74.3752	76.7147	275.6933
$k_S = 3.05$	3.7961	3.6711	16.4378	78.8899	74.5513	270.2024
$k_S = 3.10$	3.8007	3.6538	16.3555	81.1035	73.4896	267.5016
$k_M = 2.90$	3.8207	3.6814	16.6820	78.7366	71.1375	278.2893
$k_M = 2.95$	3.8057	3.6854	16.6011	77.6851	73.3964	275.5951
$k_M = 3.05$	3.7759	3.6909	16.4409	75.6226	77.8273	270.3040
$k_M = 3.10$	3.7611	3.6925	16.3618	74.6122	79.9987	267.7082
$\theta_S = 0.90$	3.7412	3.6647	16.4071	74.9261	74.1544	269.1931
$\theta_S = 0.95$	3.7658	3.6765	16.4635	75.7799	74.8842	271.0483
$\theta_S = 1.05$	3.8161	3.7007	16.5786	77.5278	76.3815	274.8485
$\theta_S = 1.10$	3.8418	3.7131	16.6372	78.4226	77.1496	276.7951
$\theta_M = 0.90$	3.7700	3.6376	16.4105	75.2317	73.8962	269.3040
$\theta_M = 0.95$	3.7803	3.6629	16.4652	75.9333	74.7544	271.1036
$\theta_M = 1.05$	3.8013	3.7147	16.5769	77.3732	76.5127	274.7937

续表

基准	e_S^*	e_M^*	w_R^*	π_S^*	π_M^*	π_R^*
	3.7907	3.6886	16.5207	76.6470	75.6269	272.9335
$\theta_M = 1.10$	3.8119	3.7413	16.6339	78.1122	77.4134	276.6859
$p_c = 0.90$	3.7249	3.6260	16.6491	77.8649	76.8958	277.1924
$p_c = 0.95$	3.7580	3.6575	16.5845	77.2421	76.2475	275.0471
$p_c = 1.05$	3.8232	3.7193	16.4575	76.0792	75.0320	270.8500
$p_c = 1.10$	3.8553	3.7497	16.3950	75.5382	74.4636	268.7968

表7-2　　　零售商主导三级供应链情形的灵敏度分析结果

基准	e_S^*	e_M^*	w_R^*	π_S^*	π_M^*	π_R^*
	2.6971	2.8644	23.3687	37.1420	39.2036	315.6716
$e_{gS} = 5.80$	2.7127	2.8625	23.3513	34.5838	39.1077	315.2005
$e_{gS} = 5.90$	2.7049	2.8635	23.3600	35.8629	39.1558	315.4352
$e_{gS} = 6.10$	2.6893	2.8654	23.3774	38.4204	39.2520	315.9051
$e_{gS} = 6.20$	2.6814	2.8664	23.3861	39.6988	39.3001	316.1402
$e_{gM} = 5.80$	2.6957	2.8771	23.3545	37.0668	36.5807	315.2873
$e_{gM} = 5.90$	2.6964	2.8708	23.3616	37.1043	37.8923	315.4787
$e_{gM} = 6.10$	2.6978	2.8581	23.3757	37.1793	40.5155	315.8616
$e_{gM} = 6.20$	2.6985	2.8518	23.3828	37.2168	41.8271	316.0532
$k_S = 2.90$	2.7178	2.8881	23.3917	34.8044	40.6697	319.7236
$k_S = 2.95$	2.7077	2.8762	23.3802	35.9860	39.9273	317.6783
$k_S = 3.05$	2.6861	2.8529	23.3571	38.2721	38.4991	313.6989
$k_S = 3.10$	2.6748	2.8415	23.3454	39.3773	37.8126	311.7644
$k_M = 2.90$	2.7277	2.8787	23.3908	38.7662	36.7432	320.0854
$k_M = 2.95$	2.7123	2.8718	23.3798	37.9441	37.9868	317.8615
$k_M = 3.05$	2.6821	2.8565	23.3575	36.3589	40.3948	313.5115
$k_M = 3.10$	2.6674	2.8482	23.3462	35.5952	41.5600	311.3858

基准	e_S^*	e_M^*	w_R^*	π_S^*	π_M^*	π_R^*
	2.6971	2.8644	23.3687	37.1420	39.2036	315.6716
$\theta_S = 0.90$	2.6494	2.8479	23.3412	35.7579	38.2122	312.7531
$\theta_S = 0.95$	2.6730	2.8561	23.3550	36.4411	38.7020	314.1995
$\theta_S = 1.05$	2.7218	2.8729	23.3821	37.8605	39.7184	317.1659
$\theta_S = 1.10$	2.7472	2.8815	23.3953	38.5978	40.2460	318.6877
$\theta_M = 0.90$	2.6764	2.8160	23.3440	36.0619	37.7877	312.5646
$\theta_M = 0.95$	2.6867	2.8400	23.3564	36.5952	38.4873	314.1050
$\theta_M = 1.05$	2.7077	2.8895	23.3807	37.7021	39.9379	317.2607
$\theta_M = 1.10$	2.7185	2.9151	23.3926	38.2768	40.6900	318.8775
$p_c = 0.90$	2.6497	2.8147	23.4264	39.2247	41.2422	319.6460
$p_c = 0.95$	2.6736	2.8397	23.3974	38.1720	40.2115	317.6423
$p_c = 1.05$	2.7203	2.8889	23.3402	36.1335	38.2188	313.7286
$p_c = 1.10$	2.7431	2.9130	23.3119	35.1467	37.2558	311.8169

表7-3　　制造商主导三级供应链情形的灵敏度分析结果

基准	e_S^*	e_M^*	w_R^*	π_S^*	π_M^*	π_R^*
	3.2814	3.8506	16.8680	73.1737	81.1323	284.5294
$e_{gS} = 5.80$	3.2966	3.8479	16.8555	69.9638	80.9635	284.1083
$e_{gS} = 5.90$	3.2890	3.8492	16.8618	71.5687	81.0479	284.3190
$e_{gS} = 6.10$	3.2738	3.8520	16.8743	74.7787	81.2168	284.7407
$e_{gS} = 6.20$	3.2662	3.8533	16.8805	76.3837	81.3014	284.9517
$e_{gM} = 5.80$	3.2802	3.8584	16.8614	73.0919	77.7594	284.3054
$e_{gM} = 5.90$	3.2808	3.8545	16.8647	73.1328	79.4457	284.4176
$e_{gM} = 6.10$	3.2820	3.8467	16.8713	73.2146	82.8193	284.6421
$e_{gM} = 6.20$	3.2826	3.8428	16.8747	73.2556	84.5066	284.7543
$k_S = 2.90$	3.2966	3.8741	16.9941	69.0061	82.8063	288.8006

基准	e_S^*	e_M^*	w_R^*	π_S^*	π_M^*	π_R^*
	3.2814	3.8506	16.8680	73.1737	81.1323	284.5294
$k_S = 2.95$	3.2893	3.8623	16.9306	71.1070	81.9617	286.6464
$k_S = 3.05$	3.2728	3.8391	16.8063	75.2060	80.3182	282.4508
$k_S = 3.10$	3.2637	3.8277	16.7454	77.2038	79.5193	280.4091
$k_M = 2.90$	3.3116	3.8389	17.0415	75.3218	76.4456	290.4130
$k_M = 2.95$	3.2964	3.8452	16.9545	74.2412	78.8043	287.4555
$k_M = 3.05$	3.2664	3.8551	16.7820	72.1197	83.4294	281.6368
$k_M = 3.10$	3.2516	3.8588	16.6966	71.0795	85.6951	278.7773
$\theta_S = 0.90$	3.2270	3.8335	16.7781	71.3582	79.9453	281.5044
$\theta_S = 0.95$	3.2539	3.8420	16.8227	72.2583	80.5336	283.0041
$\theta_S = 1.05$	3.3095	3.8593	16.9140	74.1048	81.7420	286.0826
$\theta_S = 1.10$	3.3382	3.8681	16.9606	75.0521	82.3628	287.6634
$\theta_M = 0.90$	3.2609	3.7991	16.7501	71.7299	79.2917	280.5657
$\theta_M = 0.95$	3.2711	3.8246	16.8087	72.4456	80.2047	282.5317
$\theta_M = 1.05$	3.2918	3.8770	16.9281	73.9146	82.0749	286.5609
$\theta_M = 1.10$	3.3024	3.9038	16.9890	74.6686	83.0328	288.6259
$p_c = 0.90$	3.2227	3.7834	16.9940	74.5166	82.2161	288.7949
$p_c = 0.95$	3.2522	3.8172	16.9306	73.8320	81.6595	286.6459
$p_c = 1.05$	3.3102	3.8837	16.8061	72.5411	80.6342	282.4459
$p_c = 1.10$	3.3385	3.9165	16.7450	71.9337	80.1645	280.3935

表 7 - 4　　　　　　供应链集中决策情形的灵敏度分析结果

基准	e_S^*	e_M^*	w_R^*	π_{SMR}^{C*}
	3.6364	3.6364	6.1818	545.4545
$e_{gS} = 5.80$	3.6182	3.6182	6.3909	540.0136
$e_{gS} = 5.90$	3.6273	3.6273	6.2864	542.7307
$e_{gS} = 6.10$	3.6455	3.6455	6.0773	548.1852

基准	e_S^*	e_M^*	w_R^*	π_{SMR}^{C*}
	3.6364	3.6364	6.1818	545.4545
$e_{gS} = 6.20$	3.6545	3.6545	5.9727	550.9227
$e_{gM} = 5.80$	3.6182	3.6182	6.3909	540.0136
$e_{gM} = 5.90$	3.6273	3.6273	6.2864	542.7307
$e_{gM} = 6.10$	3.6455	3.6455	6.0773	548.1852
$e_{gM} = 6.20$	3.6545	3.6545	5.9727	550.9227
$k_S = 2.90$	3.6364	3.6364	6.5455	545.4545
$k_S = 2.95$	3.6364	3.6364	6.3636	545.4545
$k_S = 3.05$	3.6364	3.6364	6.0000	545.4545
$k_S = 3.10$	3.6364	3.6364	5.8182	545.4545
$k_M = 2.90$	3.6364	3.6364	6.5455	545.4545
$k_M = 2.95$	3.6364	3.6364	6.3636	545.4545
$k_M = 3.05$	3.6364	3.6364	6.0000	545.4545
$k_M = 3.10$	3.6364	3.6364	5.8182	545.4545
$\theta_S = 0.90$	3.3944	3.5730	6.9281	535.9536
$\theta_S = 0.95$	3.5139	3.6040	6.5584	540.6014
$\theta_S = 1.05$	3.7619	3.6701	5.7979	550.5218
$\theta_S = 1.10$	3.8907	3.7054	5.4062	555.8129
$\theta_M = 0.90$	3.5730	3.3944	6.9281	535.9536
$\theta_M = 0.95$	3.6040	3.5139	6.5584	540.6014
$\theta_M = 1.05$	3.6701	3.7619	5.7979	550.5218
$\theta_M = 1.10$	3.7054	3.8907	5.4062	555.8129
$p_c = 0.90$	3.4030	3.4030	7.5224	548.0597
$p_c = 0.95$	3.5177	3.5177	6.8694	546.6042
$p_c = 1.05$	3.7592	3.7592	5.4568	544.6261
$p_c = 1.10$	3.8867	3.8867	4.6912	544.1360

7.5.6.1　根据表 7 - 1 ~ 表 7 - 4 可得到的结论

（1）在供应商主导三级供应链情形下，随着政府给予供应商的单位原材料碳排放限额 e_{gS} 值增加，供应商单位原材料减排量 e_S^* 值减少，而制造商单位产品减排量 e_M^*、零售商在产品批发成本基础上的加成价 w_R^*、供应商最优利润 π_S^* 都增加，制造商最优利润 π_M^*、零售商最优利润 π_R^* 都增大；随着政府给予制造商的单位产品的碳排放限额 e_{gM} 值增加，e_S^*、w_R^*、π_S^*、π_M^*、π_R^* 值都变大，而 e_M^* 值变小；随着原材料单位减排量对原材料批发价的影响系数 k_S 值增加，e_S^*、π_S^* 值都增加，但 e_M^*、w_R^*、π_M^*、π_R^* 值都减少；随着产品单位减排量对产品批发价的影响系数 k_M 值增加，e_M^*、π_M^* 值变大，而 e_S^*、w_R^*、π_S^*、π_R^* 值变小；随着单位原材料减排量对产品需求的影响系数 θ_S、单位产品减排量对产品需求的影响系数 θ_M 值增加，e_S^*、e_M^*、w_R^*、π_S^*、π_M^*、π_R^* 值都变大；随着碳排放权单价 p_c 值增加，e_S^*、e_M^* 值增加，而 w_R^*、π_S^*、π_M^*、π_R^* 值都变小。

（2）在零售商主导三级供应链情形下，随着 e_{gS} 值增加，e_S^* 值减少，而 e_M^*、w_R^*、π_S^*、π_M^*、π_R^* 值都增大；随着 e_{gM} 值增大，e_M^* 值变小，而 e_S^*、w_R^*、π_S^*、π_M^*、π_R^* 值都变大；随着 k_S 值增加，π_S^* 值增加，但 e_S^*、e_M^*、w_R^*、π_M^*、π_R^* 值都减少；随着 k_M 值增加，π_M^* 值变大，而 e_S^*、e_M^*、w_R^*、π_S^*、π_R^* 值都变小；随着 θ_S、θ_M 值减少，e_S^*、e_M^*、w_R^*、π_S^*、π_M^*、π_R^* 值都变小；随着 p_c 值变小，e_S^*、e_M^* 值也变小，而 w_R^*、π_S^*、π_M^*、π_R^* 值都变大。

（3）在制造商主导三级供应链情形下，随着 e_{gS} 值变小，e_S^* 值增加，而 e_M^*、w_R^*、π_S^*、π_M^*、π_R^* 值都减少；随着 e_{gM} 值增加，e_M^* 值变

小，而 e_S^*、w_R^*、π_S^*、π_M^*、π_R^* 值都变大；随着 k_S 值增加，π_S^* 值增加，但 e_S^*、e_M^*、w_R^*、π_M^*、π_R^* 值都减少；随着 k_M 值增加，e_M^*、π_M^* 值变大，而 e_S^*、w_R^*、π_S^*、π_R^* 值都变小；随着 θ_S、θ_M 值增加，e_S^*、e_M^*、w_R^*、π_S^*、π_M^*、π_R^* 值都增加；随着 p_c 值增加，e_S^*、e_M^* 值增加，而 w_R^*、π_S^*、π_M^*、π_R^* 值都减少。

（4）在三级供应链集中决策情形下，随着 e_{gS}、e_{gM}、θ_S、θ_M 值增加，e_S^*、e_M^* 及供应链总利润 π_{SMR}^{C*} 值增加，而 w_R^* 值减少；随着 k_S、k_M 值增加，w_R^* 值减少，而 e_S^*、e_M^*、π_{SMR}^{C*} 值不变；随着 p_c 值增加，e_S^*、e_M^* 值增加，而 w_R^*、π_{SMR}^{C*} 值减少。

7.5.6.2 根据碳限额与交易政策下灵敏度分析的结论，可得到的管理启示

根据碳限额与交易政策下灵敏度分析的结论，可得到的管理启示有以下三点：

（1）在对应参数取值相同的情况下，碳限额与交易政策下三级供应链集中决策时，总利润大于分散决策时供应链总利润，这符合系统的一般原理。但要实现三级供应链集中决策的总利润，即实现系统协调，可以考虑7.6节中的供应商、制造商、零售商相互威慑讨价还价利润分配方式（一定条件下可实现供应链的协调）。

（2）在三级供应链集中决策时，政府可提高给予供应商的单位原材料碳排放限额及给予制造商的单位产品的碳排放限额，这样可以增加供应商、制造商碳减排量，带来社会效益。同时，三级供应链总利润也会增加，带来经济效益。

（3）碳限额与交易政策下，无论哪一种情形，供应商、制造商、零售商都应积极采取措施提升 θ_S、θ_M 值，具体措施类似于第6章的碳

补贴政策下的措施。

7.6　碳限额与交易政策下三级供应链的协调研究

在碳限额与交易政策下，三种分散决策中，制造商主导三级供应链时的供应链总利润最大。所以，此处以制造商主导三级供应链为基础，研究三级供应链的协调问题。由碳限额与交易政策下的数值算例可知，两部收费协调契约思想不能协调制造商主导的三级供应链（实际上也不能协调本章的供应商主导、零售商主导的三级供应链）。原因是按前文两部收费协调契约思想，供应商、制造商需向零售商收取非负的固定费用 I_S、I_M，当协调实现时（决策变量按集中决策方式取值），要求零售商支出固定费用 I_S、I_M 后的利润不低于制造商主导的三级供应链分散决策时零售商对应的利润，而在前文的参数条件下，由数值算例结果可知，这一要求不能得到满足。

对于碳限额与交易政策下制造商主导的三级供应链，要实现供应链系统集中决策的结果，即实现系统协调，考虑供应商、制造商、零售商相互威慑讨价还价（龚智强等，2015）利润分配方式。三级供应链集中决策（即合作）剩余利润为：

$$\Delta\pi = \pi_{SMR}^{C*} - \pi_{SMR}^{*} \tag{7-58}$$

因制造商主导三级供应链，因此假设三方讨价还价分配剩余利润时出价顺序依次为制造商、供应商、零售商，且制造商、供应商、零售商的编号分别为 1、2、3。据龚智强等（2015）的思想，如果博弈方 2、博弈方 3 暂时"结盟"，则产生分配：

$$v_{11}^* = \frac{1 - \delta_{1,23}}{1 - \delta_{1,23}\delta_{23,1}}\Delta\pi \tag{7-59}$$

$$v_{12}^* = \frac{(1 - \delta_{23})(\delta_{1,23} - \delta_{1,23}\delta_{23,1})}{(1 - \delta_{23}\delta_{32})(1 - \delta_{1,23}\delta_{23,1})}\Delta\pi \tag{7-60}$$

$$v_{13}^* = \frac{(\delta_{23} - \delta_{23}\delta_{32})(\delta_{1,23} - \delta_{1,23}\delta_{23,1})}{(1 - \delta_{23}\delta_{32})(1 - \delta_{1,23}\delta_{23,1})}\Delta\pi \tag{7-61}$$

如果博弈方 1、博弈方 3 暂时"结盟",则产生分配:

$$v_{21}^* = \frac{(1 - \delta_{13,2})(1 - \delta_{13})}{(1 - \delta_{2,13}\delta_{13,2})(1 - \delta_{13}\delta_{31})}\Delta\pi \tag{7-62}$$

$$v_{22}^* = \frac{\delta_{13,2} - \delta_{13,2}\delta_{2,13}}{1 - \delta_{2,13}\delta_{13,2}}\Delta\pi \tag{7-63}$$

$$v_{23}^* = \frac{(1 - \delta_{13,2})(\delta_{13} - \delta_{13}\delta_{31})}{(1 - \delta_{2,13}\delta_{13,2})(1 - \delta_{13}\delta_{31})}\Delta\pi \tag{7-64}$$

如果博弈方 1、博弈方 2 暂时"结盟",则产生分配:

$$v_{31}^* = \frac{(1 - \delta_{12,3})(1 - \delta_{12})}{(1 - \delta_{12,3}\delta_{3,12})(1 - \delta_{12}\delta_{21})}\Delta\pi \tag{7-65}$$

$$v_{32}^* = \frac{(\delta_{12} - \delta_{12}\delta_{21})(1 - \delta_{12,3})}{(1 - \delta_{12,3}\delta_{3,12})(1 - \delta_{12}\delta_{21})}\Delta\pi \tag{7-66}$$

$$v_{33}^* = \frac{\delta_{12,3} - \delta_{12,3}\delta_{3,12}}{1 - \delta_{12,3}\delta_{3,12}}\Delta\pi \tag{7-67}$$

其中,

$$\delta_{23,1} = \frac{\delta_{21}\delta_{31}}{\delta_{21} + \delta_{31} - \delta_{21}\delta_{31}}$$

$$\delta_{1,23} = \frac{\delta_{12} + \delta_{13} - 2\delta_{12}\delta_{13}}{1 - \delta_{12}\delta_{13}}$$

$$\delta_{13,2} = \frac{\delta_{12}\delta_{32}}{\delta_{12} + \delta_{32} - \delta_{12}\delta_{32}}$$

$$\delta_{2,13} = \frac{\delta_{21} + \delta_{23} - 2\delta_{21}\delta_{23}}{1 - \delta_{21}\delta_{23}}$$

$$\delta_{12,3} = \frac{\delta_{13}\delta_{23}}{\delta_{13} + \delta_{23} - \delta_{13}\delta_{23}}$$

$$\delta_{3,12} = \frac{\delta_{31} + \delta_{32} - 2\delta_{31}\delta_{32}}{1 - \delta_{31}\delta_{32}}$$

式（7-59）~式（7-67）中，δ_{ij}（$i = 1, 2, 3$；$j = 1, 2, 3$）为折损因子，其表达式为：

$$\delta_{ij} = \frac{第\,j\,方的受慑能力}{第\,j\,方的受慑能力 + 第\,i\,方的威慑能力}$$

因为，威慑能力是对其他局中人造成伤害的能力，而受慑能力是抵抗其他局中人威慑的能力。无论威慑能力还是受慑能力，都与自身的"实力"有关。在本节中，各博弈方的受慑能力及威慑能力都用各博弈方在制造商主导三级供应链时的利润表示，所以有：

$$\delta_{ij} = \frac{第\,j\,方的利润}{第\,j\,方的利润 + 第\,i\,方的利润}$$

据此可得到：

$$\delta_{12} = \frac{\pi_S^*}{\pi_S^* + \pi_M^*}$$

$$\delta_{21} = \frac{\pi_M^*}{\pi_S^* + \pi_M^*}$$

$$\delta_{13} = \frac{\pi_R^*}{\pi_R^* + \pi_M^*}$$

$$\delta_{31} = \frac{\pi_M^*}{\pi_R^* + \pi_M^*}$$

$$\delta_{23} = \frac{\pi_R^*}{\pi_R^* + \pi_S^*}$$

$$\delta_{32} = \frac{\pi_S^*}{\pi_R^* + \pi_S^*} \tag{7-68}$$

上述三种合作剩余利润分配结果中，各博弈方都会选择自身利益最大（或分配份额更多）的暂时"结盟"方式，具体选择原则为：

（1）当 $v_{12}^* > v_{32}^*$、$v_{13}^* > v_{23}^*$ 时，博弈方 2、博弈方 3 暂时"结盟"，则按式（7 – 59）~ 式（7 – 61）的结果分配合作剩余。然后，加上制造商主导三级供应链时各博弈方的利润，最终结果为：

$$\pi_M^{C*} = \pi_M^* + v_{11}^*$$
$$\pi_S^{C*} = \pi_S^* + v_{12}^*$$
$$\pi_R^{C*} = \pi_R^* + v_{13}^* \tag{7-69}$$

（2）当 $v_{21}^* > v_{31}^*$、$v_{23}^* > v_{13}^*$ 时，博弈方 1、博弈方 3 暂时"结盟"，则按式（7 – 62）~ 式（7 – 64）的结果分配合作剩余。然后，加上制造商主导三级供应链时各博弈方的利润，最终结果为：

$$\pi_M^{C*} = \pi_M^* + v_{21}^*$$
$$\pi_S^{C*} = \pi_S^* + v_{22}^*$$
$$\pi_R^{C*} = \pi_R^* + v_{23}^* \tag{7-70}$$

（3）当 $v_{31}^* > v_{21}^*$、$v_{32}^* > v_{12}^*$ 时，博弈方 1、博弈方 2 暂时"结盟"，则按式（7 – 65）~ 式（7 – 67）的结果分配合作剩余。然后，加上制造商主导三级供应链时各博弈方的利润，最终结果为：

$$\pi_M^{C*} = \pi_M^* + v_{31}^*$$
$$\pi_S^{C*} = \pi_S^* + v_{32}^*$$
$$\pi_R^{C*} = \pi_R^* + v_{33}^* \tag{7-71}$$

如果未出现上述三种情况，说明各个博弈方之间无法提出让每个局中人都能接受的方案，此时会发生冲突（龚智强等，2015）。

根据 7.5 节对相关参数的假设，说明集中决策剩余利润如何分配的问题，也即三级供应链系统的利润协调问题。将本章的基准参数值代入 7.6 节相应模型可得：

$\Delta\pi = 106.6191$，$\delta_{12} = 0.4742$，$\delta_{21} = 0.5258$，$\delta_{13} = 0.7781$，$\delta_{31} = 0.2219$，$\delta_{23} = 0.7954$，$\delta_{32} = 0.2046$，$\delta_{23,1} = 0.1849$，$\delta_{1,23} = 0.8151$，$\delta_{13,2} = 0.1668$，$\delta_{2,13} = 0.8332$，$\delta_{12,3} = 0.6483$，$\delta_{3,12} = 0.3517$，$v_{11}^* = 23.2122$，$v_{12}^* = 20.3820$，$v_{13}^* = 63.0249$，$v_{21}^* = 27.6722$，$v_{22}^* = 3.4452$，$v_{23}^* = 75.5017$，$v_{31}^* = 34.0226$，$v_{32}^* = 14.5503$，$v_{33}^* = 58.0462$。

由计算结果可知，未出现上述三种情况，说明在给定的基准参数情况下，三方相互威慑讨价还价不能协调制造商主导的三级供应链。

但是，当制造商主导三级供应链时，如果参数取值为 $D_0 = 50$，$c_s = 1$，$c_M = 1$，$k_S = 3$，$k_M = 2.8$，$\eta_S = 15$，$\eta_M = 16$，$e_{gS} = 7$，$e_{gM} = 3$，$e_{S0} = 10$，$e_{M0} = 10$，$\theta_S = 1$，$\theta_M = 0.8$，$p_c = 1$，在分散决策时，$e_S^* = 3.2319$，$e_M^* = 3.6846$，$w_R^* = 17.0835$，$\pi_S^* = 91.2597$，$\pi_M^* = 10.9995$，$\pi_R^* = 291.8463$；在集中决策时，$e_S^* = 3.3097$，$e_M^* = 2.7926$，$w_R^* = 10.9722$，$\pi_{SMR}^{C*} = 471.6385$。因此，$\Delta\pi = 77.5330$，$\delta_{12} = 0.8924$，$\delta_{21} = 0.1076$，$\delta_{13} = 0.9637$，$\delta_{31} = 0.0363$，$\delta_{23} = 0.7618$，$\delta_{32} = 0.2382$，$\delta_{23,1} = 0.0279$，$\delta_{1,23} = 0.9721$，$\delta_{13,2} = 0.2316$，$\delta_{2,13} = 0.7684$，$\delta_{12,3} = 0.7405$，$\delta_{3,12} = 0.2595$，$v_{11}^* = 2.2243$，$v_{12}^* = 21.9164$，$v_{13}^* = 53.3923$，$v_{21}^* = 2.7278$，$v_{22}^* = 5.0573$，$v_{23}^* = 69.7479$，$v_{31}^* = 2.9631$，$v_{32}^* = 21.9395$，$v_{33}^* = 52.6305$。

显然有，$v_{31}^* > v_{21}^*$、$v_{32}^* > v_{12}^*$，所以博弈方 1、博弈方 2（即制造商、供应商）暂时"结盟"，应按式（7-65）~式（7-67）的结果分配合作剩余。根据式（7-71）可得：

$$\pi_M^{C*} = \pi_M^* + v_{31}^* = 10.9995 + 2.9631 = 13.9626$$

$$\pi_S^{C*} = \pi_S^* + v_{32}^* = 91.2597 + 21.9395 = 113.1992$$

$$\pi_R^{C*} = \pi_R^* + v_{33}^* = 291.8463 + 52.6305 = 344.4768$$

即在上述参数取值情况下，供应商、制造商、零售商分别得到利润 113.1992、13.9626、344.4768，此利润均大于分散决策情形下各自的利润，因而在碳限额与交易政策及制造商主导三级供应链情形下，实现了三级供应链系统的 Pareto 改善及利润协调。这也说明，在一定条件下，三方相互威慑讨价还价可以协调制造商主导的三级供应链。

第 8 章

碳限额与交易政策下三级供应链运营微分博弈及协调研究

8.1　符号说明与模型假设

8.1.1　符号说明

$z_S(t)$ 表示 t 时刻供应商 S 的减排努力水平，是供应商 S 的决策变量。

$z_M(t)$ 表示 t 时刻制造商 M 的减排努力水平，是制造商 M 的决策变量。

$z_R(t)$ 表示 t 时刻零售商 R 的低碳宣传促销努力水平，是零售商 R 的决策变量。

$w(t)$ 表示 t 时刻低碳产品批发成本基础上的加成价，是零售商 R

的决策变量。

$x_S(t)$ 表示 t 时刻单位原材料的减排量，是状态变量。

$x_M(t)$ 表示 t 时刻单位（最终）产品的减排量，是状态变量。

$z_S^*(t)$、$z_M^*(t)$、$z_R^*(t)$、$w^*(t)$、$x_S^*(t)$、$x_M^*(t)$ 分别表示相应变量的最优值。

p_c 表示由碳市场或政府相关部门决定的碳交易价格，是外生变量。

e_{S0} 表示未减排时单位原材料的初始碳排放量。

e_{M0} 表示未减排时单位（最终）产品的初始碳排放量。

e_{gS} 表示政府确定的供应商的碳配额总量。

e_{gM} 表示政府确定的制造商的碳配额总量。

J_S、J_M、J_R、J 分别表示微分博弈（即分散决策）时供应商、制造商、零售商长期（无限时区内）的总利润及供应链系统长期（无限时区内）的总利润，J_S^*、J_M^*、J_R^*、J^* 表示相应符号最优值。

J_S^C、J_M^C、J_R^C、J^C 分别表示合作（即集中决策）时供应商、制造商、零售商长期（无限时区内）的总利润及供应链系统长期（无限时区内）的总利润，J_S^{C*}、J_M^{C*}、J_R^{C*}、J^{C*} 表示相应符号最优值。

8.1.2 模型假设

（1）供应商单位原材料减排量及制造商单位产品的减排量是一个动态变化的过程，单位原材料、单位产品减排量的变化受当期供应商、制造商的减排努力水平及当期单位原材料、单位产品的减排量影响，可用式（8-1）所示的状态方程（微分方程）表示单位原材料、单位产品减排量的变化过程，即：

$$dx_S(t)/dt = \alpha_S z_S(t) - \beta_S x_S(t)$$

$$dx_M(t)/dt = \alpha_M z_M(t) - \beta_M x_M(t) \tag{8-1}$$

其中，$x_S(t)$、$x_M(t)$ 分别表示 t 时刻单位原材料的减排量、单位产品的减排量，且 $x_S(0) = x_{S0} \geq 0$，$x_M(0) = x_{M0} \geq 0$。$\alpha_S > 0$、$\alpha_M > 0$ 分别表示供应商、制造商各自的减排努力对单位原材料、单位产品减排率的影响系数，$\beta_S > 0$、$\beta_M > 0$ 是单位原材料、单位产品减排率函数的衰减率。这里假定随着时间的推移，已投资的减排设备会老化，减排率存在一个衰减率。该假设借鉴了已有文献（Steffen Jørgensen et al.，2010；赵道致等，2016；游达明和朱桂菊，2016）的做法。

（2）制造商、零售商都具有低碳偏好，"产品"的低碳度越高，他们愿意支付的价格越高。设原材料批发价 $w_S = w_0 + k_S x_S$，产品批发价 $w_M = w_S + w_1 + k_M x_M$，产品零售价 $p = w_M + w$，其中，$w_0 > 0$ 为供应商提供的未减排的原材料的价值，$w_1 > 0$ 为对原材料"加工、制造"带来的价值，$k_S > 0$ 与 $k_M > 0$ 为原材料与最终产品单位减排量对各自批发价的影响系数。

（3）消费者倾向于购买低碳度高与价格低廉的产品。参考相关文献（Fouad El Ouardighi & Konstantin Kogan，2013）将市场需求影响因素分为价格因素和非价格因素，此处假设：

$$D(t) = D_0 + \theta_S x_S(t) + \theta_M x_M(t) + \theta_R z_R(t) - \theta p$$

其中，$D(t)$ 为 t 时刻低碳产品的市场需求；$D_0 \geq 0$ 为常数，表示产品的初始市场需求；$\theta_S > 0$、$\theta_M > 0$、$\theta_R > 0$、$\theta > 0$ 分别表示单位原材料、单位产品减排量对产品需求的影响系数，零售商 R 的低碳宣传促销努力程度对产品需求的影响系数，消费者价格敏感系数。将假设（2）的相关表达式代入需求函数可得：

$$D(t) = D_0 - \theta w_0 - \theta w_1 + (\theta_S - \theta k_S) x_S + (\theta_M - \theta k_M) x_M + \theta_R z_R - \theta w$$

$$\tag{8-2}$$

（4）供应商、制造商的减排成本是其减排努力程度的凸函数，零售商低碳宣传促销成本是其努力程度的凸函数（由于零售商在销售产品过程中碳排放量较少，因而本章不考虑零售商减排问题），即有（游达明和朱桂菊，2016）：

$$C_S(t) = \frac{1}{2}\eta_S z_S^2(t)$$

$$C_M(t) = \frac{1}{2}\eta_M z_M^2(t)$$

$$C_R(t) = \frac{1}{2}\eta_R z_R^2(t) \qquad\qquad (8-3)$$

其中，$C_S(t)$、$C_M(t)$ 分别为 t 时刻供应商、制造商的减排成本，$C_R(t)$ 为零售商低碳宣传促销成本；$\eta_S > 0$、$\eta_M > 0$ 分别为供应商、制造商的减排成本系数，$\eta_R > 0$ 为零售商低碳宣传促销成本系数。

（5）供应商、制造商、零售商都是基于完全信息进行理性决策，不计供应链存货成本、缺货成本、管理成本等；在无限时间范围内，供应商、制造商、零售商在任意时刻均具有相同的折扣因子 $\rho > 0$（刘名武等，2018；魏守道，2018；叶同等，2018）。

8.2　模型构建及分析

8.2.1　微分博弈（即分散决策）情形

在碳限额与交易政策环境下，考虑由单个供应商 S，单个制造商 M 和单个零售商 R 组成的三级供应链。假设三级供应链的决策顺序为：首先，供应商决定原材料生产中的减排努力水平 z_S；其次，制造商决定产品生产过程中的减排努力水平 z_M［为了把注意力放在生产型企业减排上，同时为了简化问题，本书没有将原材料批发价、产品批发价作为直接优化的决策变量，而将其处理成由各自减排量间接决定，见前面假设（2）］；最后，零售商决定低碳产品的宣传促销努力水平 z_R 及低碳产品批发成本基础上的加成价 w。因此，供应商 S、制造商 M、零售商 R 的决策问题分别为：

$$\max_{z_S} J_S = \int_0^\infty e^{-\rho t} \{ [D_0 - \theta w_0 - \theta w_1 + (\theta_S - \theta k_S) x_S + (\theta_M - \theta k_M) x_M$$
$$+ \theta_R z_R - \theta w] (w_0 + k_S x_S) - p_c [D_0 - \theta w_0 - \theta w_1$$
$$+ (\theta_S - \theta k_S) x_S + (\theta_M - \theta k_M) x_M + \theta_R z_R - \theta w]$$
$$\times (e_{S0} - x_S) + p_c e_{gS} - 0.5 \eta_S z_S^2 \} dt \qquad (8-4)$$

$$\max_{z_M} J_M = \int_0^\infty e^{-\rho t} \{ [D_0 - \theta w_0 - \theta w_1 + (\theta_S - \theta k_S) x_S + (\theta_M - \theta k_M) x_M$$
$$+ \theta_R z_R - \theta w] (w_1 + k_M x_M) - p_c [D_0 - \theta w_0 - \theta w_1$$
$$+ (\theta_S - \theta k_S) x_S + (\theta_M - \theta k_M) x_M + \theta_R z_R - \theta w]$$
$$\times (e_{M0} - x_M) + p_c e_{gM} - 0.5 \eta_M z_M^2 \} dt \qquad (8-5)$$

$$\max_{z_R, w} J_R = \int_0^\infty \{ w [D_0 - \theta w_0 - \theta w_1 + (\theta_S - \theta k_S) x_S + (\theta_M - \theta k_M) x_M$$
$$+ \theta_R z_R - \theta w] - 0.5 \eta_R z_R^2 \} e^{-\rho t} dt \qquad (8-6)$$

采用逆向归纳法求解。记 t 时刻以后，零售商 R 长期利润的最优价值函数为：

$$J_R^* (x_S, x_M) = e^{-\rho t} V_R (x_S, x_M)$$

根据最优控制理论，$V_R (x_S, x_M)$ 对于任意 $x_S \geqslant 0$，$x_M \geqslant 0$ 必须满足哈密尔顿 - 雅可比 - 贝尔曼（HJB）方程：

$$\rho V_R(x_S,\ x_M) = \max_{z_R, w} \{ w [D_0 - \theta w_0 - \theta w_1 + (\theta_S - \theta k_S) x_S + (\theta_M - \theta k_M) x_M$$
$$+ \theta_R z_R - \theta w] - 0.5 \eta_R z_R^2 + V_R^S (\alpha_S z_S - \beta_S x_S)$$
$$+ V_R^M (\alpha_M z_M - \beta_M x_M) \} \qquad (8-7)$$

其中，V_R^S 和 V_R^M 表示 $V_R(x_S,\ x_M)$ 对 x_S 和 x_M 的偏导数。由式（8-7）的两个一阶条件可得：

$$z_R^* = \frac{(D_0 - \theta w_0 - \theta w_1) \theta_R + (\theta_S - \theta k_S) \theta_R x_S + (\theta_M - \theta k_M) \theta_R x_M}{2 \theta \eta_R - \theta_R^2}$$

$$w^* = \frac{(D_0 - \theta w_0 - \theta w_1) \eta_R + (\theta_S - \theta k_S) \eta_R x_S + (\theta_M - \theta k_M) \eta_R x_M}{2 \theta \eta_R - \theta_R^2} \qquad (8-8)$$

同理，记 $J_M^*(x_S,\ x_M) = e^{-\rho t} V_M(x_S,\ x_M)$，则对制造商 M 有 HJB 方程：

$$\rho V_M(x_S,\ x_M) = \max_{z_M} \{ [D_0 - \theta w_0 - \theta w_1 + (\theta_S - \theta k_S) x_S + (\theta_M - \theta k_M) x_M + \theta_R z_R$$
$$- \theta w] (w_1 + k_M x_M) - p_c (e_{M0} - x_M) [D_0 - \theta w_0 - \theta w_1 + (\theta_S$$
$$- \theta k_S) x_S + (\theta_M - \theta k_M) x_M + \theta_R z_R - \theta w] + p_c e_{gM} - 0.5 \eta_M z_M^2$$
$$+ V_M^S (\alpha_S z_S - \beta_S x_S) + V_M^M (\alpha_M z_M - \beta_M x_M) \} \qquad (8-9)$$

其中，V_M^S 和 V_M^M 表示 $V_M(x_S,\ x_M)$ 对 x_S 和 x_M 的偏导数。将式（8-8）代入式（8-9），由式（8-9）一阶条件可得：

$$z_M^* = \frac{\alpha_M V_M^M}{\eta_M} \qquad (8-10)$$

记 $J_S^*(x_S,\ x_M) = e^{-\rho t} V_S(x_S,\ x_M)$，则对供应商 S 有 HJB 方程：

$$\rho V_S(x_S,\ x_M) = \max_{z_S} \{ [D_0 - \theta w_0 - \theta w_1 + (\theta_S - \theta k_S) x_S + (\theta_M - \theta k_M) x_M$$
$$+ \theta_R z_R - \theta w] (w_0 + k_S x_S) - p_c [D_0 - \theta w_0 - \theta w_1$$
$$+ (\theta_S - \theta k_S) x_S + (\theta_M - \theta k_M) x_M + \theta_R z_R - \theta w]$$
$$\times (e_{S0} - x_S) + p_c e_{gS} - 0.5 \eta_S z_S^2 + V_S^S (\alpha_S z_S - \beta_S x_S)$$
$$+ V_S^M (\alpha_M z_M - \beta_M x_M) \} \qquad (8-11)$$

其中，V_S^S 和 V_S^M 表示 $V_S(x_S,\ x_M)$ 对 x_S 和 x_M 的偏导数。将式（8-8）、

式（8-10）代入式（8-11），然后由式（8-11）的一阶条件可得：

$$z_S^* = \frac{\alpha_S V_S^S}{\eta_S} \tag{8-12}$$

将式（8-8）、式（8-10）、式（8-12）分别代入式（8-11）、式（8-9）与式（8-7），整理得式（8-13）~式（8-15）：

$$\rho V_S = p_c e_{gS} + \frac{\theta \eta_R (w_0 - p_c e_{S0})(D_0 - \theta w_0 - \theta w_1)}{2\theta \eta_R - \theta_R^2} + \frac{\alpha_S^2 (V_S^S)^2}{2\eta_S} + \frac{\alpha_M^2 V_S^M V_M^M}{\eta_M}$$

$$-\beta_S V_S^S x_S - \beta_M V_S^M x_M + \theta \eta_R \times \frac{\begin{array}{c}(w_0 - p_c e_{S0})(\theta_S - \theta k_S)x_S + (k_S + p_c)(D_0 \\ -\theta w_0 - \theta w_1)x_S + (w_0 - p_c e_{S0})(\theta_M - \theta k_M)x_M\end{array}}{2\theta \eta_R - \theta_R^2}$$

$$+ \frac{\theta \eta_R (k_S + p_c)(\theta_S - \theta k_S)x_S^2 + \theta \eta_R (k_S + p_c)(\theta_M - \theta k_M)x_S x_M}{2\theta \eta_R - \theta_R^2} \tag{8-13}$$

$$\rho V_M = p_c e_{gM} + \frac{\theta \eta_R (w_1 - p_c e_{M0})(D_0 - \theta w_0 - \theta w_1)}{2\theta \eta_R - \theta_R^2} + \frac{\alpha_M^2 (V_M^M)^2}{2\eta_M} + \frac{\alpha_S^2 V_S^S V_M^M}{\eta_S}$$

$$-\beta_S V_M^S x_S - \beta_M V_M^M x_M + \theta \eta_R \times \frac{\begin{array}{c}(w_1 - p_c e_{M0})(\theta_S - \theta k_S)x_S + (k_M + p_c)(D_0 \\ -\theta w_0 - \theta w_1)x_M + (w_1 - p_c e_{M0})(\theta_M - \theta k_M)x_M\end{array}}{2\theta \eta_R - \theta_R^2}$$

$$+ \frac{\theta \eta_R (k_M + p_c)(\theta_M - \theta k_M)x_M^2 + \theta \eta_R (k_M + p_c)(\theta_S - \theta k_S)x_S x_M}{2\theta \eta_R - \theta_R^2} \tag{8-14}$$

$$\rho V_R = \frac{\alpha_S^2 V_S^S V_R^S}{\eta_S} + \frac{\alpha_M^2 V_M^M V_R^M}{\eta_M} - \beta_S V_R^S x_S - \beta_M V_R^M x_M + \frac{\eta_R (D_0 - \theta w_0 - \theta w_1)^2}{2(2\theta \eta_R - \theta_R^2)}$$

$$+ \frac{\eta_R (\theta_S - \theta k_S)^2 x_S^2 + \eta_R (\theta_M - \theta k_M)^2 x_M^2 + 2\eta_R (\theta_S - \theta k_S)(\theta_M - \theta k_M)x_S x_M}{2(2\theta \eta_R - \theta_R^2)}$$

$$+ \frac{\eta_R (D_0 - \theta w_0 - \theta w_1)(\theta_S - \theta k_S)x_S + \eta_R (D_0 - \theta w_0 - \theta w_1)(\theta_M - \theta k_M)x_M}{2\theta \eta_R - \theta_R^2} \tag{8-15}$$

由式（8-13）~式（8-15）可知，价值函数都是关于状态变量的二次式，因而可假设：

$$V_S(x_S, x_M) = a_1 x_S^2 + b_1 x_M^2 + c_1 x_S x_M + d_1 x_S + e_1 x_M + f_1$$

$$V_M(x_S, x_M) = a_2 x_S^2 + b_2 x_M^2 + c_2 x_S x_M + d_2 x_S + e_2 x_M + f_2$$

$$V_R(x_S, x_M) = a_3 x_S^2 + b_3 x_M^2 + c_3 x_S x_M + d_3 x_S + e_3 x_M + f_3 \qquad (8-16)$$

其中，a_1、b_1、c_1、d_1、e_1、f_1、a_2、b_2、c_2、d_2、e_2、f_2、a_3、b_3、c_3、d_3、e_3、f_3 为待定参数。将式（8-16）及其对 x_S、x_M 的偏导数代入式（8-13）~式（8-15）中，对比式（8-13）~式（8-15）左右两边的同类项系数，可得关于 a_1、b_1、c_1、d_1、e_1、f_1、a_2、b_2、c_2、d_2、e_2、f_2、a_3、b_3、c_3、d_3、e_3、f_3 的方程组如式（8-17）~式（8-34）所示。

$$\rho a_1 = \frac{2\alpha_S^2 a_1^2}{\eta_S} + \frac{\alpha_M^2 c_1 c_2}{\eta_M} - 2\beta_S a_1 + \frac{\theta\eta_R(k_S + p_c)(\theta_S - \theta k_S)}{2\theta\eta_R - \theta_R^2} \qquad (8-17)$$

$$\rho b_1 = \frac{\alpha_S^2 c_1^2}{2\eta_S} + \frac{4\alpha_M^2 b_1 b_2}{\eta_M} - 2\beta_M b_1 \qquad (8-18)$$

$$\rho c_1 = \frac{2\alpha_S^2 a_1 c_1}{\eta_S} + \frac{2\alpha_M^2(b_1 c_2 + b_2 c_1)}{\eta_M} - (\beta_S + \beta_M)c_1 + \frac{\theta\eta_R(k_S + p_c)(\theta_M - \theta k_M)}{2\theta\eta_R - \theta_R^2}$$
$$\qquad (8-19)$$

$$\rho d_1 = \frac{2\alpha_S^2 a_1 d_1}{\eta_S} + \frac{\alpha_M^2(c_1 e_2 + c_2 e_1)}{\eta_M} - \beta_S d_1 + \frac{\theta\eta_R(w_0 - p_c e_{S0})(\theta_S - \theta k_S)}{2\theta\eta_R - \theta_R^2}$$
$$+ \frac{\theta\eta_R(k_S + p_c)(D_0 - \theta w_0 - \theta w_1)}{2\theta\eta_R - \theta_R^2} \qquad (8-20)$$

$$\rho e_1 = \frac{\alpha_S^2 c_1 d_1}{\eta_S} + \frac{2\alpha_M^2(b_1 e_2 + b_2 e_1)}{\eta_M} - \beta_M e_1 + \frac{\theta\eta_R(w_0 - p_c e_{S0})(\theta_M - \theta k_M)}{2\theta\eta_R - \theta_R^2}$$
$$\qquad (8-21)$$

$$\rho f_1 = p_c e_{gS} + \frac{\theta \eta_R (w_0 - p_c e_{S0})(D_0 - \theta w_0 - \theta w_1)}{2\theta \eta_R - \theta_R^2} + \frac{\alpha_S^2 d_1^2}{2\eta_S} + \frac{\alpha_M^2 e_1 e_2}{\eta_M} \qquad (8-22)$$

$$\rho a_2 = \frac{\alpha_M^2 c_2^2}{2\eta_M} + \frac{4\alpha_S^2 a_1 a_2}{\eta_S} - 2\beta_S a_2 \qquad (8-23)$$

$$\rho b_2 = \frac{2\alpha_M^2 b_2^2}{\eta_M} + \frac{\alpha_S^2 c_1 c_2}{\eta_S} - 2\beta_M b_2 + \frac{\theta \eta_R (k_M + p_c)(\theta_M - \theta k_M)}{2\theta \eta_R - \theta_R^2} \qquad (8-24)$$

$$\rho c_2 = \frac{2\alpha_M^2 b_2 c_2}{\eta_M} + \frac{2\alpha_S^2 (a_1 c_2 + a_2 c_1)}{\eta_S} - (\beta_S + \beta_M) c_2 + \frac{\theta \eta_R (k_M + p_c)(\theta_S - \theta k_S)}{2\theta \eta_R - \theta_R^2}$$

$$(8-25)$$

$$\rho d_2 = \frac{\alpha_M^2 c_2 e_2}{\eta_M} + \frac{2\alpha_S^2 (a_1 d_2 + a_2 d_1)}{\eta_S} - \beta_S d_2 + \frac{\theta \eta_R (w_1 - p_c e_{M0})(\theta_S - \theta k_S)}{2\theta \eta_R - \theta_R^2}$$

$$(8-26)$$

$$\rho e_2 = \frac{2\alpha_M^2 b_2 e_2}{\eta_M} + \frac{\alpha_S^2 (c_1 d_2 + c_2 d_1)}{\eta_S} - \beta_M e_2 + \frac{\theta \eta_R (w_1 - p_c e_{M0})(\theta_M - \theta k_M)}{2\theta \eta_R - \theta_R^2}$$

$$+ \frac{\theta \eta_R (k_M + p_c)(D_0 - \theta w_0 - \theta w_1)}{2\theta \eta_R - \theta_R^2} \qquad (8-27)$$

$$\rho f_2 = p_c e_{gM} + \frac{\theta \eta_R (w_1 - p_c e_{M0})(D_0 - \theta w_0 - \theta w_1)}{2\theta \eta_R - \theta_R^2} + \frac{\alpha_M^2 e_2^2}{2\eta_M} + \frac{\alpha_S^2 d_1 d_2}{\eta_S} \qquad (8-28)$$

$$\rho a_3 = \frac{4\alpha_S^2 a_1 a_3}{\eta_S} + \frac{\alpha_M^2 c_2 c_3}{\eta_M} - 2\beta_S a_3 + \frac{\eta_R (\theta_S - \theta k_S)^2}{2(2\theta \eta_R - \theta_R^2)} \qquad (8-29)$$

$$\rho b_3 = \frac{\alpha_S^2 c_1 c_3}{\eta_S} + \frac{4\alpha_M^2 b_2 b_3}{\eta_M} - 2\beta_M b_3 + \frac{\eta_R (\theta_M - \theta k_M)^2}{2(2\theta \eta_R - \theta_R^2)} \qquad (8-30)$$

$$\rho c_3 = \frac{2\alpha_S^2 (a_1 c_3 + a_3 c_1)}{\eta_S} + \frac{2\alpha_M^2 (b_3 c_2 + b_2 c_3)}{\eta_M}$$

$$- (\beta_S + \beta_M) c_3 + \frac{\eta_R (\theta_S - \theta k_S)(\theta_M - \theta k_M)}{2\theta \eta_R - \theta_R^2} \qquad (8-31)$$

$$\rho d_3 = \frac{2\alpha_S^2 (a_1 d_3 + a_3 d_1)}{\eta_S} + \frac{\alpha_M^2 (c_2 e_3 + c_3 e_2)}{\eta_M} - \beta_S d_3$$

$$+ \frac{\eta_R (D_0 - \theta w_0 - \theta w_1)(\theta_S - \theta k_S)}{2\theta\eta_R - \theta_R^2} \qquad (8-32)$$

$$\rho e_3 = \frac{\alpha_S^2 (c_1 d_3 + c_3 d_1)}{\eta_S} + \frac{2\alpha_M^2 (b_2 e_3 + b_3 e_2)}{\eta_M} - \beta_M e_3$$

$$+ \frac{\eta_R (D_0 - \theta w_0 - \theta w_1)(\theta_M - \theta k_M)}{2\theta\eta_R - \theta_R^2} \qquad (8-33)$$

$$\rho f_3 = \frac{\alpha_S^2 d_1 d_3}{\eta_S} + \frac{\alpha_M^2 e_2 e_3}{\eta_M} + \frac{\eta_R (D_0 - \theta w_0 - \theta w_1)^2}{2(2\theta\eta_R - \theta_R^2)} \qquad (8-34)$$

求解式（8-17）~式（8-34）组成的方程组，可得变量 a_1、b_1、c_1、d_1、e_1、f_1、a_2、b_2、c_2、d_2、e_2、f_2、a_3、b_3、c_3、d_3、e_3、f_3 的值。但是，上述方程组为较复杂的非线性方程组，难以求出参数形式的解析解。如果将参数取为特定的数值，可求出非线性方程组的近似解，求解思路及步骤为：①由式（8-17）~式（8-19）、式（8-23）~式（8-25）解出 a_1、b_1、c_1、a_2、b_2、c_2；②由式（8-20）、式（8-21）、式（8-26）、式（8-27）解出 d_1、e_1、d_2、e_2；③由式（8-22）、式（8-28）解出 f_1、f_2；④由式（8-29）~式（8-31）解出 a_3、b_3、c_3；⑤由式（8-32）、式（8-33）解出 d_3、e_3；⑥由式（8-34）解出 f_3。假设由式（8-17）~式（8-34）解出的参数值用 a_1^*、b_1^*、c_1^*、d_1^*、e_1^*、f_1^*、a_2^*、b_2^*、c_2^*、d_2^*、e_2^*、f_2^*、a_3^*、b_3^*、c_3^*、d_3^*、e_3^*、f_3^* 表示。

得到 a_1^*、b_1^*、c_1^*、d_1^*、e_1^*、f_1^*、a_2^*、b_2^*、c_2^*、d_2^*、e_2^*、f_2^*、a_3^*、b_3^*、c_3^*、d_3^*、e_3^*、f_3^* 的值后，据式（8-16）、式（8-12）、式（8-10）、式（8-8）可得碳限额与交易政策环境下三级低碳供应链微分博弈动态均衡策略如式（8-35）~式（8-38）所示（要求 $2\theta\eta_R - \theta_R^2 > 0$）。

$$z_S^* = \frac{\alpha_S(2a_1^* x_S + c_1^* x_M + d_1^*)}{\eta_S} \tag{8-35}$$

$$z_M^* = \frac{\alpha_M(2b_2^* x_M + c_2^* x_S + e_2^*)}{\eta_M} \tag{8-36}$$

$$z_R^* = \frac{(D_0 - \theta w_0 - \theta w_1)\theta_R + (\theta_S - \theta k_S)\theta_R x_S + (\theta_M - \theta k_M)\theta_R x_M}{2\theta\eta_R - \theta_R^2} \tag{8-37}$$

$$w^* = \frac{(D_0 - \theta w_0 - \theta w_1)\eta_R + (\theta_S - \theta k_S)\eta_R x_S + (\theta_M - \theta k_M)\eta_R x_M}{2\theta\eta_R - \theta_R^2} \tag{8-38}$$

由式（8-35）~式（8-38）可知，供应商、制造商减排努力水平都随状态变量 x_S、x_M 的变化动态变化；零售商的低碳宣传促销努力、零售商的加成价与 η_R、θ、w_0、w_1、k_S、k_M 负相关，与 D_0、θ_S、θ_M 正相关，且零售商的宣传促销努力、加成价都随状态变量 x_S、x_M 的变化动态变化。

将式（8-35）、式（8-36）代入状态方程式（8-1），据联立微分方程组的解法（G. 甘道尔夫，2003）可求得碳限额与交易政策环境下，微分博弈情形三级供应链供应商与制造商减排量 x_S、x_M 的最优轨迹：

$$x_S^*(t) = A_1 e^{\lambda_1 t} + A_2 e^{\lambda_2 t} + u_1 \tag{8-39}$$

$$x_M^*(t) = \frac{\eta_S\lambda_1 - 2\alpha_S^2 a_1^* + \beta_S\eta_S}{\alpha_S^2 c_1^*} A_1 e^{\lambda_1 t} + \frac{\eta_S\lambda_2 - 2\alpha_S^2 a_1^* + \beta_S\eta_S}{\alpha_S^2 c_1^*} A_2 e^{\lambda_2 t} + u_2 \tag{8-40}$$

式（8-39）、式（8-40）中：

$$u_1 = \frac{\alpha_S^2\alpha_M^2 c_1^* e_2^* - 2\alpha_S^2\alpha_M^2 b_2^* d_1^* + \alpha_S^2\beta_M\eta_M d_1^*}{(2\alpha_S^2 a_1^* - \beta_S\eta_S)(2\alpha_M^2 b_2^* - \beta_M\eta_M) - \alpha_S^2\alpha_M^2 c_1^* c_2^*}$$

$$u_2 = \frac{\alpha_S^2\alpha_M^2 c_2^* d_1^* - 2\alpha_S^2\alpha_M^2 a_1^* e_2^* + \alpha_M^2\beta_S\eta_S e_2^*}{(2\alpha_S^2 a_1^* - \beta_S\eta_S)(2\alpha_M^2 b_2^* - \beta_M\eta_M) - \alpha_S^2\alpha_M^2 c_1^* c_2^*}$$

$$\lambda_1 = \frac{\alpha_S^2 a_1^*}{\eta_S} + \frac{\alpha_M^2 b_2^*}{\eta_M} - 0.5\beta_S - 0.5\beta_M + 0.5\sqrt{\Delta_1}$$

$$\lambda_2 = \frac{\alpha_S^2 a_1^*}{\eta_S} + \frac{\alpha_M^2 b_2^*}{\eta_M} - 0.5\beta_S - 0.5\beta_M - 0.5\sqrt{\Delta_1}$$

$$A_1 = \frac{2\alpha_S^2 \eta_M a_1^* - 2\alpha_M^2 \eta_S b_2^* + \beta_M \eta_S \eta_M - \beta_S \eta_S \eta_M + \eta_S \eta_M \sqrt{\Delta_1}}{2\eta_S \eta_M \sqrt{\Delta_1}}(x_{S0} - u_1)$$

$$+ \frac{\alpha_S^2 c_1^*}{\eta_S \sqrt{\Delta_1}}(x_{M0} - u_2)$$

$$A_2 = \frac{2\alpha_M^2 \eta_S b_2^* - 2\alpha_S^2 \eta_M a_1^* + \beta_S \eta_S \eta_M - \beta_M \eta_S \eta_M + \eta_S \eta_M \sqrt{\Delta_1}}{2\eta_S \eta_M \sqrt{\Delta_1}}(x_{S0} - u_1)$$

$$- \frac{\alpha_S^2 c_1^*}{\eta_S \sqrt{\Delta_1}}(x_{M0} - u_2)$$

λ_1、λ_2、A_1、A_2 表达式中,

$$\Delta_1 = \left(\frac{2\alpha_S^2 a_1^*}{\eta_S} + \beta_M - \beta_S - \frac{2\alpha_M^2 b_2^*}{\eta_M}\right)^2 + \frac{4\alpha_S^2 \alpha_M^2 c_1^* c_2^*}{\eta_S \eta_M}$$

由式(8-16)、式(8-39)、式(8-40)及 $J_S^*(x_S, x_M) = e^{-\rho t} V_S(x_S, x_M)$ 可得最优利润值函数:

$$J_S^*(x_S, x_M) = e^{-\rho t} V_S(x_S, x_M)$$
$$= e^{-\rho t}(a_1^* x_S^2 + b_1^* x_M^2 + c_1^* x_S x_M + d_1^* x_S + e_1^* x_M + f_1^*)$$

$$(8-41)$$

同理可得:

$$J_M^*(x_S, x_M) = e^{-\rho t} V_M(x_S, x_M)$$
$$= e^{-\rho t}(a_2^* x_S^2 + b_2^* x_M^2 + c_2^* x_S x_M + d_2^* x_S + e_2^* x_M + f_2^*)$$

$$(8-42)$$

$$J_R^*(x_S, x_M) = e^{-\rho t} V_R(x_S, x_M)$$

$$= e^{-\rho t}(a_3^* x_S^2 + b_3^* x_M^2 + c_3^* x_S x_M + d_3^* x_S + e_3^* x_M + f_3^*)$$

$$(8-43)$$

因此，碳限额与交易政策环境下，微分博弈情形三级供应链系统总利润值函数为：

$$J^*(x_S, x_M) = J_S^*(x_S, x_M) + J_M^*(x_S, x_M) + J_R^*(x_S, x_M) \qquad (8-44)$$

8.2.2　集中决策（即合作）情形

集中决策（即合作）情形下，供应商、制造商、零售商以供应链系统总利润最大为原则，共同确定 z_S、z_M、z_R 和 w 的值。此时，供应链系统的决策问题为：

$$
\max_{z_S, z_M, z_R, w} J^C = \int_0^\infty \{ (w_0 + w_1 + k_S x_S + k_M x_M + w - p_c e_{S0} - p_c e_{M0} + p_c x_S + p_c x_M)
$$
$$
\times [D_0 - \theta w_0 - \theta w_1 + (\theta_S - \theta k_S) x_S + (\theta_M - \theta k_M) x_M + \theta_R z_R - \theta w]
$$
$$
+ p_c e_{gS} + p_c e_{gM} - 0.5 \eta_S z_S^2 - 0.5 \eta_M z_M^2 - 0.5 \eta_R z_R^2 \} e^{-\rho t} dt
$$

$$(8-45)$$

记 t 时刻以后，三级供应链系统长期利润的最优价值函数为：

$$J^{C*}(x_S, x_M) = e^{-\rho t} V(x_S, x_M)$$

则 $V(x_S, x_M)$ 对于任意 $x_S \geq 0$，$x_M \geq 0$ 必须满足 HJB 方程：

$$
\rho V(x_S, x_M) = \max_{z_S, z_M, z_R, w} \{ (w_0 + w_1 + k_S x_S + k_M x_M + w - p_c e_{S0} - p_c e_{M0}
$$
$$
+ p_c x_S + p_c x_M)[D_0 - \theta w_0 - \theta w_1 + (\theta_S - \theta k_S) x_S
$$
$$
+ (\theta_M - \theta k_M) x_M + \theta_R z_R - \theta w] + p_c e_{gS} + p_c e_{gM}
$$
$$
- 0.5 \eta_S z_S^2 - 0.5 \eta_M z_M^2 - 0.5 \eta_R z_R^2 + V^S(\alpha_S z_S - \beta_S x_S)
$$
$$
+ V^M(\alpha_M z_M - \beta_M x_M) \}
$$

$$(8-46)$$

其中，V^S 和 V^M 表示 $V(x_S, x_M)$ 对 x_S 和 x_M 的偏导数。由式（8-46）的一阶条件可得：

$$z_S^* = \frac{\alpha_S V^S}{\eta_S}$$

$$z_M^* = \frac{\alpha_M V^M}{\eta_M}$$

$$z_R^* = \frac{\theta_R(D_0 - \theta p_c e_{S0} - \theta p_c e_{M0} + \theta p_c x_S + \theta p_c x_M + \theta_S x_S + \theta_M x_M)}{2\theta\eta_R - \theta_R^2}$$

$$w^* = \frac{D_0 \eta_R + (\theta\eta_R - \theta_R^2)p_c e_{S0} + (\theta\eta_R - \theta_R^2)p_c e_{M0} + (\eta_R\theta_S + \theta_R^2 p_c - \eta_R\theta p_c)x_S}{2\theta\eta_R - \theta_R^2}$$

$$+ \frac{(\eta_R\theta_M + \theta_R^2 p_c - \eta_R\theta p_c)x_M}{2\theta\eta_R - \theta_R^2} - w_0 - w_1 - k_S x_S - k_M x_M \quad (8-47)$$

将式（8-47）中的各表达式代入式（8-46），整理可得：

$$\rho V = \frac{\eta_R(D_0 - \theta p_c e_{S0} - \theta p_c e_{M0} + \theta p_c x_S + \theta p_c x_M + \theta_S x_S + \theta_M x_M)^2}{2(2\theta\eta_R - \theta_R^2)}$$

$$+ \frac{\alpha_S^2(V^S)^2}{2\eta_S} + \frac{\alpha_M^2(V^M)^2}{2\eta_M} - \beta_S V^S x_S - \beta_M V^M x_M + p_c e_{gS} + p_c e_{gM} \quad (8-48)$$

由式（8-48）可知，价值函数是关于状态变量的二次式，因而可假设：

$$V(x_S, x_M) = ax_S^2 + bx_M^2 + cx_S x_M + dx_S + ex_M + f \quad (8-49)$$

其中，a、b、c、d、e、f 为待定系数。将式（8-49）及其对 x_S、x_M 的偏导数代入式（8-48）中，对比式（8-48）左右两边的同类项系数，可得关于 a、b、c、d、e、f 的方程组，如式（8-50）~式（8-55）所示。

$$\rho a = \frac{\eta_R(\theta_S + \theta p_c)^2}{2(2\theta\eta_R - \theta_R^2)} + \frac{2\alpha_S^2 a^2}{\eta_S} + \frac{\alpha_M^2 c^2}{2\eta_M} - 2\beta_S a \quad (8-50)$$

$$\rho b = \frac{\eta_R (\theta_M + \theta p_c)^2}{2(2\theta\eta_R - \theta_R^2)} + \frac{\alpha_S^2 c^2}{2\eta_S} + \frac{2\alpha_M^2 b^2}{\eta_M} - 2\beta_M b \qquad (8-51)$$

$$\rho c = \frac{\eta_R (\theta_S + \theta p_c)(\theta_M + \theta p_c)}{2\theta\eta_R - \theta_R^2} + \frac{2\alpha_S^2 ac}{\eta_S} + \frac{2\alpha_M^2 bc}{\eta_M} - \beta_S c - \beta_M c \qquad (8-52)$$

$$\rho d = \frac{\eta_R (D_0 - \theta p_c e_{S0} - \theta p_c e_{M0})(\theta_S + \theta p_c)}{2\theta\eta_R - \theta_R^2} + \frac{2\alpha_S^2 ad}{\eta_S} + \frac{\alpha_M^2 ce}{\eta_M} - \beta_S d \qquad (8-53)$$

$$\rho e = \frac{\eta_R (D_0 - \theta p_c e_{S0} - \theta p_c e_{M0})(\theta_M + \theta p_c)}{2\theta\eta_R - \theta_R^2} + \frac{\alpha_S^2 cd}{\eta_S} + \frac{2\alpha_M^2 be}{\eta_M} - \beta_M e \qquad (8-54)$$

$$\rho f = \frac{\eta_R (D_0 - \theta p_c e_{S0} - \theta p_c e_{M0})^2}{2(2\theta\eta_R - \theta_R^2)} + \frac{\alpha_S^2 d^2}{2\eta_S} + \frac{\alpha_M^2 e^2}{2\eta_M} + p_c e_{gS} + p_c e_{gM} \qquad (8-55)$$

求解式（8-50）~ 式（8-55）组成的非线性方程组，可得变量 a、b、c、d、e、f 的值。类似前面的分散决策情形，难以求出上述非线性方程组参数形式的解析解，如果将参数取为特定的数值，可求出非线性方程组的近似解，求解思路及步骤为：①由式（8-50）~ 式（8-52）解出 a、b、c 的值；②由式（8-53）、式（8-54）解出 d、e 的值；③由式（8-55）解出 f 的值。假设由式（8-50）~ 式（8-55）解出的变量值用 a^*、b^*、c^*、d^*、e^*、f^* 表示。

得到 a^*、b^*、c^*、d^*、e^*、f^* 的值后，根据式（8-49）及式（8-47）可得碳限额与交易政策环境下，集中决策三级低碳供应链长期动态策略，如式（8-56）~ 式（8-59）所示（要求 $2\theta\eta_R - \theta_R^2 > 0$）。

$$z_S^* = \frac{\alpha_S (2a^* x_S + c^* x_M + d^*)}{\eta_S} \qquad (8-56)$$

$$z_M^* = \frac{\alpha_M (2b^* x_M + c^* x_S + e^*)}{\eta_M} \qquad (8-57)$$

$$z_R^* = \frac{\theta_R (D_0 - \theta p_c e_{S0} - \theta p_c e_{M0} + \theta p_c x_S + \theta p_c x_M + \theta_S x_S + \theta_M x_M)}{2\theta\eta_R - \theta_R^2} \qquad (8-58)$$

$$w^* = \frac{D_0\eta_R + (\theta\eta_R - \theta_R^2)p_c e_{S0} + (\theta\eta_R - \theta_R^2)p_c e_{M0} + (\eta_R\theta_S + \theta_R^2 p_c - \eta_R\theta p_c)x_S}{2\theta\eta_R - \theta_R^2}$$

$$+ \frac{(\eta_R\theta_M + \theta_R^2 p_c - \eta_R\theta p_c)x_M}{2\theta\eta_R - \theta_R^2} - w_0 - w_1 - k_S x_S - k_M x_M \qquad (8-59)$$

将式（8 − 56）、式（8 − 57）代入状态方程式（8 − 1），据联立微分方程组的解法（G. 甘道尔夫，2003）可求得碳限额与交易政策环境下，集中决策时三级供应链供应商与制造商减排量 x_S、x_M 的最优轨迹：

$$x_S^*(t) = A_1 e^{\lambda_1 t} + A_2 e^{\lambda_2 t} + u_1 \qquad (8-60)$$

$$x_M^*(t) = \frac{\eta_S\lambda_1 - 2\alpha_S^2 a^* + \beta_S\eta_S}{\alpha_S^2 c^*} A_1 e^{\lambda_1 t} + \frac{\eta_S\lambda_2 - 2\alpha_S^2 a^* + \beta_S\eta_S}{\alpha_S^2 c^*} A_2 e^{\lambda_2 t} + u_2$$

$$(8-61)$$

式（8 − 60）、式（8 − 61）中：

$$u_1 = \frac{\alpha_S^2\alpha_M^2 c^* e^* - 2\alpha_S^2\alpha_M^2 b^* d^* + \alpha_S^2\beta_M\eta_M d^*}{(2\alpha_S^2 a^* - \beta_S\eta_S)(2\alpha_M^2 b^* - \beta_M\eta_M) - \alpha_S^2\alpha_M^2 (c^*)^2}$$

$$u_2 = \frac{\alpha_S^2\alpha_M^2 c^* d^* - 2\alpha_S^2\alpha_M^2 a^* e^* + \alpha_M^2\beta_S\eta_S e^*}{(2\alpha_S^2 a^* - \beta_S\eta_S)(2\alpha_M^2 b^* - \beta_M\eta_M) - \alpha_S^2\alpha_M^2 (c^*)^2}$$

$$\lambda_1 = \frac{\alpha_S^2 a^*}{\eta_S} + \frac{\alpha_M^2 b^*}{\eta_M} - 0.5\beta_S - 0.5\beta_M + 0.5\sqrt{\Delta_2}$$

$$\lambda_2 = \frac{\alpha_S^2 a^*}{\eta_S} + \frac{\alpha_M^2 b^*}{\eta_M} - 0.5\beta_S - 0.5\beta_M - 0.5\sqrt{\Delta_2}$$

$$A_1 = \frac{2\alpha_S^2\eta_M a^* - 2\alpha_M^2\eta_S b^* + \beta_M\eta_S\eta_M - \beta_S\eta_S\eta_M + \eta_S\eta_M\sqrt{\Delta_2}}{2\eta_S\eta_M\sqrt{\Delta_2}}(x_{S0} - u_1)$$

$$+ \frac{\alpha_S^2 c^*}{\eta_S\sqrt{\Delta_2}}(x_{M0} - u_2)$$

$$A_2 = \frac{2\alpha_M^2\eta_S b^* - 2\alpha_S^2\eta_M a^* + \beta_S\eta_S\eta_M - \beta_M\eta_S\eta_M + \eta_S\eta_M\sqrt{\Delta_2}}{2\eta_S\eta_M\sqrt{\Delta_2}}(x_{S0} - u_1)$$

$$-\frac{\alpha_S^2 c^*}{\eta_S\sqrt{\Delta_2}}(x_{M0} - u_2)$$

λ_1、λ_2、A_1、A_2 表达式中：

$$\Delta_2 = \left(\frac{2\alpha_S^2 a^*}{\eta_S} + \beta_M - \beta_S - \frac{2\alpha_M^2 b^*}{\eta_M}\right)^2 + \frac{4\alpha_S^2\alpha_M^2(c^*)^2}{\eta_S\eta_M}$$

由式（8 - 49）、式（8 - 60）、式（8 - 61）及 $J^{C*}(x_S, x_M) = e^{-\rho t}$ $V(x_S, x_M)$ 可得最优利润值函数：

$$J^{C*}(x_S, x_M) = e^{-\rho t}V(x_S, x_M)$$
$$= e^{-\rho t}(a^* x_S^2 + b^* x_M^2 + c^* x_S x_M + d^* x_S + e^* x_M + f^*)$$

8.2.3　供应链协调研究

一般情况下，根据系统原理，供应链集中决策的总利润大于分散决策总利润。如果集中决策时，供应商、制造商、零售商能在事先达成的协议中合理分配利润，将有机会促使供应链成员分得的利润均大于等于微分博弈情形下的各自最优利润，实现供应链系统的 Pareto 改善及协调。供应链协调既可以采用非合作博弈方法，如 Rubinstein 讨价还价方法，也可以采用合作博弈方法。本章考虑吴育华等（2008）的多人联盟博弈的多目标决策合作博弈方法，此方法吸收了核心方法、τ 值法的思想，是一种在距离意义上离理想分配向量最近的一种方法（经改进后也满足个人理性）。要用此方法进行总利润分配，关键是要先找出合作博弈的特征函数 $v(\cdot)$。下面应用最大最小思想求解特征函数 $v(\cdot)$，最大最小化的特征函数体现了联盟成员在面临最猛烈攻击时总收益或总利润的"底线"，这样定义的 $v(\cdot)$ 自动脱离了联盟外成员的干扰，也符合特征函数的定义。

根据上述最大最小思想，对供应商 S，在式（8-1）约束下有：

$$
\begin{aligned}
l_S = \max_{z_S} \min_{z_M, z_R, w} \int_0^\infty e^{-\rho t} & \{ [D_0 - \theta w_0 - \theta w_1 + (\theta_S - \theta k_S) x_S + (\theta_M \\
& - \theta k_M) x_M + \theta_R z_R - \theta w] (w_0 + k_S x_S) - p_c (e_{S0} \\
& - x_S) [D_0 - \theta w_0 - \theta w_1 + (\theta_S - \theta k_S) x_S + (\theta_M \\
& - \theta k_M) x_M + \theta_R z_R - \theta w] + p_c e_{gS} - 0.5 \eta_S z_S^2 \} dt
\end{aligned}
$$

因而 $v(S) = l_S(x_{S0}, x_{M0})$。同理，对制造商 M、零售商 R 有：

$$
\begin{aligned}
l_M = \max_{z_M} \min_{z_S, z_R, w} \int_0^\infty e^{-\rho t} & \{ [D_0 - \theta w_0 - \theta w_1 + (\theta_S - \theta k_S) x_S + (\theta_M \\
& - \theta k_M) x_M + \theta_R z_R - \theta w] (w_1 + k_M x_M) - p_c (e_{M0} \\
& - x_M) [D_0 - \theta w_0 - \theta w_1 + (\theta_S - \theta k_S) x_S + (\theta_M \\
& - \theta k_M) x_M + \theta_R z_R - \theta w] + p_c e_{gM} - 0.5 \eta_M z_M^2 \} dt
\end{aligned}
$$

$$
\begin{aligned}
l_R = \max_{z_R, w} \min_{z_S, z_M} \int_0^\infty & \{ w [D_0 - \theta w_0 - \theta w_1 + (\theta_S - \theta k_S) x_S + (\theta_M \\
& - \theta k_M) x_M + \theta_R z_R - \theta w] - 0.5 \eta_R z_R^2 \} e^{-\rho t} dt
\end{aligned}
$$

所以，$v(M) = l_M(x_{S0}, x_{M0})$，$v(R) = l_R(x_{S0}, x_{M0})$。

类似的，对供应商 S 与制造商 M，供应商 S 与零售商 R，制造商 M 与零售商 R，分别有：

$$
\begin{aligned}
l_{SM} = \max_{z_S, z_M} \min_{z_R, w} \int_0^\infty e^{-\rho t} & \{ [D_0 - \theta w_0 - \theta w_1 + (\theta_S - \theta k_S) x_S + (\theta_M \\
& - \theta k_M) x_M + \theta_R z_R - \theta w] (w_0 + w_1 + k_S x_S + k_M x_M) \\
& - p_c [D_0 - \theta w_0 - \theta w_1 + (\theta_S - \theta k_S) x_S + (\theta_M \\
& - \theta k_M) x_M + \theta_R z_R - \theta w] (e_{S0} + e_{M0} - x_S - x_M) \\
& + p_c e_{gS} + p_c e_{gM} - 0.5 \eta_S z_S^2 - 0.5 \eta_M z_M^2 \} dt
\end{aligned}
$$

$$l_{SR} = \max_{z_S, z_R, w} \min_{z_M} \int_0^\infty e^{-\rho t} \{ [D_0 - \theta w_0 - \theta w_1 + (\theta_S - \theta k_S) x_S + (\theta_M$$

$$- \theta k_M) x_M + \theta_R z_R - \theta w](w_0 + k_S x_S + w) - p_c(e_{S0}$$

$$- x_S)[D_0 - \theta w_0 - \theta w_1 + (\theta_S - \theta k_S) x_S + (\theta_M$$

$$- \theta k_M) x_M + \theta_R z_R - \theta w] + p_c e_{gS} - 0.5 \eta_S z_S^2$$

$$- 0.5 \eta_R z_R^2 \} dt$$

$$l_{MR} = \max_{z_M, z_R, w} \min_{z_S} \int_0^\infty e^{-\rho t} \{ [D_0 - \theta w_0 - \theta w_1 + (\theta_S - \theta k_S) x_S + (\theta_M$$

$$- \theta k_M) x_M + \theta_R z_R - \theta w](w_1 + k_M x_M + w) - p_c(e_{M0}$$

$$- x_M)[D_0 - \theta w_0 - \theta w_1 + (\theta_S - \theta k_S) x_S + (\theta_M$$

$$- \theta k_M) x_M + \theta_R z_R - \theta w] + p_c e_{gM} - 0.5 \eta_M z_M^2$$

$$- 0.5 \eta_R z_R^2 \} dt$$

所以, $v(S, M) = l_{SM}(x_{S0}, x_{M0})$, $v(S, R) = l_{SR}(x_{S0}, x_{M0})$, $v(M, R) = l_{MR}(x_{S0}, x_{M0})$。另外, 应有 $v(\phi) = 0$, $v(S, M, R) = J^{C*}(x_{S0}, x_{M0})$。

得到了特征函数 $v(\cdot)$ 以后, 可确定理想分配向量 $U = (u_S, u_M, u_R)$, 其中, u_i $(i = S, M, R)$ 为局中人 i 的理想分配数, 以局中人 i 在大联盟中的边际贡献值作为 u_i。因此有:

$$u_S = v(S, M, R) - v(M, R)$$
$$u_M = v(S, M, R) - v(S, R)$$
$$u_R = v(S, M, R) - v(S, M)$$

求出理想分配向量后, 根据吴育华等 (2008) 的多人联盟博弈的多目标决策方法, 同时将微分博弈的结果作为参与约束以满足个人理性, 可得二次规划模型 (其中, x_S、x_M、x_R 为供应商、制造商、零售商的最终分配值)。

$$\min(x_S - u_S)^2 + (x_M - u_M)^2 + (x_R - u_R)^2$$

$$\text{s. t.} \begin{cases} x_S + x_M + x_R = v(S,\ M,\ R) \\ x_S + x_M \geqslant v(S,\ M) \\ x_S + x_R \geqslant v(S,\ R) \\ x_M + x_R \geqslant v(M,\ R) \\ x_S \geqslant v(S) \\ x_M \geqslant v(M) \\ x_R \geqslant v(R) \\ x_S \geqslant J_S^*(x_{S0},\ x_{M0}) \\ x_M \geqslant J_M^*(x_{S0},\ x_{M0}) \\ x_R \geqslant J_R^*(x_{S0},\ x_{M0}) \end{cases} \tag{8-62}$$

8.3　数　值　算　例

8.3.1　两种情形下模型的求解及灵敏度分析

设 $D_0 = 10$，$x_{S0} = x_{M0} = 0$，$\alpha_S = \alpha_M = 0.2$，$\beta_S = \beta_M = 0.6$，$k_S = k_M = 0.5$，$e_{S0} = e_{M0} = 2$，$e_{gS} = e_{gM} = 10$，$\theta_S = \theta_M = \theta_R = 1$，$\theta = 0.5$，$w_0 = 3$，$w_1 = 3$，$p_c = 1$，$\eta_S = \eta_M = \eta_R = 2$，$\rho = 0.9$。将这些参数值代入微分博弈和集中决策情形，可得到三级供应链相关变量的取值及各自策略。

对于微分博弈情形，可得到（舍弃了减排量小于等于 0 或供应链每个成员利润都更少的相关变量的取值及均衡策略）：$a_1^* = 0.5442$，$b_1^* = 0.0015$，$c_1^* = 0.5471$，$a_2^* = 0.0015$，$b_2^* = 0.5442$，$c_2^* = 0.5471$，

$d_1^* = 7.6714$，$e_1^* = 0.5645$，$d_2^* = 0.5645$，$e_2^* = 7.6714$，$f_1^* = 19.6390$，

$f_2^* = 19.6390$，$a_3^* = 0.2765$，$b_3^* = 0.2765$，$c_3^* = 0.5529$，$d_3^* = 7.2717$，

$e_3^* = 7.2717$，$f_3^* = 56.9237$

$x_S^*(t) = 0.2705(1 - e^{-0.5673t})$

$x_M^*(t) = 0.2705(1 - e^{-0.5673t})$

$z_S^*(t) = 0.8114 - 0.0442e^{-0.5673t}$

$z_M^*(t) = 0.8114 - 0.0442e^{-0.5673t}$

$z_R^*(t) = 7.4058 - 0.4058^{-0.5673t}$

$w^*(t) = 14.8115 - 0.8115e^{-0.5673t}$

所以有：

$V_S[x_S(t), x_M(t)] = 21.9468 + 0.0800e^{-1.1346t} - 2.3877e^{-0.5673t}$

$V_M[x_S(t), x_M(t)] = 21.9468 + 0.0800e^{-1.1346t} - 2.3877e^{-0.5673t}$

$V_R[x_S(t), x_M(t)] = 60.9386 + 0.0809e^{-1.1346t} - 4.0958e^{-0.5673t}$

因而

$J_S^*(x_{S0}, x_{M0}) = 19.6390$

$J_M^*(x_{S0}, x_{M0}) = 19.6390$

$J_R^*(x_{S0}, x_{M0}) = 56.9237$

故有：

$J^*(x_{S0}, x_{M0}) = J_S^*(x_{S0}, x_{M0}) + J_M^*(x_{S0}, x_{M0}) + J_R^*(x_{S0}, x_{M0})$

$\qquad\qquad = 96.2017$

对于集中决策情形，可得到（舍弃了减排量小于等于 0 的相关变量的取值及最优策略）：$a^* = 1.1191$，$b^* = 1.1191$，$c^* = 2.2383$，$d^* = 17.0156$，$e^* = 17.0156$，$f^* = 99.7673$，

$$x_S^*(t) = 0.6667(1 - e^{-0.5105t})$$

$$x_M^*(t) = 0.6667(1 - e^{-0.5105t})$$

$$z_S^*(t) = 2.0000 - 0.2984e^{-0.5105t}$$

$$z_M^*(t) = 2.0000 - 0.2984e^{-0.5105t}$$

$$z_R^*(t) = 10.0001 - 2.0001e^{-0.5105t}$$

$$w^*(t) = 16.0001 - 2.0001e^{-0.5105t}$$

因而有：

$$V[x_S(t), x_M(t)] = 124.4457 + 1.9898e^{-1.0210t} - 26.6681e^{-0.5105t}$$

所以有：

$$J^{C*}(x_{S0}, x_{M0}) = 99.7673$$

由本节结果可知，①无论是微分博弈情形还是集中决策情形，三级供应链各成员的策略皆为随时间变化的动态策略；②无论是微分博弈情形还是集中决策情形，供应商原材料减排量、制造商产品减排量都随时间推移逐渐增大到某稳定值，但微分博弈情形的减排量稳定值明显小于集中决策情形的减排量稳定值，表明集中决策（即供应链三方合作）有利于供应链减排；③无论是微分博弈情形还是集中决策情形，供应商、制造商、零售商的努力水平都随时间推移逐渐增大到一稳定值，但供应链中三方各自在微分博弈情形的努力水平稳定值明显小于集中决策情形相应的努力水平稳定值；④无论是微分博弈情形还是集中决策情形，零售商对低碳产品的加成价 w^* 都随时间推移逐渐增大到一稳定值，但微分博弈情形的稳定值明显小于集中决策情形相应的稳定值；⑤微分博弈情形下供应链总利润 $J^*(x_{S0}, x_{M0})$ 小于集中决策情形供应链总利润 $J^{C*}(x_{S0}, x_{M0})$，这与已有二级低碳供应链文献的结论类似，也符合系统的一般原理。

为了提供更多的管理启示，以上述参数取值为基准，对供应商和制造商各自的减排努力对减排率的影响系数 α_S、α_M，零售商低碳宣传促销努力对产品需求的影响系数 θ_R，碳交易价格 p_c 在微分博弈及集中决策两种情形下进行灵敏度分析，结果如表 8 – 1、表 8 – 2 所示。

表 8 – 1　　　碳限额与交易政策下微分博弈时灵敏度分析结果

基准	$z_{S\infty}$	$z_{M\infty}$	$z_{R\infty}$	w_∞	$x_{S\infty}$	$x_{M\infty}$	J^*
	0.811	0.811	7.406	14.812	0.271	0.271	96.202
$\alpha_S = 0.10$	0.390	0.795	7.247	14.495	0.065	0.265	94.659
$\alpha_S = 0.15$	0.595	0.802	7.312	14.624	0.149	0.267	95.292
$\alpha_S = 0.25$	1.046	0.825	7.533	15.066	0.436	0.275	97.414
$\alpha_S = 0.30$	1.305	0.842	7.700	15.400	0.652	0.281	98.965
$\alpha_M = 0.10$	0.795	0.390	7.247	14.494	0.265	0.065	94.659
$\alpha_M = 0.15$	0.802	0.595	7.312	14.624	0.267	0.149	95.292
$\alpha_M = 0.25$	0.825	1.046	7.533	15.066	0.275	0.436	97.414
$\alpha_M = 0.30$	0.842	1.305	7.700	15.400	0.281	0.652	98.965
$\theta_R = 0.90$	0.673	0.673	5.549	12.330	0.224	0.224	83.829
$\theta_R = 0.95$	0.734	0.734	6.377	13.425	0.245	0.245	89.289
$\theta_R = 1.05$	0.913	0.913	8.723	16.616	0.304	0.304	105.192
$\theta_R = 1.10$	1.050	1.050	10.478	19.051	0.350	0.350	117.312
$p_c = 0.90$	0.768	0.768	7.384	14.768	0.256	0.256	96.853
$p_c = 0.95$	0.789	0.789	7.395	14.789	0.263	0.263	96.527
$p_c = 1.05$	0.833	0.833	7.417	14.833	0.278	0.278	95.878
$p_c = 1.10$	0.856	0.856	7.428	14.856	0.285	0.285	95.555

表 8 - 2　　　　　碳限额与交易政策下集中决策时灵敏度分析结果

基准	$z_{S\infty}^C$	$z_{M\infty}^C$	$z_{R\infty}^C$	w_∞^C	$x_{S\infty}^C$	$x_{M\infty}^C$	J^{C*}
	2.000	2.000	10.000	16.000	0.667	0.667	99.767
$\alpha_S = 0.10$	0.914	1.829	9.143	15.143	0.152	0.610	97.165
$\alpha_S = 0.15$	1.422	1.896	9.482	15.482	0.356	0.632	98.218
$\alpha_S = 0.25$	2.689	2.151	10.756	16.756	1.120	0.717	101.898
$\alpha_S = 0.30$	3.556	2.370	11.852	17.852	1.778	0.790	104.746
$\alpha_M = 0.10$	1.829	0.914	9.143	15.143	0.610	0.152	97.165
$\alpha_M = 0.15$	1.896	1.422	9.482	15.482	0.632	0.356	98.218
$\alpha_M = 0.25$	2.151	2.689	10.756	16.756	0.717	1.120	101.898
$\alpha_M = 0.30$	2.370	3.556	11.852	17.852	0.790	1.778	104.746
$\theta_R = 0.90$	1.616	1.616	7.273	12.545	0.539	0.539	86.429
$\theta_R = 0.95$	1.783	1.783	8.468	14.045	0.594	0.594	92.295
$\theta_R = 1.05$	2.294	2.294	12.043	18.645	0.765	0.765	109.566
$\theta_R = 1.10$	2.712	2.712	14.915	22.407	0.904	0.904	122.925
$p_c = 0.90$	1.950	1.950	10.085	15.950	0.650	0.650	100.973
$p_c = 0.95$	1.975	1.975	10.042	15.975	0.658	0.658	100.361
$p_c = 1.05$	2.025	2.025	9.959	16.025	0.675	0.675	99.192
$p_c = 1.10$	2.050	2.050	9.918	16.050	0.683	0.683	98.635

表 8 - 1 中，$z_{S\infty}$、$z_{M\infty}$、$z_{R\infty}$、w_∞、$x_{S\infty}$、$x_{M\infty}$、J^* 依次序分别表示碳限额与交易政策及微分博弈情形下当 $t \to \infty$ 时，供应商、制造商、零售商最优努力水平的稳定值，零售商对产品最优加成价的稳定值，供应商与制造商各自的最优碳减排量的稳定值，供应链最优总利润。表 8 - 2 中，$z_{S\infty}^C$、$z_{M\infty}^C$、$z_{R\infty}^C$、w_∞^C、$x_{S\infty}^C$、$x_{M\infty}^C$、J^{C*} 依次序分别表示碳限额与交易政策及集中决策情形下当 $t \to \infty$ 时，供应商、制造商、零售商最优努力水平的稳定值，零售商对产品最优加成价的稳定值，供应商与制造商各自的最优碳减排量的稳定值，供应链最优总利润。表 8 - 1、

表 8 - 2 结合本章内容可得如下结论。

（1）无论微分博弈情形还是集中决策情形，随着 α_S、α_M、θ_R 值的增加，供应商、制造商、零售商最优努力水平的稳定值，零售商对产品最优加成价的稳定值，供应商、制造商各自的最优减排量的稳定值，供应链整体最优总利润都在增加。这是因为随着 α_S 值增加，供应商减排效率得到了提高，减排效率提高相当于单位努力的"痛苦"或"成本"减少，供应商愿意更加努力减排（即供应商减排努力水平稳定值增加）[1]，使供应商最优减排量的稳定值增加。由于供应商减排量增加，据前面模型假设（3）可知产品市场需求增加，使制造商因碳交易发生的成本增加，为了减少碳交易成本，制造商会更加努力地减排（即制造商减排努力水平稳定值增加），这会导致制造商最优减排量的稳定值增加。供应商、制造商碳减排量增加时，根据消费者低碳偏好，零售商对产品最优加成价稳定值增加；在涨价的产品市场，需要零售商增加宣传促销努力水平稳定值。最后，α_S 值增加，供应商减排效率提高，即供应链系统出现了技术进步，这使供应链总利润增加。α_M 值增加时，与 α_S 分析类似。而 θ_R 值增加时，零售商促销效率提高，相当于促销的"痛苦"或"成本"降低，零售商愿意更加努力地促销，使零售商促销努力水平的稳定值增加。同时，零售商促销效率与促销努力水平增加导致产品市场需求增加，使供应商、制造商因碳交易发生的成本增加。为了减少各自的碳交易成本，供应商、制造商会更加努力地减排（即供应商、制造商减排努力水平稳定值增加），这导致供应商、制造商最优减排量的稳定值增加。根据消费者低碳偏好，供应商、制造商最优减排量的稳定值增加，使零售商

---

[1]　因现实中减排技术一般做不到零排放，所以本书考虑的是最优减排量小于初始碳排放量的情况。

对产品最优加成价稳定值增加。最后，θ_R 值增加，零售商促销效率提高，相当于供应链系统出现了技术进步，这使供应链总利润增加。

（2）无论微分博弈情形还是集中决策情形，当 α_S 值增加时，供应商减排努力水平的稳定值增加速度、供应商的单位原材料减排量的稳定值增加速度明显大于相应的制造商减排努力水平的稳定值增加速度、制造商的单位产品减排量的稳定值增加速度。这是因为 α_S 值增加时，由灵敏度分析的结论（1）可知，其对供应商减排努力、供应商减排量的影响是直接作用的结果，而其对制造商减排努力、制造商减排量的影响是间接"溢出效应"的结果，所以供应商的减排努力水平、供应商的减排量增加更快。类似的有，当 α_M 值增加时，制造商减排努力水平的稳定值增加速度、制造商的单位产品减排量的稳定值增加速度明显大于相应的供应商减排努力水平的稳定值增加速度、供应商的单位原材料减排量的稳定值增加速度。

（3）无论微分博弈情形还是集中决策情形，随着 p_c 值增加，供应商与制造商的减排努力水平的稳定值，零售商对产品最优加成价的稳定值，供应商与制造商各自的最优碳减排量的稳定值都在增加。这是因为 p_c 值增加，碳排放的成本增加，为减少排放成本，供应商、制造商必须更加努力减排，所以他们的努力水平稳定值增加，而减排努力水平稳定值的增加会使供应商、制造商减排量稳定值增加。另外，减排量增加会使零售商提高对产品加成价稳定值。

（4）无论微分博弈情形还是集中决策情形，随着 p_c 值增加，供应链整体最优总利润都在减少。这是因为 p_c 值增加，供应链整个系统面临更加不利的系统环境，所以供应链总利润会减少。但由计算过程可知，微分博弈情形下，供应商、制造商的利润随 p_c 增加而减少；零售商的利润随 p_c 增加而增加。这是因为 p_c 值增加导致供应商、制造商面临不利的减排环境，所以他们的利润会减少。但是，当供应商与制造商面临更高碳排放成本时，会提高减排量，从而导致零售商提高了对最终产品的加成价，因而零售商利润增加。

8.3.2　供应链集中决策总利润的协调分配

由本章算例及其灵敏度分析可知，在碳限额与交易政策环境下，供应链集中决策总利润都大于分散决策总利润。下面以算例中的基准参数取值情况说明集中决策总利润如何分配的问题，即供应链系统的协调问题。将前面的基准参数值代入前面相应模型可解得：

$v(S) = l_S(x_{S0}, x_{M0}) = 10$

$v(M) = l_M(x_{S0}, x_{M0}) = 10$

$v(R) = l_R(x_{S0}, x_{M0}) = 49$

$v(S, M) = l_{SM}(x_{S0}, x_{M0}) = 20$

$v(S, R) = l_{SR}(x_{S0}, x_{M0}) = 76.2636$

$v(M, R) = l_{MR}(x_{S0}, x_{M0}) = 76.2636$

另外，应有：

$v(\phi) = 0$

$v(S, M, R) = J^{C*}(x_{S0}, x_{M0}) = 99.7673$

求出特征函数以后有：

$u_S = v(S, M, R) - v(M, R) = 23.5037$

$u_M = v(S, M, R) - v(S, R) = 23.5037$

$u_R = v(S, M, R) - v(S, M) = 79.7673$

将相应的值代入模型式（8 - 62）并求解，可得 $x_S = 19.6390$，$x_M = 19.6390$，$x_R = 60.4893$，即：

$$J_S^{C*}(x_{S0}, x_{M0}) = 19.6390$$

$$J_M^{C*}(x_{S0}, x_{M0}) = 19.6390$$

$$J_R^{C*}(x_{S0}, x_{M0}) = 60.4893$$

按此方式分配，可实现供应链系统的 Pareto 改善及协调。

8.4 管理启示

在碳限额与交易政策环境下，通过理论建模及数值分析，得到了一系列结论。这些结论所含的管理启示如下。

（1）在碳限额与交易政策下，三级供应链成员企业应尽可能实现全面合作，采取集中决策方式，这样既有利于增加三级供应链的总利润，同时还有利于供应商原材料减排与制造商产品减排。但全面合作需要供应链企业合理分配合作利润这个前提，在实践中供应链企业可以考虑前述的满足个体理性的多人联盟博弈的多目标决策方法进行总利润分配，以实现供应链系统的协调。

（2）在碳限额与交易政策下，策略的动态性意味着供应链成员企业在实践中应关注时间因素，根据策略表达式及各参数取值情况，不同时间采取不同的具体行动。

（3）在碳限额与交易政策下，供应商与制造商应加强减排技术研发或减排技术引进及利用意识，提高减排效率（即提高 α_S，α_M 值）。同时，政府部门也可采取措施激励供应商、制造商减排技术的研发或引进，如给予减排企业一定数额的研发补贴或引进补贴；零售商可通过对潜在顾客相关大数据的挖掘，进行精准低碳宣传促销，改善促销效率（即提高 θ_R 值），这些效率的提升不仅会给供应链成员企业带来经济效益，也会因减少了排放量而带来社会效益。

（4）在碳限额与交易政策下，因碳交易价格的增加，一方面使减排量增加（带来社会效益），但另一方面使供应链整体利润减少（经济利益受损），所以政府相关部门可对碳交易价格进行适当管制，使其不要过高或过低，平衡好社会效益与经济利益。

第9章

碳税政策下三级供应链运营
微分博弈及协调研究

9.1　符号说明与模型假设

9.1.1　符号说明

$z_S(t)$　表示 t 时刻供应商 S 的减排努力水平，是供应商 S 的决策变量。

$z_M(t)$　表示 t 时刻制造商 M 的减排努力水平，是制造商 M 的决策变量。

$w_S(t)$　表示 t 时刻低碳原材料的批发价，是供应商 S 的决策变量。

$w_M(t)$　表示 t 时刻低碳产品的批发价，是制造商 M 的决策变量。

$p(t)$　表示 t 时刻低碳产品的零售价，是零售商 R 的决策变量。

$x_S(t)$ 表示 t 时刻单位原材料的碳减排量，是状态变量。

$x_M(t)$ 表示 t 时刻单位（最终）产品的碳减排量，是状态变量。

$z_S^*(t)$、$z_M^*(t)$、$w_S^*(t)$、$w_M^*(t)$、$p^*(t)$、$x_S^*(t)$、$x_M^*(t)$ 分别表示相应变量的最优值。

e_{S0} 表示未减排时单位原材料的初始碳排放量。

e_{M0} 表示未减排时单位（最终）产品的初始碳排放量。

J_S、J_M、J_R、J 分别表示非合作（即分散决策）时供应商、制造商和零售商长期（无限时区内）的总利润及供应链系统长期（无限时区内）的总利润，J_S^*、J_M^*、J_R^*、J^* 表示相应符号最优值。

J_S^C、J_M^C、J_R^C、J^C 分别表示合作（即集中决策）时供应商、制造商和零售商长期（无限时区内）的总利润及供应链系统长期（无限时区内）的总利润，J_S^{C*}、J_M^{C*}、J_R^{C*}、J^{C*} 表示相应符号最优值。

9.1.2　模型假设

（1）单位原材料及单位产品的减排量是一个动态变化的过程，单位原材料及单位产品减排量的变化受当期供应商和制造商的减排努力水平及当期单位原材料及单位产品的减排量影响，可用式（9-1）所示的状态方程（微分方程）表示单位原材料及单位产品减排量的变化过程，即：

$$dx_S(t)/dt = \alpha_S z_S(t) - \beta_S x_S(t)$$

$$dx_M(t)/dt = \alpha_M z_M(t) - \beta_M x_M(t) \qquad (9-1)$$

其中，$x_S(t)$ 表示 t 时刻单位原材料的减排量，$x_M(t)$ 表示 t 时刻单位产品的减排量，且 $x_S(0) = x_{S0} \geq 0$，$x_M(0) = x_{M0} \geq 0$。$\alpha_S > 0$、$\alpha_M > 0$ 分别表示供应商和制造商各自的减排努力对单位原材料及单位产品减排率的影响系数，$\beta_S > 0$、$\beta_M > 0$ 是单位原材料及单位产品减排率函数的衰减率。这里假定随着时间的推移，已投资的减排设备会老化，减排率存在一个衰减率。该假设借鉴了已有文献（Steffen Jørgensen et al.，2010；赵道致等，2016；游达明和朱桂菊，2016）的做法。

（2）消费者倾向于购买低碳度高、价格低廉的产品，即设：

$$D(t) = D_0 + \theta_S x_S(t) + \theta_M x_M(t) - \theta_R p(t) \qquad (9-2)$$

其中，$D(t)$ 为 t 时刻低碳产品的市场需求；$D_0 > 0$ 为常数，表示产品的初始市场需求；$\theta_S > 0$，$\theta_M > 0$，$\theta_R > 0$ 分别表示原材料减排量、产品减排量对产品需求的影响系数及消费者价格敏感系数。同时，假设一单位原材料对应一单位最终产品。

（3）供应商与制造商的减排成本是其减排努力程度的凸函数，即有：

$$C_S(t) = \frac{1}{2} \eta_S z_S^2(t)$$

$$C_M(t) = \frac{1}{2} \eta_M z_M^2(t) \qquad (9-3)$$

其中，$C_S(t)$、$C_M(t)$ 分别为 t 时刻供应商与制造商的减排成本；$\eta_S > 0$，$\eta_M > 0$ 分别为供应商与制造商的减排成本系数。

（4）碳税是一种环境税，是政府针对企业的碳排放量向排放企业征收的税。具体到本章，碳税是政府依据供应商在原材料生产过程中的碳排放量及制造商在产品生产过程中的碳排放量向供应商、制造商征收的税，设单位碳排放量征税额（即碳税税率）为 δ。由于零售商在销售产品过程中碳排放量较少，因而本章不考虑零售商的减排及征税问题。

（5）因供应商、制造商减排旨在降低"产品"碳排放量，不会带来单位"产品"生产成本、销售成本的改变，故假设供应商、制造商单位"产品"生产成本及零售商单位产品销售成本为常数（游达明和朱桂菊，2016；Xie J X & Wei J C，2009）。但与前述两文献为方便将成本设为 0 不同，考虑到成本会影响最优定价，此处分别用 c_S、c_M、c_R 表示供应商、制造商单位"产品"生产成本及零售商单位产品销售成本。

（6）供应商、制造商和零售商都是基于完全信息进行理性决策，不计供应链缺货成本、存货成本、管理成本等；供应商、制造商和零售商具有恒定且正的折扣因子 ρ（刘名武等，2018；魏守道，2018；叶同等，2018）。

9.2　模型构建及分析

9.2.1　分散决策情形

在碳税政策下，考虑由单个供应商 S，单个制造商 M 和单个零售商 R 组成的三级供应链。三级供应链在完全信息情况下的决策顺序为：首先，供应商决定原材料生产中的减排努力水平 $z_S(t)$ 及原材料批发价 $w_S(t)$；其次，制造商决定产品生产过程中的减排努力水平 $z_M(t)$ 及产品批发价 $w_M(t)$；最后，零售商决定低碳产品的零售价 $p(t)$。因此，结合前面的基本假设可得供应商 S、制造商 M、零售商 R 的决策问题分别为（为书写方便，当变量为时间 t 的函数时，省略 t）：

$$\max_{z_S,w_S} J_S = \int_0^\infty e^{-\rho t} \big[(w_S - c_S - \delta e_{S0} + \delta x_S)(D_0 + \theta_S x_S + \theta_M x_M - \theta_R p) - 0.5 \eta_S z_S^2 \big] dt \tag{9-4}$$

$$\max_{z_M, w_M} J_M = \int_0^\infty e^{-\rho t} \big[(w_M - w_S - c_M - \delta e_{M0} + \delta x_M)(D_0 + \theta_S x_S$$

$$+ \theta_M x_M - \theta_R p) - 0.5\eta_M z_M^2 \big] dt \qquad (9-5)$$

$$\max_p J_R = \int_0^\infty e^{-\rho t} \big[(p - w_M - c_R)(D_0 + \theta_S x_S + \theta_M x_M - \theta_R p) \big] dt \qquad (9-6)$$

对此博弈问题，采用逆向归纳法求解。记 t 时刻以后，零售商 R 长期利润的最优价值函数为：

$$J_R^*(x_S, x_M) = e^{-\rho t} V_R(x_S, x_M)$$

由式（9-6），根据最优控制理论，$V_R(x_S, x_M)$ 对于任意 $x_S \geq 0$，$x_M \geq 0$ 必须满足哈密尔顿 - 雅可比 - 贝尔曼（HJB）方程：

$$\rho V_R = \max_p \big[(p - w_M - c_R)(D_0 + \theta_S x_S + \theta_M x_M - \theta_R p)$$

$$+ V_R^S(\alpha_S z_S - \beta_S x_S) + V_R^M(\alpha_M z_M - \beta_M x_M) \big] \qquad (9-7)$$

其中，V_R^S 和 V_R^M 表示 $V_R(x_S, x_M)$ 对 x_S 和 x_M 的偏导数。由式（9-7）的一阶条件可得：

$$p^* = \frac{D_0 + \theta_S x_S + \theta_M x_M + \theta_R w_M}{2\theta_R} + \frac{c_R}{2} \qquad (9-8)$$

同理，记 $J_M^*(x_S, x_M) = e^{-\rho t} V_M(x_S, x_M)$，则对制造商 M 有 HJB 方程：

$$\rho V_M = \max_{z_M, w_M} \big[(w_M - w_S - c_M - \delta e_{M0} + \delta x_M)(D_0 + \theta_S x_S + \theta_M x_M - \theta_R p)$$

$$- 0.5\eta_M z_M^2 + V_M^S(\alpha_S z_S - \beta_S x_S) + V_M^M(\alpha_M z_M - \beta_M x_M) \big] \qquad (9-9)$$

其中，V_M^S 和 V_M^M 表示 $V_M(x_S, x_M)$ 对 x_S 和 x_M 的偏导数。将式（9-8）代入式（9-9），由式（9-9）的一阶条件可得：

$$z_M^* = \frac{\alpha_M V_M^M}{\eta_M}$$

$$w_M^* = \frac{D_0 + \theta_S x_S + \theta_M x_M + \theta_R w_S + \theta_R \delta e_{M0} - \theta_R \delta x_M}{2\theta_R} + \frac{c_M - c_R}{2} \qquad (9-10)$$

记 $J_S^*(x_S, x_M) = e^{-\rho t} V_S(x_S, x_M)$，则对供应商 S 有 HJB 方程：

$$\rho V_S = \max_{z_S, w_S} \big[(w_S - c_S - \delta e_{S0} + \delta x_S)(D_0 + \theta_S x_S + \theta_M x_M - \theta_R p)$$
$$- 0.5\eta_S z_S^2 + V_S^S(\alpha_S z_S - \beta_S x_S) + V_S^M(\alpha_M z_M - \beta_M x_M) \big]$$

$$(9-11)$$

其中，V_S^S 和 V_S^M 表示 $V_S(x_S, x_M)$ 对 x_S 和 x_M 的偏导数。将式（9-8）、式（9-10）代入式（9-11），然后由式（9-11）的一阶条件可得：

$$z_S^* = \frac{\alpha_S V_S^S}{\eta_S}$$

$$w_S^* = \frac{D_0 + \theta_S x_S + \theta_M x_M + \theta_R \delta x_M + \theta_R \delta e_{S0} - \theta_R \delta x_S - \theta_R \delta e_{M0}}{2\theta_R} + \frac{c_S - c_M - c_R}{2}$$

$$(9-12)$$

将式（9-8）、式（9-10）、式（9-12）分别代入式（9-11）、式（9-9）与式（9-7），整理得式（9-13）~式（9-15）。

$$\rho V_S = \frac{[D_0 + \theta_S x_S + \theta_M x_M + \theta_R \delta x_S + \theta_R \delta x_M - \theta_R \delta e_{S0} - \theta_R \delta e_{M0} - \theta_R(c_S + c_M + c_R)]^2}{16\theta_R}$$
$$+ \frac{\alpha_S^2 (V_S^S)^2}{2\eta_S} + \frac{\alpha_M^2 V_S^M V_M^M}{\eta_M} - \beta_S V_S^S x_S - \beta_M V_S^M x_M \qquad (9-13)$$

$$\rho V_M = \frac{[D_0 + \theta_S x_S + \theta_M x_M + \theta_R \delta x_S + \theta_R \delta x_M - \theta_R \delta e_{S0} - \theta_R \delta e_{M0} - \theta_R(c_S + c_M + c_R)]^2}{32\theta_R}$$
$$+ \frac{\alpha_S^2 V_S^S V_M^S}{\eta_S} + \frac{\alpha_M^2 (V_M^M)^2}{2\eta_M} - \beta_S V_M^S x_S - \beta_M V_M^M x_M \qquad (9-14)$$

$$\rho V_R = \frac{[D_0 + \theta_S x_S + \theta_M x_M + \theta_R \delta x_S + \theta_R \delta x_M - \theta_R \delta e_{S0} - \theta_R \delta e_{M0} - \theta_R(c_S + c_M + c_R)]^2}{64\theta_R}$$
$$+ \frac{\alpha_S^2 V_S^S V_R^S}{\eta_S} + \frac{\alpha_M^2 V_M^M V_R^M}{\eta_M} - \beta_S V_R^S x_S - \beta_M V_R^M x_M \qquad (9-15)$$

由式（9-13）~式（9-15）可知，其价值函数都是关于状态变量的二次式，因而可设：

$$V_S(x_S, \ x_M) = a_1 x_S^2 + b_1 x_M^2 + c_1 x_S x_M + d_1 x_S + e_1 x_M + f_1$$

$$V_M(x_S, \ x_M) = a_2 x_S^2 + b_2 x_M^2 + c_2 x_S x_M + d_2 x_S + e_2 x_M + f_2$$

$$V_R(x_S, \ x_M) = a_3 x_S^2 + b_3 x_M^2 + c_3 x_S x_M + d_3 x_S + e_3 x_M + f_3 \qquad (9-16)$$

其中，a_1、b_1、c_1、d_1、e_1、f_1、a_2、b_2、c_2、d_2、e_2、f_2、a_3、b_3、c_3、d_3、e_3、f_3 为待定系数。将式（9-16）及其对 x_S、x_M 的偏导数代入式（9-13）~式（9-15）中，对比式（9-13）~式（9-15）左右两边的同类项系数，可得 18 个待定系数组成的方程组如式（9-17）~式（9-34）所示。

$$\rho a_1 = \frac{(\theta_S + \delta\theta_R)^2}{16\theta_R} + \frac{2\alpha_S^2 a_1^2}{\eta_S} + \frac{\alpha_M^2 c_1 c_2}{\eta_M} - 2\beta_S a_1 \qquad (9-17)$$

$$\rho b_1 = \frac{(\theta_M + \delta\theta_R)^2}{16\theta_R} + \frac{\alpha_S^2 c_1^2}{2\eta_S} + \frac{4\alpha_M^2 b_1 b_2}{\eta_M} - 2\beta_M b_1 \qquad (9-18)$$

$$\rho c_1 = \frac{(\theta_S + \delta\theta_R)(\theta_M + \delta\theta_R)}{8\theta_R} + \frac{2\alpha_S^2 a_1 c_1}{\eta_S} + \frac{\alpha_M^2(2b_1 c_2 + 2b_2 c_1)}{\eta_M} - \beta_S c_1 - \beta_M c_1$$
$$\qquad (9-19)$$

$$\rho d_1 = \frac{(\theta_S + \delta\theta_R)[D_0 - \delta\theta_R e_{S0} - \delta\theta_R e_{M0} - \theta_R(c_S + c_M + c_R)]}{8\theta_R}$$
$$+ \frac{2\alpha_S^2 a_1 d_1}{\eta_S} + \frac{\alpha_M^2(c_1 e_2 + c_2 e_1)}{\eta_M} - \beta_S d_1 \qquad (9-20)$$

$$\rho e_1 = \frac{(\theta_M + \delta\theta_R)[D_0 - \delta\theta_R e_{S0} - \delta\theta_R e_{M0} - \theta_R(c_S + c_M + c_R)]}{8\theta_R}$$
$$+ \frac{\alpha_S^2 c_1 d_1}{\eta_S} + \frac{2\alpha_M^2(b_1 e_2 + b_2 e_1)}{\eta_M} - \beta_M e_1 \qquad (9-21)$$

$$\rho f_1 = \frac{[D_0 - \delta\theta_R e_{S0} - \delta\theta_R e_{M0} - \theta_R(c_S + c_M + c_R)]^2}{16\theta_R} + \frac{\alpha_S^2 d_1^2}{2\eta_S} + \frac{\alpha_M^2 e_1 e_2}{\eta_M} \qquad (9-22)$$

$$\rho a_2 = \frac{(\theta_S + \delta\theta_R)^2}{32\theta_R} + \frac{4\alpha_S^2 a_1 a_2}{\eta_S} + \frac{\alpha_M^2 c_2^2}{2\eta_M} - 2\beta_S a_2 \qquad (9-23)$$

$$\rho b_2 = \frac{(\theta_M + \delta\theta_R)^2}{32\theta_R} + \frac{\alpha_S^2 c_1 c_2}{\eta_S} + \frac{2\alpha_M^2 b_2^2}{\eta_M} - 2\beta_M b_2 \qquad (9-24)$$

$$\rho c_2 = \frac{(\theta_S + \delta\theta_R)(\theta_M + \delta\theta_R)}{16\theta_R} + \frac{2\alpha_S^2(a_1 c_2 + a_2 c_1)}{\eta_S} + \frac{2\alpha_M^2 b_2 c_2}{\eta_M}$$

$$- \beta_S c_2 - \beta_M c_2 \qquad (9-25)$$

$$\rho d_2 = \frac{(\theta_S + \delta\theta_R)[D_0 - \delta\theta_R e_{S0} - \delta\theta_R e_{M0} - \theta_R(c_S + c_M + c_R)]}{16\theta_R}$$

$$+ \frac{2\alpha_S^2(a_1 d_2 + a_2 d_1)}{\eta_S} + \frac{\alpha_M^2 c_2 e_2}{\eta_M} - \beta_S d_2 \qquad (9-26)$$

$$\rho e_2 = \frac{(\theta_M + \delta\theta_R)[D_0 - \delta\theta_R e_{S0} - \delta\theta_R e_{M0} - \theta_R(c_S + c_M + c_R)]}{16\theta_R}$$

$$+ \frac{\alpha_S^2(c_1 d_2 + c_2 d_1)}{\eta_S} + \frac{2\alpha_M^2 b_2 e_2}{\eta_M} - \beta_M e_2 \qquad (9-27)$$

$$\rho f_2 = \frac{[D_0 - \delta\theta_R e_{S0} - \delta\theta_R e_{M0} - \theta_R(c_S + c_M + c_R)]^2}{32\theta_R}$$

$$+ \frac{\alpha_S^2 d_1 d_2}{\eta_S} + \frac{\alpha_M^2 e_2^2}{2\eta_M} \qquad (9-28)$$

$$\rho a_3 = \frac{(\theta_S + \delta\theta_R)^2}{64\theta_R} + \frac{4\alpha_S^2 a_1 a_3}{\eta_S} + \frac{\alpha_M^2 c_2 c_3}{\eta_M} - 2\beta_S a_3 \qquad (9-29)$$

$$\rho b_3 = \frac{(\theta_M + \delta\theta_R)^2}{64\theta_R} + \frac{\alpha_S^2 c_1 c_3}{\eta_S} + \frac{4\alpha_M^2 b_2 b_3}{\eta_M} - 2\beta_M b_3 \qquad (9-30)$$

$$\rho c_3 = \frac{(\theta_S + \delta\theta_R)(\theta_M + \delta\theta_R)}{32\theta_R} + \frac{2\alpha_S^2(a_1 c_3 + a_3 c_1)}{\eta_S}$$

$$+ \frac{2\alpha_M^2(b_2 c_3 + b_3 c_2)}{\eta_M} - \beta_S c_3 - \beta_M c_3 \qquad (9-31)$$

$$\rho d_3 = \frac{(\theta_S + \delta\theta_R)[D_0 - \delta\theta_R e_{S0} - \delta\theta_R e_{M0} - \theta_R(c_S + c_M + c_R)]}{32\theta_R}$$

$$+ \frac{2\alpha_S^2(a_1 d_3 + a_3 d_1)}{\eta_S} + \frac{\alpha_M^2(c_2 e_3 + c_3 e_2)}{\eta_M} - \beta_S d_3 \qquad (9-32)$$

$$\rho e_3 = \frac{(\theta_M + \delta\theta_R)[D_0 - \delta\theta_R e_{S0} - \delta\theta_R e_{M0} - \theta_R(c_S + c_M + c_R)]}{32\theta_R}$$

$$+ \frac{\alpha_S^2(c_1 d_3 + c_3 d_1)}{\eta_S} + \frac{2\alpha_M^2(b_2 e_3 + b_3 e_2)}{\eta_M} - \beta_M e_3 \qquad (9-33)$$

$$\rho f_3 = \frac{[D_0 - \delta\theta_R e_{S0} - \delta\theta_R e_{M0} - \theta_R(c_S + c_M + c_R)]^2}{64\theta_R} + \frac{\alpha_S^2 d_1 d_3}{\eta_S}$$

$$+ \frac{\alpha_M^2 e_2 e_3}{\eta_M} \qquad (9-34)$$

求解式（9-17）~式（9-34）组成的方程组，可得18个待定系数的值。但是，上述方程组为较复杂的非线性方程组，难以求出参数形式的解析解。如果将参数取为特定的数值，可求出非线性方程组的近似解，求解思路及步骤为：①由式（9-17）~式（9-19）、式（9-23）~式（9-25）解出 a_1、b_1、c_1、a_2、b_2、c_2 的值；②由式（9-20）、式（9-21）、式（9-26）、式（9-27）解出 d_1、e_1、d_2、e_2 的值；③由式（9-22）解出 f_1 的值，由式（9-28）解出 f_2 的值；④由式（9-29）~式（9-31）解出 a_3、b_3、c_3 的值；⑤由式（9-32）、式（9-33）解出 d_3、e_3 的值；⑥由式（9-34）解出 f_3 的值。假设由式（9-17）~式（9-34）解出的值用 a_1^*、b_1^*、c_1^*、d_1^*、e_1^*、f_1^*、a_2^*、b_2^*、c_2^*、d_2^*、e_2^*、f_2^*、a_3^*、b_3^*、c_3^*、d_3^*、e_3^*、f_3^* 表示。

得到18个待定系数的值后，根据式（9-16）、式（9-12）、式（9-10）、式（9-8）可得碳税政策下三级供应链动态均衡策略

如式 (9-35) ~ 式 (9-39) 所示。

$$z_S^* = \frac{\alpha_S(2a_1^* x_S + c_1^* x_M + d_1^*)}{\eta_S} \tag{9-35}$$

$$w_S^* = \frac{D_0 + \theta_S x_S + \theta_M x_M}{2\theta_R} + \frac{\delta}{2}(e_{S0} - x_S) - \frac{\delta}{2}(e_{M0} - x_M) + \frac{c_S - c_M - c_R}{2} \tag{9-36}$$

$$z_M^* = \frac{\alpha_M(2b_2^* x_M + c_2^* x_S + e_2^*)}{\eta_M} \tag{9-37}$$

$$w_M^* = \frac{3(D_0 + \theta_S x_S + \theta_M x_M)}{4\theta_R} + \frac{\delta}{4}(e_{S0} + e_{M0} - x_S - x_M) + \frac{c_S + c_M - 3c_R}{4} \tag{9-38}$$

$$p^* = \frac{7(D_0 + \theta_S x_S + \theta_M x_M)}{8\theta_R} + \frac{\delta}{8}(e_{S0} + e_{M0} - x_S - x_M) + \frac{c_S + c_M + c_R}{8} \tag{9-39}$$

因现实中 $p^* > w_M^*$，$w_M^* > w_S^*$，这意味着以下条件成立。

$$D_0 + \theta_S x_S + \theta_M x_M > \delta\theta_R(e_{S0} + e_{M0} - x_S - x_M) + \theta_R(c_S + c_M - 7c_R) \tag{9-40}$$

$$D_0 + \theta_S x_S + \theta_M x_M > \delta\theta_R(e_{S0} + 3x_M - x_S - 3e_{M0}) + \theta_R(c_S + c_R - 3c_M) \tag{9-41}$$

由式 (9-35) ~ 式 (9-39) 可知，①碳税政策下，供应商、制造商、零售商的"产品"定价都与 D_0、θ_S、θ_M 正相关，都与 θ_R 负相关，且都随状态变量 x_S、x_M 的变化动态变化；②政府征收碳税对供应商单位原材料批发价的影响取决于供应商与制造商单位"产品"碳排放的相对成本大小，即当供应商单位原材料碳排放成本比制造商单位产品碳排放成本更大时，碳税使供应商批发价上升，反之碳税使供应商批发价下降；③政府征收碳税带给供应商、制造商的单位"产品"

碳税成本，有 1/4 通过制造商的产品批发价传导给了零售商，有 1/8 通过零售商的零售价传导给了消费者；④供应商、制造商的单位"产品"生产成本，零售商的单位产品销售成本对原材料及产品批发价的影响取决于这些成本的相对大小，可能抬高批发价，也可能降低批发价，但这些总成本的 1/8 通过零售商的零售价传导给了消费者。

将式（9－35）、式（9－37）代入状态方程式（9－1），根据联立微分方程组的解法（G. 甘道尔夫，2003）可求得碳税政策下，分散决策情形三级供应链供应商与制造商减排量 x_S、x_M 的最优轨迹：

$$x_S^*(t) = A_1 e^{\lambda_1 t} + A_2 e^{\lambda_2 t} + u_1 \tag{9－42}$$

$$x_M^*(t) = \frac{\eta_S \lambda_1 - 2\alpha_S^2 a_1^* + \beta_S \eta_S}{\alpha_S^2 c_1^*} A_1 e^{\lambda_1 t} + \frac{\eta_S \lambda_2 - 2\alpha_S^2 a_1^* + \beta_S \eta_S}{\alpha_S^2 c_1^*} A_2 e^{\lambda_2 t} + u_2$$

$$\tag{9－43}$$

式（9－42）、式（9－43）中：

$$u_1 = \frac{\alpha_S^2 \alpha_M^2 c_1^* e_2^* - 2\alpha_S^2 \alpha_M^2 b_2^* d_1^* + \alpha_S^2 \beta_M \eta_M d_1^*}{(2\alpha_S^2 a_1^* - \beta_S \eta_S)(2\alpha_M^2 b_2^* - \beta_M \eta_M) - \alpha_S^2 \alpha_M^2 c_1^* c_2^*}$$

$$u_2 = \frac{\alpha_S^2 \alpha_M^2 c_2^* d_1^* - 2\alpha_S^2 \alpha_M^2 a_1^* e_2^* + \alpha_M^2 \beta_S \eta_S e_2^*}{(2\alpha_S^2 a_1^* - \beta_S \eta_S)(2\alpha_M^2 b_2^* - \beta_M \eta_M) - \alpha_S^2 \alpha_M^2 c_1^* c_2^*}$$

$$\lambda_1 = \frac{\alpha_S^2 a_1^*}{\eta_S} + \frac{\alpha_M^2 b_2^*}{\eta_M} - 0.5\beta_S - 0.5\beta_M + 0.5\sqrt{\Delta_1}$$

$$\lambda_2 = \frac{\alpha_S^2 a_1^*}{\eta_S} + \frac{\alpha_M^2 b_2^*}{\eta_M} - 0.5\beta_S - 0.5\beta_M - 0.5\sqrt{\Delta_1}$$

$$A_1 = \frac{2\alpha_S^2 \eta_M a_1^* - 2\alpha_M^2 \eta_S b_2^* + \beta_M \eta_S \eta_M - \beta_S \eta_S \eta_M + \eta_S \eta_M \sqrt{\Delta_1}}{2\eta_S \eta_M \sqrt{\Delta_1}} (x_{S0} - u_1)$$

$$+ \frac{\alpha_S^2 c_1^*}{\eta_S \sqrt{\Delta_1}} (x_{M0} - u_2)$$

$$A_2 = \frac{2\alpha_M^2 \eta_S b_2^* - 2\alpha_S^2 \eta_M a_1^* + \beta_S \eta_S \eta_M - \beta_M \eta_S \eta_M + \eta_S \eta_M \sqrt{\Delta_1}}{2\eta_S \eta_M \sqrt{\Delta_1}}(x_{S0} - u_1)$$

$$- \frac{\alpha_S^2 c_1^*}{\eta_S \sqrt{\Delta_1}}(x_{M0} - u_2)$$

λ_1、λ_2、A_1、A_2 表达式中，

$$\Delta_1 = \left(\frac{2\alpha_S^2 a_1^*}{\eta_S} + \beta_M - \beta_S - \frac{2\alpha_M^2 b_2^*}{\eta_M}\right)^2 + \frac{4\alpha_S^2 \alpha_M^2 c_1^* c_2^*}{\eta_S \eta_M}$$

由式（9－16）、式（9－42）、式（9－43）及 $J_S^*(x_S, x_M) = e^{-\rho t}$ $V_S(x_S, x_M)$ 可得最优利润值函数：

$$J_S^*(x_S, x_M) = e^{-\rho t} V_S(x_S, x_M)$$
$$= e^{-\rho t}(a_1^* x_S^2 + b_1^* x_M^2 + c_1^* x_S x_M + d_1^* x_S + e_1^* x_M + f_1^*) \quad (9-44)$$

同理可得：

$$J_M^*(x_S, x_M) = e^{-\rho t} V_M(x_S, x_M)$$
$$= e^{-\rho t}(a_2^* x_S^2 + b_2^* x_M^2 + c_2^* x_S x_M + d_2^* x_S + e_2^* x_M + f_2^*) \quad (9-45)$$

$$J_R^*(x_S, x_M) = e^{-\rho t} V_R(x_S, x_M)$$
$$= e^{-\rho t}(a_3^* x_S^2 + b_3^* x_M^2 + c_3^* x_S x_M + d_3^* x_S + e_3^* x_M + f_3^*) \quad (9-46)$$

因此碳税政策下，分散决策情形三级供应链系统最优总利润值函数为：

$$J^*(x_S, x_M) = J_S^*(x_S, x_M) + J_M^*(x_S, x_M) + J_R^*(x_S, x_M) \quad (9-47)$$

9.2.2　集中决策情形

在此情形下，供应商、制造商、零售商以供应链系统总利润最大为原则，合作确定 z_S、z_M 和 p 的值。此时，供应链系统的决策问题为：

$$\max_{z_S, z_M, p} J^C = \int_0^\infty e^{-\rho t} \big[\, (p - c_S - c_M - c_R - \delta e_{S0} - \delta e_{M0} + \delta x_S + \delta x_M)$$

$$\times (D_0 + \theta_S x_S + \theta_M x_M - \theta_R p) - 0.5 \eta_S z_S^2 - 0.5 \eta_M z_M^2 \big] dt$$

$$(9-48)$$

类似分散决策情形，记 t 时刻以后三级供应链系统长期利润的最优价值函数为 $J^{C*}(x_S, x_M) = e^{-\rho t} V(x_S, x_M)$，则 $V(x_S, x_M)$ 对于任意 $x_S \geq 0$，$x_M \geq 0$ 必须满足如下的 HJB 方程：

$$\rho V = \max_{z_S, z_M, p} \big[-0.5 \eta_S z_S^2 - 0.5 \eta_M z_M^2 + V^S (\alpha_S z_S - \beta_S x_S)$$

$$+ V^M (\alpha_M z_M - \beta_M x_M) + (p - c_S - c_M - c_R - \delta e_{S0}$$

$$- \delta e_{M0} + \delta x_S + \delta x_M)(D_0 + \theta_S x_S + \theta_M x_M - \theta_R p) \big]$$

$$(9-49)$$

其中，V^S 和 V^M 表示 $V(x_S, x_M)$ 对 x_S 和 x_M 的偏导数。由式（9-49）的一阶条件可得：

$$z_S^* = \frac{\alpha_S V^S}{\eta_S}$$

$$z_M^* = \frac{\alpha_M V^M}{\eta_M}$$

$$p^* = \frac{D_0 + \theta_S x_S + \theta_M x_M}{2\theta_R} + \frac{\delta}{2}(e_{S0} + e_{M0} - x_S - x_M) + \frac{c_S + c_M + c_R}{2} \qquad (9-50)$$

将式（9-50）中的各表达式代入式（9-49），整理得：

$$\rho V = \frac{\alpha_S^2 (V^S)^2}{2\eta_S} + \frac{\alpha_M^2 (V^M)^2}{2\eta_M} - \beta_S V^S x_S - \beta_M V^M x_M$$

$$+ \frac{[D_0 + \theta_S x_S + \theta_M x_M + \theta_R \delta x_S + \theta_R \delta x_M - \theta_R \delta e_{S0} - \theta_R \delta e_{M0} - \theta_R (c_S + c_M + c_R)]^2}{4\theta_R}$$

$$(9-51)$$

由式（9-51）可知，价值函数是关于状态变量 x_S、x_M 的二次式，因而假设：

$$V(x_S, x_M) = ax_S^2 + bx_M^2 + cx_S x_M + dx_S + ex_M + f \qquad (9-52)$$

其中，a、b、c、d、e、f 为待定系数。将式（9-52）及其对 x_S、x_M 的偏导数代入式（9-51）中，对比式（9-51）左右两边的同类项系数，可得 6 个待定系数为变量的方程组，如式（9-53）~ 式（9-58）所示。

$$\rho a = \frac{(\theta_S + \delta\theta_R)^2}{4\theta_R} + \frac{2\alpha_S^2}{\eta_S}a^2 + \frac{\alpha_M^2}{2\eta_M}c^2 - 2\beta_S a \qquad (9-53)$$

$$\rho b = \frac{(\theta_M + \delta\theta_R)^2}{4\theta_R} + \frac{\alpha_S^2}{\eta_S}c^2 + \frac{2\alpha_M^2}{\eta_M}b^2 - 2\beta_M b \qquad (9-54)$$

$$\rho c = \frac{(\theta_S + \delta\theta_R)(\theta_M + \delta\theta_R)}{2\theta_R} + \frac{2\alpha_S^2}{\eta_S}ac + \frac{2\alpha_M^2}{\eta_M}bc - \beta_S c - \beta_M c \qquad (9-55)$$

$$\rho d = \frac{(\theta_S + \delta\theta_R)\left[D_0 - \delta\theta_R e_{S0} - \delta\theta_R e_{M0} - \theta_R(c_S + c_M + c_R)\right]}{2\theta_R}$$

$$+ \frac{2\alpha_S^2 ad}{\eta_S} + \frac{\alpha_M^2 ce}{\eta_M} - \beta_S d \qquad (9-56)$$

$$\rho e = \frac{(\theta_M + \delta\theta_R)\left[D_0 - \delta\theta_R e_{S0} - \delta\theta_R e_{M0} - \theta_R(c_S + c_M + c_R)\right]}{2\theta_R}$$

$$+ \frac{\alpha_S^2 cd}{\eta_S} + \frac{2\alpha_M^2 be}{\eta_M} - \beta_M e \qquad (9-57)$$

$$\rho f = \frac{\left[D_0 - \delta\theta_R e_{S0} - \delta\theta_R e_{M0} - \theta_R(c_S + c_M + c_R)\right]^2}{4\theta_R} + \frac{\alpha_S^2}{2\eta_S}d^2$$

$$+ \frac{\alpha_M^2}{2\eta_M}e^2 \qquad (9-58)$$

求解式（9-53）~ 式（9-58）组成的非线性方程组，可得 6 个待定系数的值。类似前面的分散决策情形，难以求出上述非线性方程组参数形式的解析解，如果将参数取为特定的数值，可求出非线性方程组的近似解，求解思路为：① 由式（9-53）~ 式（9-55）解

出 a、b、c 的值；②由式（9-56）、式（9-57）解出 d、e 的值；③由式（9-58）解出 f 的值。假设由式（9-53）~式（9-58）解出的值用 a^*、b^*、c^*、d^*、e^*、f^* 表示。

得到 6 个待定系数的值后，根据式（9-52）及式（9-50）可得碳税政策下集中决策三级低碳供应链长期动态策略如式（9-59）~式（9-61）所示。

$$z_S^* = \frac{\alpha_S(2a^*x_S + c^*x_M + d^*)}{\eta_S} \tag{9-59}$$

$$z_M^* = \frac{\alpha_M(2b^*x_M + c^*x_S + e^*)}{\eta_M} \tag{9-60}$$

$$p^* = \frac{D_0 + \theta_S x_S + \theta_M x_M}{2\theta_R} + \frac{\delta}{2}(e_{S0} + e_{M0} - x_S - x_M) + \frac{c_S + c_M + c_R}{2} \tag{9-61}$$

由式（9-59）~式（9-61）可得，①碳税政策下，产品零售价与 D_0、θ_S、θ_M 正相关，与 θ_R 负相关，且随状态变量 x_S、x_M 的变化动态变化，这一结论与分散决策情形相同；②政府征收碳税带给供应商、制造商的单位"产品"碳税成本，供应商、制造商的单位"产品"生产成本，零售商的单位产品销售成本，有 1/2 通过零售商的零售价传导给了消费者；③对比分散决策与集中决策情形下产品零售价可以发现，当条件 $D_0 + \theta_S x_S + \theta_M x_M > \delta\theta_R(e_{S0} + e_{M0} - x_S - x_M) + \theta_R(c_S + c_M + c_R)$ 成立时，分散决策情形下的产品零售价大于集中决策情形下产品零售价，特别地，当 $c_R = 0$ 时，考虑到式（9-40），此结论一定成立。

将式（9-59）、式（9-60）代入状态方程式（9-1），根据联立微分方程组的解法，可求得碳税政策下集中决策时三级供应链供应商与制造商减排量 x_S、x_M 的最优轨迹：

$$x_S^*(t) = A_1 e^{\lambda_1 t} + A_2 e^{\lambda_2 t} + u_1 \tag{9-62}$$

$$x_M^*(t) = \frac{\eta_S \lambda_1 - 2\alpha_S^2 a^* + \beta_S \eta_S}{\alpha_S^2 c^*} A_1 e^{\lambda_1 t} + \frac{\eta_S \lambda_2 - 2\alpha_S^2 a^* + \beta_S \eta_S}{\alpha_S^2 c^*} A_2 e^{\lambda_2 t} + u_2$$

$$\tag{9-63}$$

式（9-62）、式（9-63）中：

$$u_1 = \frac{\alpha_S^2 \alpha_M^2 c^* e^* - 2\alpha_S^2 \alpha_M^2 b^* d^* + \alpha_S^2 \beta_M \eta_M d^*}{(2\alpha_S^2 a^* - \beta_S \eta_S)(2\alpha_M^2 b^* - \beta_M \eta_M) - \alpha_S^2 \alpha_M^2 (c^*)^2}$$

$$u_2 = \frac{\alpha_S^2 \alpha_M^2 c^* d^* - 2\alpha_S^2 \alpha_M^2 a^* e^* + \alpha_M^2 \beta_S \eta_S e^*}{(2\alpha_S^2 a^* - \beta_S \eta_S)(2\alpha_M^2 b^* - \beta_M \eta_M) - \alpha_S^2 \alpha_M^2 (c^*)^2}$$

$$\lambda_1 = \frac{\alpha_S^2 a^*}{\eta_S} + \frac{\alpha_M^2 b^*}{\eta_M} - 0.5\beta_S - 0.5\beta_M + 0.5\sqrt{\Delta_2}$$

$$\lambda_2 = \frac{\alpha_S^2 a^*}{\eta_S} + \frac{\alpha_M^2 b^*}{\eta_M} - 0.5\beta_S - 0.5\beta_M - 0.5\sqrt{\Delta_2}$$

$$A_1 = \frac{2\alpha_S^2 \eta_M a^* - 2\alpha_M^2 \eta_S b^* + \beta_M \eta_S \eta_M - \beta_S \eta_S \eta_M + \eta_S \eta_M \sqrt{\Delta_2}}{2\eta_S \eta_M \sqrt{\Delta_2}}(x_{S0} - u_1)$$

$$+ \frac{\alpha_S^2 c^*}{\eta_S \sqrt{\Delta_2}}(x_{M0} - u_2)$$

$$A_2 = \frac{2\alpha_M^2 \eta_S b^* - 2\alpha_S^2 \eta_M a^* + \beta_S \eta_S \eta_M - \beta_M \eta_S \eta_M + \eta_S \eta_M \sqrt{\Delta_2}}{2\eta_S \eta_M \sqrt{\Delta_2}}(x_{S0} - u_1)$$

$$- \frac{\alpha_S^2 c^*}{\eta_S \sqrt{\Delta_2}}(x_{M0} - u_2)$$

λ_1、λ_2、A_1、A_2 表达式中：

$$\Delta_2 = \left(\frac{2\alpha_S^2 a^*}{\eta_S} + \beta_M - \beta_S - \frac{2\alpha_M^2 b^*}{\eta_M}\right)^2 + \frac{4\alpha_S^2 \alpha_M^2 (c^*)^2}{\eta_S \eta_M}$$

由式（9-52）、式（9-62）、式（9-63）及 $J^{C*}(x_S, x_M) = e^{-\rho t}$ $V(x_S, x_M)$ 可得三级供应链系统最优利润值函数：

$$J^{C*}(x_S, \ x_M) = e^{-\rho t} V(x_S, \ x_M) = e^{-\rho t}(a^* x_S^2 + b^* x_M^2$$

$$+ c^* x_S x_M + d^* x_S + e^* x_M + f^*) \tag{9-64}$$

9.2.3 三级供应链的协调研究

根据系统原理，供应链集中决策（即合作）的总利润大于分散决策时供应链成员的总利润。如果集中决策时，供应商、制造商和零售商能在事先达成的协议中合理分配合作剩余利润，将有机会促使供应链成员的利润均大于分散决策情形下的各自最优利润，实现三级供应链系统的 Pareto 改善及协调。供应链协调既可以采用非合作博弈方法，也可以采用合作博弈方法。由于一般的合作博弈方法需求合作博弈的特征函数，而三级供应链时求特征函数较麻烦，所以本章考虑三个博弈方相互威慑讨价还价方法（龚智强等，2015）。

由式（9-47）、式（9-64）可知，三级供应链合作剩余利润为：

$$\Delta J = J^{C*}(x_{S0}, \ x_{M0}) - J_S^*(x_{S0}, \ x_{M0}) - J_M^*(x_{S0}, \ x_{M0}) - J_R^*(x_{S0}, \ x_{M0})$$

$$\tag{9-65}$$

设博弈方供应商、制造商、零售商编号分别为 1、2、3。根据龚智强等（2015）的思想，如果博弈方 2、博弈方 3 暂时"结盟"，则产生分配：

$$v_{11}^* = \frac{1 - \delta_{1,23}}{1 - \delta_{1,23}\delta_{23,1}}\Delta J$$

$$v_{12}^* = \frac{(1 - \delta_{23})(\delta_{1,23} - \delta_{1,23}\delta_{23,1})}{(1 - \delta_{23}\delta_{32})(1 - \delta_{1,23}\delta_{23,1})}\Delta J$$

$$v_{13}^* = \frac{(\delta_{23} - \delta_{23}\delta_{32})(\delta_{1,23} - \delta_{1,23}\delta_{23,1})}{(1 - \delta_{23}\delta_{32})(1 - \delta_{1,23}\delta_{23,1})}\Delta J \tag{9-66}$$

如果博弈方 1、博弈方 3 暂时"结盟"，则产生分配：

$$v_{21}^* = \frac{(1 - \delta_{13,2})(1 - \delta_{13})}{(1 - \delta_{2,13}\delta_{13,2})(1 - \delta_{13}\delta_{31})}\Delta J$$

$$v_{22}^* = \frac{\delta_{13,2} - \delta_{13,2}\delta_{2,13}}{1 - \delta_{2,13}\delta_{13,2}}\Delta J$$

$$v_{23}^* = \frac{(1 - \delta_{13,2})(\delta_{13} - \delta_{13}\delta_{31})}{(1 - \delta_{2,13}\delta_{13,2})(1 - \delta_{13}\delta_{31})}\Delta J \tag{9-67}$$

如果博弈方 1、博弈方 2 暂时"结盟"，则产生分配：

$$v_{31}^* = \frac{(1 - \delta_{12,3})(1 - \delta_{12})}{(1 - \delta_{12,3}\delta_{3,12})(1 - \delta_{12}\delta_{21})}\Delta J$$

$$v_{32}^* = \frac{(\delta_{12} - \delta_{12}\delta_{21})(1 - \delta_{12,3})}{(1 - \delta_{12,3}\delta_{3,12})(1 - \delta_{12}\delta_{21})}\Delta J$$

$$v_{33}^* = \frac{\delta_{12,3} - \delta_{12,3}\delta_{3,12}}{1 - \delta_{12,3}\delta_{3,12}}\Delta J \tag{9-68}$$

其中，

$$\delta_{23,1} = \frac{\delta_{21}\delta_{31}}{\delta_{21} + \delta_{31} - \delta_{21}\delta_{31}}$$

$$\delta_{1,23} = \frac{\delta_{12} + \delta_{13} - 2\delta_{12}\delta_{13}}{1 - \delta_{12}\delta_{13}}$$

$$\delta_{13,2} = \frac{\delta_{12}\delta_{32}}{\delta_{12} + \delta_{32} - \delta_{12}\delta_{32}}$$

$$\delta_{2,13} = \frac{\delta_{21} + \delta_{23} - 2\delta_{21}\delta_{23}}{1 - \delta_{21}\delta_{23}}$$

$$\delta_{12,3} = \frac{\delta_{13}\delta_{23}}{\delta_{13} + \delta_{23} - \delta_{13}\delta_{23}}$$

$$\delta_{3,12} = \frac{\delta_{31} + \delta_{32} - 2\delta_{31}\delta_{32}}{1 - \delta_{31}\delta_{32}}$$

式（9-66）～式（9-68）中，δ_{ij}（$i = 1, 2, 3$；$j = 1, 2, 3$）

为折损因子，其表达式为：

$$\delta_{ij} = \frac{第\ j\ 方的受慑能力}{第\ j\ 方的受慑能力 + 第\ i\ 方的威慑能力}$$

因为威慑能力是对其他局中人造成伤害的能力，而受慑能力是抵抗其他局中人威慑的能力。无论威慑能力还是受慑能力，都与自身的"实力"有关。在本章中，各博弈方的受慑能力及威慑能力都用各博弈方在三级供应链中的利润表示，所以有：

$$\delta_{ij} = \frac{第\ j\ 方的利润}{第\ j\ 方的利润 + 第\ i\ 方的利润}$$

即：

$$\delta_{12} = \frac{J_M^*(x_{S0},\ x_{M0})}{J_M^*(x_{S0},\ x_{M0}) + J_S^*(x_{S0},\ x_{M0})}$$

$$\delta_{21} = \frac{J_S^*(x_{S0},\ x_{M0})}{J_S^*(x_{S0},\ x_{M0}) + J_M^*(x_{S0},\ x_{M0})} \tag{9-69}$$

$$\delta_{13} = \frac{J_R^*(x_{S0},\ x_{M0})}{J_R^*(x_{S0},\ x_{M0}) + J_S^*(x_{S0},\ x_{M0})}$$

$$\delta_{31} = \frac{J_S^*(x_{S0},\ x_{M0})}{J_S^*(x_{S0},\ x_{M0}) + J_R^*(x_{S0},\ x_{M0})} \tag{9-70}$$

$$\delta_{23} = \frac{J_R^*(x_{S0},\ x_{M0})}{J_R^*(x_{S0},\ x_{M0}) + J_M^*(x_{S0},\ x_{M0})}$$

$$\delta_{32} = \frac{J_M^*(x_{S0},\ x_{M0})}{J_M^*(x_{S0},\ x_{M0}) + J_R^*(x_{S0},\ x_{M0})} \tag{9-71}$$

上述三种合作剩余利润分配结果中，各博弈方都会选择自身利益最大（或分配份额更多）的暂时"结盟"方式。

（1）当 $v_{12}^* > v_{32}^*$，$v_{13}^* > v_{23}^*$ 时，博弈方 2、博弈方 3 暂时"结盟"，则按式（9-66）的结果分配合作剩余。然后加上分散决策时各博弈方的利润，最终结果为：

$$J_S^{C*} = J_S^* (x_{S0}, \ x_{M0}) + v_{11}^*$$

$$J_M^{C*} = J_M^* (x_{S0}, \ x_{M0}) + v_{12}^*$$

$$J_R^{C*} = J_R^* (x_{S0}, \ x_{M0}) + v_{13}^* \qquad (9-72)$$

（2）当 $v_{21}^* > v_{31}^*$，$v_{23}^* > v_{13}^*$ 时，博弈方 1、博弈方 3 暂时"结盟"，则按式（9 - 67）的结果分配合作剩余。然后加上分散决策时各博弈方的利润，最终结果为：

$$J_S^{C*} = J_S^* (x_{S0}, \ x_{M0}) + v_{21}^*$$

$$J_M^{C*} = J_M^* (x_{S0}, \ x_{M0}) + v_{22}^*$$

$$J_R^{C*} = J_R^* (x_{S0}, \ x_{M0}) + v_{23}^* \qquad (9-73)$$

（3）当 $v_{31}^* > v_{21}^*$，$v_{32}^* > v_{12}^*$ 时，博弈方 1、博弈方 2 暂时"结盟"，则按式（9 - 68）的结果分配合作剩余。然后加上分散决策时各博弈方的利润，最终结果为：

$$J_S^{C*} = J_S^* (x_{S0}, \ x_{M0}) + v_{31}^*$$

$$J_M^{C*} = J_M^* (x_{S0}, \ x_{M0}) + v_{32}^*$$

$$J_R^{C*} = J_R^* (x_{S0}, \ x_{M0}) + v_{33}^* \qquad (9-74)$$

如果未出现上述三种情况，表明各个博弈方之间无法提出让每个局中人都能接受的方案，此时就会发生冲突（龚智强等，2015）。

9.3　数 值 算 例

9.3.1　分散决策、集中决策的数值算例及灵敏度分析

根据参数应满足的条件，假设 $D_0 = 20$，$x_{S0} = 0$，$x_{M0} = 0$，$c_S =$

0.2，$c_M = 0.3$，$c_R = 0.1$，$\alpha_S = 0.2$，$\beta_S = 0.3$，$\alpha_M = 0.4$，$\beta_M = 0.6$，$e_{S0} = 2$，$e_{M0} = 3$，$\theta_S = 1$，$\theta_M = 1$，$\theta_R = 1$，$\eta_S = 2$，$\eta_M = 2$，$\delta = 0.5$，$\rho = 0.9$。将这些参数值代入碳税政策下分散决策、集中决策模型，利用 Matlab 软件辅助求解，可得到三级供应链相关变量及各自策略的数值结果。

对于分散决策情形，可得到（舍弃了减排量、努力水平小于 0 等相关变量的取值及均衡策略）：

$a_1^* = 0.0947$，$b_1^* = 0.0674$，$c_1^* = 0.1575$，$a_2^* = 0.0473$，$b_2^* = 0.0337$，$c_2^* = 0.0787$，$d_1^* = 2.7663$，$e_1^* = 2.2092$，$d_2^* = 1.3817$，$e_2^* = 1.1035$，$f_1^* = 20.1358$，$f_2^* = 10.0561$，$a_3^* = 0.0237$，$b_3^* = 0.0169$，$c_3^* = 0.0395$，$d_3^* = 0.6938$，$e_3^* = 0.5538$，$f_3^* = 5.0555$，

$$x_S^*(t) = 0.1884 - 0.1899e^{-0.2961t} + 0.0015e^{-0.5947t},$$

$$x_M^*(t) = 0.1505 - 0.0040e^{-0.2961t} - 0.1465e^{-0.5947t},$$

$$z_S^*(t) = 0.2826 - 0.0037e^{-0.2961t} - 0.0023e^{-0.5947t},$$

$$w_S^*(t) = 9.8100 - 0.0505e^{-0.2961t} - 0.1095e^{-0.5947t},$$

$$z_M^*(t) = 0.2257 - 0.0030e^{-0.2961t} - 0.0020e^{-0.5947t},$$

$$w_M^*(t) = 15.8868 - 0.1212e^{-0.2961t} - 0.0906e^{-0.5947t},$$

$$p^*(t) = 18.1629 - 0.1575e^{-0.2961t} - 0.1178e^{-0.5947t}。$$

因而，

$$J_S^*(x_{S0}, x_{M0}) = 20.1358,$$

$$J_M^*(x_{S0}, x_{M0}) = 10.0561,$$

$$J_R^*(x_{S0}, x_{M0}) = 5.0555。$$

故有：

$$J^*(x_{S0}, x_{M0}) = J_S^*(x_{S0}, x_{M0}) + J_M^*(x_{S0}, x_{M0}) + J_R^*(x_{S0}, x_{M0}) = 35.2474。$$

对于集中决策情形，可得到（舍弃了减排量小于 0 时相关变量的取值及最优策略）：$a^* = 0.3902$，$b^* = 0.2756$，$c^* = 0.6464$，$d^* = 11.4797$，$e^* = 9.1170$，$f^* = 84.4946$，

$$x_S^*(t) = 0.8706 - 0.9281e^{-0.2820t} + 0.0575e^{-0.5583t}，$$

$$x_M^*(t) = 1.3930 - 0.1752e^{-0.2820t} - 1.2178e^{-0.5583t}，$$

$$z_S^*(t) = 1.3060 - 0.0838e^{-0.2820t} - 0.0742e^{-0.5583t}，$$

$$z_M^*(t) = 2.0895 - 0.1393e^{-0.2820t} - 0.1268e^{-0.5583t}，$$

$$p^*(t) = 12.1159 - 0.2758e^{-0.2820t} - 0.2901e^{-0.5583t}。$$

因而有：

$$J^{C*}(x_{S0}, x_{M0}) = 84.4946。$$

由 9.3 节中的分散决策、集中决策的计算结果可知：①在碳税政策下，无论是分散决策还是集中决策，供应商、制造商各自的减排量都随时间推移逐渐增大到某稳定值，但集中决策时供应商、制造商的减排量稳定值明显高于分散决策时各自的减排量稳定值，表明集中决策（即供应链三方合作）有利于供应商、制造商减排；②在碳税政策下，无论是分散决策还是集中决策，供应商、制造商的减排努力水平都随时间推移逐渐增大到某稳定值，但供应商、制造商各自在集中决策时的努力水平稳定值明显高于分散决策时相应的努力水平稳定值；③在碳税政策下，集中决策时的产品零售价稳定值低于分散决策时的产品零售价稳定值，说明集中决策时为了扩大产品市场需求，增加系统总利润，会降价出售产品；④在碳税政策下，集中决策时供应链总利润大于分散决策时供应链总利润，这与已有二级低碳供应链文献的结论类似，也符合系统的一般原理（表 9 - 1、表 9 - 2 的灵敏度分析可得类似结论，不再重复阐述）。

为了提供更多的管理启示，以上述参数取值为基准，对 δ、α_S、

α_M、θ_S、θ_M 及 θ_R 在分散决策及集中决策两种情形下进行灵敏度分析，结果如表 9-1、表 9-2 所示。

表 9-1　　　　　　　碳税政策下分散决策灵敏度分析结果

基准	$z_{S\infty}$	$w_{S\infty}$	$z_{M\infty}$	$w_{M\infty}$	p_∞	$x_{S\infty}$	$x_{M\infty}$	J^*
	0.2826	9.8100	0.2257	15.8868	18.1629	0.1884	0.1505	35.2474
$\delta = 0.3$	0.2568	9.8988	0.2052	15.6329	18.0205	0.1712	0.1368	39.3878
$\delta = 0.4$	0.2701	9.8548	0.2158	15.7606	18.0887	0.1801	0.1439	37.2880
$\delta = 0.6$	0.2941	9.7645	0.2349	16.0116	18.2322	0.1961	0.1566	33.2651
$\delta = 0.7$	0.3048	9.7184	0.2434	16.1352	18.3003	0.2032	0.1623	31.3412
$\alpha_S = 0.10$	0.1396	9.7729	0.2225	15.7968	18.0459	0.0465	0.1484	35.0854
$\alpha_S = 0.15$	0.2104	9.7882	0.2238	15.8340	18.0942	0.1052	0.1492	35.1527
$\alpha_S = 0.25$	0.3564	9.8383	0.2281	15.9557	18.2524	0.2970	0.1521	35.3702
$\alpha_S = 0.30$	0.4326	9.8737	0.2311	16.0417	18.3642	0.4326	0.1541	35.5218
$\alpha_M = 0.30$	0.2805	9.7598	0.1683	15.8444	18.1078	0.1870	0.0841	35.1027
$\alpha_M = 0.35$	0.2814	9.7830	0.1969	15.8640	18.1332	0.1876	0.1148	35.1698
$\alpha_M = 0.45$	0.2839	9.8406	0.2548	15.9127	18.1965	0.1892	0.1911	35.3357
$\alpha_M = 0.50$	0.2853	9.8752	0.2842	15.9419	18.2344	0.1902	0.2368	35.4351
$\theta_S = 0.8$	0.2439	9.7867	0.2247	15.8459	18.1129	0.1626	0.1498	35.1425
$\theta_S = 0.9$	0.2632	9.7977	0.2252	15.8653	18.1367	0.1755	0.1501	35.2194
$\theta_S = 1.1$	0.3021	9.8236	0.2263	15.9103	18.1914	0.2014	0.1509	35.2773
$\theta_S = 1.2$	0.3217	9.8386	0.2269	15.9358	18.2223	0.2145	0.1513	35.3092
$\theta_M = 0.8$	0.2814	9.7814	0.1950	15.8540	18.1228	0.1876	0.1300	35.1650
$\theta_M = 0.9$	0.2819	9.7951	0.2103	15.8696	18.1419	0.1880	0.1402	35.2046
$\theta_M = 1.1$	0.2832	9.8258	0.2412	15.9056	18.1856	0.1888	0.1608	35.2931
$\theta_M = 1.2$	0.2840	9.8428	0.2567	15.9260	18.2104	0.1893	0.1712	35.3420
$\theta_R = 0.8$	0.3401	12.3935	0.2716	19.7563	22.6830	0.2267	0.1811	47.4046
$\theta_R = 0.9$	0.3082	10.9561	0.2462	17.6035	20.1682	0.2055	0.1641	40.6327
$\theta_R = 1.1$	0.2614	8.8746	0.2088	14.4859	16.5264	0.1743	0.1392	30.8680
$\theta_R = 1.2$	0.2436	8.0969	0.1946	13.3211	15.1656	0.1624	0.1297	27.2418

表9-2　　　　　　　　　　碳税政策下集中决策灵敏度分析结果

基准	$z_{S\infty}^C$	$z_{M\infty}^C$	p_∞^C	$x_{S\infty}^C$	$x_{M\infty}^C$	J^{C*}
	1.3060	2.0895	12.1159	0.8706	1.3930	84.4946
$\delta=0.3$	1.1414	1.8262	11.7424	0.7609	1.2175	93.2371
$\delta=0.4$	1.2231	1.9570	11.9360	0.8154	1.3047	88.7990
$\delta=0.6$	1.3904	2.2246	12.2820	0.9269	1.4831	80.3203
$\delta=0.7$	1.9287	2.6785	12.5107	1.2858	1.7856	76.6966
$\alpha_S=0.10$	0.6184	1.9788	11.9313	0.2061	1.3192	83.3256
$\alpha_S=0.15$	0.9485	2.0235	12.0058	0.4743	1.3490	83.8067
$\alpha_S=0.25$	1.7040	2.1811	12.2685	1.4200	1.4541	85.4044
$\alpha_S=0.30$	2.1198	2.2835	12.4341	2.0000	1.5363	86.5575
$\alpha_M=0.30$	1.2411	1.4894	11.9430	0.8274	0.7447	82.7765
$\alpha_M=0.35$	1.2704	1.7786	12.0211	0.8469	1.0375	83.5625
$\alpha_M=0.45$	1.3487	2.4278	12.2300	0.8992	1.8208	85.5856
$\alpha_M=0.50$	1.4000	2.8000	12.3667	0.9333	2.3334	86.8507
$\theta_S=0.8$	1.1112	2.0515	12.0030	0.7408	1.3676	84.1012
$\theta_S=0.9$	1.2073	2.0697	12.0559	0.8049	1.3798	84.2902
$\theta_S=1.1$	1.4075	2.1112	12.1834	0.9383	1.4075	84.7147
$\theta_S=1.2$	1.5122	2.1348	12.2586	1.0081	1.4232	84.9509
$\theta_M=0.8$	1.2683	1.7587	11.9373	0.8455	1.1725	83.5056
$\theta_M=0.9$	1.2862	1.9207	12.0205	0.8575	1.2804	83.9786
$\theta_M=1.1$	1.3278	2.2662	12.2245	0.8852	1.5108	85.0558
$\theta_M=1.2$	1.3519	2.4514	12.3473	0.9013	1.6343	85.6643
$\theta_R=0.8$	1.5947	2.5514	15.0865	1.0631	1.7009	114.0689
$\theta_R=0.9$	1.4334	2.2934	13.4203	0.9556	1.5289	97.5585
$\theta_R=1.1$	1.2025	1.9239	11.0672	0.8016	1.2826	73.9133
$\theta_R=1.2$	1.1165	1.7863	10.2059	0.7443	1.1909	65.1796

表9-1中，$z_{S\infty}$、$w_{S\infty}$、$z_{M\infty}$、$w_{M\infty}$、p_∞、$x_{S\infty}$、$x_{M\infty}$、J^* 依次序分别表示在碳税政策及分散决策情形下，当 $t\to\infty$ 时，供应商最优减排

努力水平的稳定值,低碳原材料最优批发价的稳定值,制造商最优减排努力水平的稳定值,低碳产品最优批发价的稳定值,零售商确定的低碳产品最优零售价的稳定值,单位原材料最优减排量的稳定值,单位产品最优减排量的稳定值,供应链最优总利润。表 9 – 2 中,$z_{S\infty}^{C}$、$z_{M\infty}^{C}$、p_{∞}^{C}、$x_{S\infty}^{C}$、$x_{M\infty}^{C}$、J^{C*} 依次序分别表示在碳税政策及集中决策情形下,当 $t \to \infty$ 时,供应商最优减排努力水平的稳定值,制造商最优减排努力水平的稳定值,低碳产品最优零售价的稳定值,单位原材料最优减排量的稳定值,单位产品最优减排量的稳定值,供应链最优总利润。表 9 – 1、表 9 – 2 结合前文内容可得如下结论。

(1) 在碳税政策下,无论分散决策还是集中决策,随着单位碳排放量征税额 δ 值的增加,供应商、制造商最优减排努力水平的稳定值,产品最优零售价的稳定值,单位原材料及单位产品最优减排量的稳定值都会增加,但供应链最优总利润会随之减少。可能的原因是随着 δ 的增加,供应链成员面临越来越不利的"惩罚性"运营环境(这导致供应链最优总利润减少),为了减少碳税"惩罚",供应商、制造商自然会更加努力地减排,这使单位原材料及单位产品最优减排量的稳定值增加[1]。同时,更加不利的碳税环境也增加了制造商的运营成本,制造商会将增加的成本部分转移给零售商,零售商必定会提高产品最优零售价。

(2) 在碳税政策下,无论分散决策还是集中决策,随着供应商减排努力对减排率的影响系数 α_S 值的增加,供应商、制造商最优减排努力水平的稳定值,产品最优零售价的稳定值,单位原材料及单位产

––––––––––––––––

[1] 准确地说,应是减排量的稳定值增加直至达到初始碳排放量。因现实中政府期望、减排技术等一般并不是对应着零排放,即最优减排量一般都会小于初始碳排放量,所以文中直接表述为增加。后面类似处理,不再赘述。

品最优减排量的稳定值，供应链最优总利润都会增加。可能的原因是随着 α_S 值的增加，供应商减排效率提高了，相当于单位努力的"痛苦"减轻了，所以供应商愿意更加努力减排，这使单位原材料最优减排量的稳定值提高。原材料减排量的提高，会增加产品需求，使制造商因碳税产生的成本增加，制造商为减少碳税成本，会更加努力地减排，这导致单位产品最优减排量的稳定值增加。在单位原材料及单位产品最优减排量的稳定值提高条件下，考虑到消费者的低碳偏好，产品最优零售价的稳定值会提高。另外，减排效率提高相当于供应链系统出现了技术进步，这使供应链最优总利润增加。类似原因有，随着制造商减排努力对减排率的影响系数 α_M 值的增加，供应商与制造商最优减排努力水平的稳定值，产品最优零售价的稳定值，单位原材料及单位产品最优减排量的稳定值，供应链最优总利润都会增加。

（3）在碳税政策下，无论分散决策还是集中决策，随着单位原材料减排量、单位产品减排量对产品需求的影响系数 θ_S、θ_M 值的增加，供应商与制造商最优减排努力水平的稳定值，产品最优零售价的稳定值，单位原材料及单位产品最优减排量的稳定值，供应链最优总利润都会增加。可能的原因是，随着 θ_S 或 θ_M 值的增加，产品市场需求增加，使供应商与制造商因碳税产生的成本增加。供应商与制造商为减少碳税成本，都会更加努力地减排，这导致单位原材料与单位产品最优减排量的稳定值增加。根据消费者低碳偏好，产品最优零售价的稳定值会提高。而产品需求及零售价格增加，使供应链最优总利润增加。

（4）在碳税政策下，无论分散决策还是集中决策，随着消费者价格敏感系数 θ_R 值增加，供应商与制造商最优减排努力水平的稳定值，产品最优零售价的稳定值，单位原材料及单位产品最优减排量的稳定值，供应链最优总利润都会减少。原因是根据式（9-2），θ_R 对市场

需求的影响与 θ_S 或 θ_M 正好相反，故有与 θ_S 或 θ_M 相反的结论。

9.3.2　三级供应链集中决策总利润的协调分配

由本节数值算例及其灵敏度分析可知，在碳税政策下，供应链集中决策总利润都大于分散决策总利润。以数值算例中的基准参数取值情况说明集中决策剩余利润如何分配的问题，也即三级供应链系统的利润协调问题。将本节的基准参数值代入本节相应模型可得：

$\Delta J = 49.2472$，$\delta_{12} = 0.3331$，$\delta_{21} = 0.6669$，$\delta_{13} = 0.2007$，$\delta_{31} = 0.7993$，$\delta_{23} = 0.3345$，$\delta_{32} = 0.6655$，$\delta_{23,1} = 0.5713$，$\delta_{1,23} = 0.4287$，$\delta_{13,2} = 0.2853$，$\delta_{2,13} = 0.7147$，$\delta_{12,3} = 0.1434$，$\delta_{3,12} = 0.8566$，$v_{11}^* = 37.2607$，$v_{12}^* = 10.2622$，$v_{13}^* = 1.7243$，$v_{21}^* = 42.0908$，$v_{22}^* = 5.0352$，$v_{23}^* = 2.1212$，$v_{31}^* = 41.2326$，$v_{32}^* = 6.8601$，$v_{33}^* = 1.1545$。显然有，$v_{21}^* > v_{31}^*$，$v_{23}^* > v_{13}^*$，所以博弈方 1、博弈方 3 暂时"结盟"，则根据式（9 - 73）可得：

$J_S^{C*} = 62.2266$，

$J_M^{C*} = 15.0913$，

$J_R^{C*} = 7.1767$。

即在基准参数取值情况下，供应商、制造商、零售商分别得到利润 62.2266、15.0913、7.1767，此利润均大于分散决策情形下各自的利润，因而实现了三级供应链系统的 Pareto 改善及利润协调。

9.4　管理启示

通过碳税政策下的理论模型及数值算例的分析，可得如下的管理启示。

（1）在碳税政策下，相较于三级供应链的分散决策，供应商、制造商、零售商应当全面合作，采取集中决策方式，这样既有利于供应商、制造商的减排，产生社会效益，同时还有利于增加三级供应链的利润，增加三级供应链经济效益。但全面合作的前提是合作剩余利润的合理分配，可考虑经过本章改造的供应链三方相互威慑讨价还价分配方法。当然，在实践中需要供应链成员各方通过协商形成具有法律效力的强制性的参与条款和利润分配契约。

（2）在碳税政策下，由于单位碳排放量征税额 δ 值的增加会使供应商、制造商的减排量增加，但三级供应链各成员利润会减少，因而现实中，政府确定 δ 值时应平衡好社会效益与供应链企业的经济效益，确定出最优的 δ 值，为消费者与供应链企业提供一个好的"外部环境"。

（3）在碳税政策下，由于供应商或制造商只要有一方减排效率得到提高，不但会使减排效率提高的企业自身减排量增加，也会因"溢出效应"使另一方减排量增加（这是与许多文献中的二级供应链的不同之处），同时三级供应链利润也会增加。基于此，除了供应商、制造商自身应加强减排技术创新或减排技术引进、利用意识，提高减排效率，政府也可采取一些措施激励供应商、制造商加强减排技术研发，如给予一定比例的研发补贴。

（4）在碳税政策下，由于消费者价格敏感系数 θ_R 值减少既有利于供应商、制造商减排，也有利于供应链利润的增加。因此，除了零售商应采取措施降低消费者对低碳产品价格的敏感度，如多宣传低碳产品相对非低碳产品的好处，营造良好的消费环境和购物氛围，提供支付宝、微信、信用卡等多种虚拟货币支付方式，供应商与制造商也可以对零售商的上述行为进行激励，为其分担一定的成本。

（5）在碳税政策下，根据两种情形的推导过程及数值算例可知，供应商、制造商的单位"产品"生产成本，零售商的单位产品销售成本之和（似一个整体）作用于二次价值函数中的常数项，使二次价值函数中的常数项因此项成本变小，使分散决策下供应链成员企业的利润、集中决策下供应链总利润都会变小。这意味着，供应链成员企业有动力去合作降低三者总成本，如为降低生产成本合作进行生产技术创新。同时，这也为实践中，供应链全面合作进行集中决策提供了额外的有利条件，使集中决策更易实现。

第 10 章

碳补贴政策下三级供应链运营微分博弈及协调研究

在本章中，涉及的相关符号与模型假设基本上同第 9 章的碳税情形，只是政府政策由碳税变为了碳补贴。设在政府的碳补贴政策下，政府对供应商、制造商的碳减排成本补贴比例分别为 s_S、s_M。

10.1 模型构建及分析

10.1.1 分散决策情形

在碳补贴政策下，考虑由单个供应商 S，单个制造商 M 和单个零售商 R 组成的三级供应链。假设三级供应链在完全信息情况下的决策顺序为：首先，供应商决定原材料生产中的减排努力水平 $z_S(t)$ 及原材料批发价 $w_S(t)$；其次，制造商决定产品生产过程中的减排努力水平 $z_M(t)$

及产品批发价 $w_M(t)$；最后，零售商决定低碳产品的零售价 $p(t)$。因此，结合前面的基本假设可得供应商 S、制造商 M、零售商 R 的决策问题分别为（为书写方便，当变量为时间 t 的函数时，省略 t）：

$$\max_{z_S,w_S} J_S = \int_0^\infty e^{-\rho t} [(w_S - c_S)(D_0 + \theta_S x_S + \theta_M x_M - \theta_R p)$$

$$- 0.5 \eta_S (1 - s_S) z_S^2] dt \qquad (10-1)$$

$$\max_{z_M,w_M} J_M = \int_0^\infty e^{-\rho t} [(w_M - w_S - c_M)(D_0 + \theta_S x_S + \theta_M x_M - \theta_R p)$$

$$- 0.5 \eta_M (1 - s_M) z_M^2] dt \qquad (10-2)$$

$$\max_p J_R = \int_0^\infty e^{-\rho t} [(p - w_M - c_R)(D_0 + \theta_S x_S + \theta_M x_M - \theta_R p)] dt$$

$$(10-3)$$

对此博弈问题，采用逆向归纳法求解。记 t 时刻以后，零售商 R 长期利润的最优价值函数为：

$$J_R^*(x_S, x_M) = e^{-\rho t} V_R(x_S, x_M)$$

由式（10-3），根据最优控制理论，$V_R(x_S, x_M)$ 对于任意 $x_S \geq 0$，$x_M \geq 0$ 必须满足哈密尔顿 - 雅可比 - 贝尔曼（HJB）方程：

$$\rho V_R = \max_p [(p - w_M - c_R)(D_0 + \theta_S x_S + \theta_M x_M - \theta_R p)$$

$$+ V_R^S(\alpha_S z_S - \beta_S x_S) + V_R^M(\alpha_M z_M - \beta_M x_M)] \qquad (10-4)$$

其中，V_R^S 和 V_R^M 表示 $V_R(x_S, x_M)$ 对 x_S 和 x_M 的偏导数。由式（10-4）的一阶条件可得：

$$p^* = \frac{D_0 + \theta_S x_S + \theta_M x_M + \theta_R w_M}{2\theta_R} + \frac{c_R}{2} \qquad (10-5)$$

同理，记 $J_M^*(x_S, x_M) = e^{-\rho t} V_M(x_S, x_M)$，则对制造商 M 有 HJB 方程：

$$\rho V_M = \max_{z_M,w_M} [(w_M - w_S - c_M)(D_0 + \theta_S x_S + \theta_M x_M - \theta_R p) - 0.5 \eta_M (1 - s_M) z_M^2$$

$$+ V_M^S(\alpha_S z_S - \beta_S x_S) + V_M^M(\alpha_M z_M - \beta_M x_M)] \qquad (10-6)$$

其中，V_M^S 和 V_M^M 表示 $V_M(x_S, x_M)$ 对 x_S 和 x_M 的偏导数。将式（10-5）代入式（10-6），由式（10-6）的一阶条件可得：

$$z_M^* = \frac{\alpha_M V_M^M}{\eta_M(1-s_M)}$$

$$w_M^* = \frac{D_0 + \theta_S x_S + \theta_M x_M + \theta_R w_S}{2\theta_R} + \frac{c_M - c_R}{2} \qquad (10-7)$$

记 $J_S^*(x_S, x_M) = e^{-\rho t} V_S(x_S, x_M)$，则对供应商 S 有 HJB 方程：

$$\rho V_S = \max_{z_S, w_S}[(w_S - c_S)(D_0 + \theta_S x_S + \theta_M x_M - \theta_R p) - 0.5\eta_S(1-s_S)z_S^2$$

$$+ V_S^S(\alpha_S z_S - \beta_S x_S) + V_S^M(\alpha_M z_M - \beta_M x_M)] \qquad (10-8)$$

其中，V_S^S 和 V_S^M 表示 $V_S(x_S, x_M)$ 对 x_S 和 x_M 的偏导数。将式（10-5）、式（10-7）代入式（10-8），然后由式（10-8）的一阶条件可得：

$$z_S^* = \frac{\alpha_S V_S^S}{\eta_S(1-s_S)}$$

$$w_S^* = \frac{D_0 + \theta_S x_S + \theta_M x_M}{2\theta_R} + \frac{c_S - c_M - c_R}{2} \qquad (10-9)$$

将式（10-5）、式（10-7）、式（10-9）代入式（10-8）、式（10-6）与式（10-4），整理得式（10-10）~式（10-12）：

$$\rho V_S = \frac{[D_0 + \theta_S x_S + \theta_M x_M - \theta_R(c_S + c_M + c_R)]^2}{16\theta_R} + \frac{(\alpha_S V_S^S)^2}{2\eta_S(1-s_S)}$$

$$+ \frac{\alpha_M^2 V_S^M V_M^M}{\eta_M(1-s_M)} - \beta_S V_S^S x_S - \beta_M V_S^M x_M \qquad (10-10)$$

$$\rho V_M = \frac{[D_0 + \theta_S x_S + \theta_M x_M - \theta_R(c_S + c_M + c_R)]^2}{32\theta_R} + \frac{\alpha_S^2 V_S^S V_M^S}{\eta_S(1-s_S)}$$

$$+ \frac{(\alpha_M V_M^M)^2}{2\eta_M(1-s_M)} - \beta_S V_M^S x_S - \beta_M V_M^M x_M \qquad (10-11)$$

$$\rho V_R = \frac{\left[D_0 + \theta_S x_S + \theta_M x_M - \theta_R(c_S + c_M + c_R) \right]^2}{64\theta_R} + \frac{\alpha_S^2 V_S^S V_R^S}{\eta_S(1-s_S)}$$

$$+ \frac{\alpha_M^2 V_M^M V_R^M}{\eta_M(1-s_M)} - \beta_S V_R^S x_S - \beta_M V_R^M x_M \qquad (10-12)$$

由式（10-10）~式（10-12）可知，其价值函数都是关于状态变量的二次式，因而可设：

$$V_S(x_S,\ x_M) = a_1 x_S^2 + b_1 x_M^2 + c_1 x_S x_M + d_1 x_S + e_1 x_M + f_1$$

$$V_M(x_S,\ x_M) = a_2 x_S^2 + b_2 x_M^2 + c_2 x_S x_M + d_2 x_S + e_2 x_M + f_2$$

$$V_R(x_S,\ x_M) = a_3 x_S^2 + b_3 x_M^2 + c_3 x_S x_M + d_3 x_S + e_3 x_M + f_3$$

$$(10-13)$$

其中，a_1、b_1、c_1、d_1、e_1、f_1、a_2、b_2、c_2、d_2、e_2、f_2、a_3、b_3、c_3、d_3、e_3、f_3 为待定系数。将式（10-13）及其对 x_S、x_M 的偏导数代入式（10-10）~式（10-12）中，对比式（10-10）~式（10-12）左右两边的同类项系数，可得 18 个待定系数组成的方程组如式（10-14）~式（10-31）所示。

$$\rho a_1 = \frac{\theta_S^2}{16\theta_R} + \frac{2\alpha_S^2 a_1^2}{\eta_S(1-s_S)} + \frac{\alpha_M^2 c_1 c_2}{\eta_M(1-s_M)} - 2\beta_S a_1 \qquad (10-14)$$

$$\rho b_1 = \frac{\theta_M^2}{16\theta_R} + \frac{\alpha_S^2 c_1^2}{2\eta_S(1-s_S)} + \frac{4\alpha_M^2 b_1 b_2}{\eta_M(1-s_M)} - 2\beta_M b_1 \qquad (10-15)$$

$$\rho c_1 = \frac{\theta_S \theta_M}{8\theta_R} + \frac{2\alpha_S^2 a_1 c_1}{\eta_S(1-s_S)} + \frac{2\alpha_M^2(b_1 c_2 + b_2 c_1)}{\eta_M(1-s_M)} - \beta_S c_1 - \beta_M c_1 \qquad (10-16)$$

$$\rho d_1 = \frac{\theta_S\left[D_0 - \theta_R(c_S + c_M + c_R) \right]}{8\theta_R} + \frac{2\alpha_S^2 a_1 d_1}{\eta_S(1-s_S)}$$

$$+ \frac{\alpha_M^2(c_1 e_2 + c_2 e_1)}{\eta_M(1-s_M)} - \beta_S d_1 \qquad (10-17)$$

$$\rho e_1 = \frac{\theta_M\left[D_0 - \theta_R(c_S + c_M + c_R) \right]}{8\theta_R} + \frac{\alpha_S^2 c_1 d_1}{\eta_S(1-s_S)}$$

$$+ \frac{2\alpha_M^2(b_1 e_2 + b_2 e_1)}{\eta_M(1 - s_M)} - \beta_M e_1 \tag{10-18}$$

$$\rho f_1 = \frac{[D_0 - \theta_R(c_S + c_M + c_R)]^2}{16\theta_R} + \frac{\alpha_S^2 d_1^2}{2\eta_S(1 - s_S)} + \frac{\alpha_M^2 e_1 e_2}{\eta_M(1 - s_M)} \tag{10-19}$$

$$\rho a_2 = \frac{\theta_S^2}{32\theta_R} + \frac{4\alpha_S^2 a_1 a_2}{\eta_S(1 - s_S)} + \frac{\alpha_M^2 c_2^2}{2\eta_M(1 - s_M)} - 2\beta_S a_2 \tag{10-20}$$

$$\rho b_2 = \frac{\theta_M^2}{32\theta_R} + \frac{\alpha_S^2 c_1 c_2}{\eta_S(1 - s_S)} + \frac{2\alpha_M^2 b_2^2}{\eta_M(1 - s_M)} - 2\beta_M b_2 \tag{10-21}$$

$$\rho c_2 = \frac{\theta_S \theta_M}{16\theta_R} + \frac{2\alpha_S^2(a_1 c_2 + a_2 c_1)}{\eta_S(1 - s_S)} + \frac{2\alpha_M^2 b_2 c_2}{\eta_M(1 - s_M)} - \beta_S c_2 - \beta_M c_2 \tag{10-22}$$

$$\rho d_2 = \frac{\theta_S[D_0 - \theta_R(c_S + c_M + c_R)]}{16\theta_R} + \frac{2\alpha_S^2(a_1 d_2 + a_2 d_1)}{\eta_S(1 - s_S)}$$

$$+ \frac{\alpha_M^2 c_2 e_2}{\eta_M(1 - s_M)} - \beta_S d_2 \tag{10-23}$$

$$\rho e_2 = \frac{\theta_M[D_0 - \theta_R(c_S + c_M + c_R)]}{16\theta_R} + \frac{\alpha_S^2(c_1 d_2 + c_2 d_1)}{\eta_S(1 - s_S)}$$

$$+ \frac{2\alpha_M^2 b_2 e_2}{\eta_M(1 - s_M)} - \beta_M e_2 \tag{10-24}$$

$$\rho f_2 = \frac{[D_0 - \theta_R(c_S + c_M + c_R)]^2}{32\theta_R} + \frac{\alpha_S^2 d_1 d_2}{\eta_S(1 - s_S)} + \frac{\alpha_M^2 e_2^2}{2\eta_M(1 - s_M)} \tag{10-25}$$

$$\rho a_3 = \frac{\theta_S^2}{64\theta_R} + \frac{4\alpha_S^2 a_1 a_3}{\eta_S(1 - s_S)} + \frac{\alpha_M^2 c_2 c_3}{\eta_M(1 - s_M)} - 2\beta_S a_3 \tag{10-26}$$

$$\rho b_3 = \frac{\theta_M^2}{64\theta_R} + \frac{\alpha_S^2 c_1 c_3}{\eta_S(1 - s_S)} + \frac{4\alpha_M^2 b_2 b_3}{\eta_M(1 - s_M)} - 2\beta_M b_3 \tag{10-27}$$

$$\rho c_3 = \frac{\theta_S \theta_M}{32\theta_R} + \frac{2\alpha_S^2(a_1 c_3 + a_3 c_1)}{\eta_S(1 - s_S)} + \frac{2\alpha_M^2(b_2 c_3 + b_3 c_2)}{\eta_M(1 - s_M)}$$

$$- \beta_S c_3 - \beta_M c_3 \tag{10-28}$$

$$\rho d_3 = \frac{\theta_S[D_0 - \theta_R(c_S + c_M + c_R)]}{32\theta_R} + \frac{2\alpha_S^2(a_1 d_3 + a_3 d_1)}{\eta_S(1 - s_S)}$$

$$+ \frac{\alpha_M^2 (c_2 e_3 + c_3 e_2)}{\eta_M (1 - s_M)} - \beta_S d_3 \qquad (10-29)$$

$$\rho e_3 = \frac{\theta_M [D_0 - \theta_R (c_S + c_M + c_R)]}{32 \theta_R} + \frac{\alpha_S^2 (c_1 d_3 + c_3 d_1)}{\eta_S (1 - s_S)}$$

$$+ \frac{2 \alpha_M^2 (b_2 e_3 + b_3 e_2)}{\eta_M (1 - s_M)} - \beta_M e_3 \qquad (10-30)$$

$$\rho f_3 = \frac{[D_0 - \theta_R (c_S + c_M + c_R)]^2}{64 \theta_R} + \frac{\alpha_S^2 d_1 d_3}{\eta_S (1 - s_S)} + \frac{\alpha_M^2 e_2 e_3}{\eta_M (1 - s_M)} \qquad (10-31)$$

求解式（10 – 14）~式（10 – 31）组成的方程组，可得 18 个待定系数的值。但是，上述方程组为较复杂的非线性方程组，难以求出参数形式的解析解。如果将参数取为特定的数值，可求出非线性方程组的近似解，求解思路及步骤为：①由式（10 – 14）~式（10 – 16）、式（10 – 20）~式（10 – 22）解出 a_1、b_1、c_1、a_2、b_2、c_2 的值；②由式（10 – 17）、式（10 – 18）、式（10 – 23）、式（10 – 24）解出 d_1、e_1、d_2、e_2 的值；③由式（10 – 19）解出 f_1 的值，由式（10 – 25）解出 f_2 的值；④由式（10 – 26）~式（10 – 28）解出 a_3、b_3、c_3 的值；⑤由式（10 – 29）、式（10 – 30）解出 d_3、e_3 的值；⑥由式（10 – 31）解出 f_3 的值。假设由式（10 – 14）~式（10 – 31）解出的值用 a_1^*、b_1^*、c_1^*、d_1^*、e_1^*、f_1^*、a_2^*、b_2^*、c_2^*、d_2^*、e_2^*、f_2^*、a_3^*、b_3^*、c_3^*、d_3^*、e_3^*、f_3^* 表示。

得到 18 个待定系数的值后，据式（10 – 13）、式（10 – 9）、式（10 – 7）、式（10 – 5）可得碳补贴政策下，三级供应链动态均衡策略如式（10 – 32）~式（10 – 36）所示。

$$z_S^* = \frac{\alpha_S (2 a_1^* x_S + c_1^* x_M + d_1^*)}{\eta_S (1 - s_S)} \qquad (10-32)$$

$$w_S^* = \frac{D_0 + \theta_S x_S + \theta_M x_M}{2 \theta_R} + \frac{c_S - c_M - c_R}{2} \qquad (10-33)$$

$$z_M^* = \frac{\alpha_M(2b_2^* x_M + c_2^* x_S + e_2^*)}{\eta_M(1 - s_M)} \qquad (10-34)$$

$$w_M^* = \frac{3(D_0 + \theta_S x_S + \theta_M x_M)}{4\theta_R} + \frac{c_S + c_M - 3c_R}{4} \qquad (10-35)$$

$$p^* = \frac{7(D_0 + \theta_S x_S + \theta_M x_M)}{8\theta_R} + \frac{c_S + c_M + c_R}{8} \qquad (10-36)$$

因现实中 $p^* > w_M^*$，$w_M^* > w_S^*$，这意味着以下条件成立：

$$D_0 + \theta_S x_S + \theta_M x_M > \theta_R(c_S + c_M - 7c_R) \qquad (10-37)$$

$$D_0 + \theta_S x_S + \theta_M x_M > \theta_R(c_S + c_R - 3c_M) \qquad (10-38)$$

由式（10-32）~ 式（10-36）可知：①碳补贴政策下，供应商、制造商、零售商的"产品"定价都与 D_0、θ_S、θ_M 正相关，都与 θ_R 负相关，且都随状态变量 x_S、x_M 的变化动态变化；②政府对供应商、制造商的碳减排补贴使供应商、制造商减排努力增加；③供应商、制造商的单位"产品"生产成本，零售商的单位产品销售成本分别以 1/2、1/4、1/8 向直接下游传导；④供应商、制造商的单位"产品"生产成本，零售商的单位产品销售成本对原材料及产品批发价的影响取决于这些成本的相对大小，可能抬高批发价，也可能降低批发价，但这些总成本的 1/8 通过零售商的零售价传导给了消费者。

将式（10-32）、式（10-34）代入状态方程式（9-1）（本章状态方程与第9章相同），根据联立微分方程组的解法（G. 甘道尔夫，2003），可求得碳补贴政策下，分散决策情形三级供应链供应商与制造商减排量 x_S、x_M 的最优轨迹：

$$x_S^*(t) = A_1 e^{\lambda_1 t} + A_2 e^{\lambda_2 t} + u_1 \qquad (10-39)$$

$$x_M^*(t) = \frac{\eta_S(1-s_S)\lambda_1 - 2\alpha_S^2 a_1^* + \beta_S \eta_S(1-s_S)}{\alpha_S^2 c_1^*} A_1 e^{\lambda_1 t}$$

$$+ \frac{\eta_S(1-s_S)\lambda_2 - 2\alpha_S^2 a_1^* + \beta_S \eta_S(1-s_S)}{\alpha_S^2 c_1^*} A_2 e^{\lambda_2 t} + u_2 \qquad (10-40)$$

式（10－39）、式（10－40）中：

$$u_1 = \frac{\alpha_S^2 \alpha_M^2 c_1^* e_2^* - 2\alpha_S^2 \alpha_M^2 b_2^* d_1^* + \alpha_S^2 \beta_M \eta_M (1 - s_M) d_1^*}{[2\alpha_S^2 a_1^* - \beta_S \eta_S (1 - s_S)][2\alpha_M^2 b_2^* - \beta_M \eta_M (1 - s_M)] - \alpha_S^2 \alpha_M^2 c_1^* c_2^*}$$

$$u_2 = \frac{\alpha_S^2 \alpha_M^2 c_2^* d_1^* - 2\alpha_S^2 \alpha_M^2 a_1^* e_2^* + \alpha_M^2 \beta_S \eta_S (1 - s_S) e_2^*}{[2\alpha_S^2 a_1^* - \beta_S \eta_S (1 - s_S)][2\alpha_M^2 b_2^* - \beta_M \eta_M (1 - s_M)] - \alpha_S^2 \alpha_M^2 c_1^* c_2^*}$$

$$\lambda_1 = \frac{\alpha_S^2 a_1^*}{\eta_S (1 - s_S)} + \frac{\alpha_M^2 b_2^*}{\eta_M (1 - s_M)} - 0.5\beta_S - 0.5\beta_M + 0.5\sqrt{\Delta_1}$$

$$\lambda_2 = \frac{\alpha_S^2 a_1^*}{\eta_S (1 - s_S)} + \frac{\alpha_M^2 b_2^*}{\eta_M (1 - s_M)} - 0.5\beta_S - 0.5\beta_M - 0.5\sqrt{\Delta_1}$$

$$A_1 = \frac{2\alpha_S^2 \eta_M (1 - s_M) a_1^* - 2\alpha_M^2 \eta_S (1 - s_S) b_2^* + \eta_S \eta_M (1 - s_S)(1 - s_M)(\beta_M - \beta_S + \sqrt{\Delta_1})}{2\eta_S \eta_M (1 - s_S)(1 - s_M)\sqrt{\Delta_1}}(x_{S0} - u_1)$$

$$+ \frac{\alpha_S^2 c_1^*}{\eta_S (1 - s_S)\sqrt{\Delta_1}}(x_{M0} - u_2)$$

$$A_2 = \frac{2\alpha_M^2 \eta_S (1 - s_S) b_2^* - 2\alpha_S^2 \eta_M (1 - s_M) a_1^* + \eta_S \eta_M (1 - s_S)(1 - s_M)(\beta_S - \beta_M + \sqrt{\Delta_1})}{2\eta_S \eta_M (1 - s_S)(1 - s_M)\sqrt{\Delta_1}}(x_{S0} - u_1)$$

$$- \frac{\alpha_S^2 c_1^*}{\eta_S (1 - s_S)\sqrt{\Delta_1}}(x_{M0} - u_2)$$

λ_1、λ_2、A_1、A_2 表达式中，

$$\Delta_1 = \left[\frac{2\alpha_S^2 a_1^*}{\eta_S (1 - s_S)} + \beta_M - \beta_S - \frac{2\alpha_M^2 b_2^*}{\eta_M (1 - s_M)}\right]^2 + \frac{4\alpha_S^2 \alpha_M^2 c_1^* c_2^*}{\eta_S \eta_M (1 - s_S)(1 - s_M)}$$

由式（10－13）、式（10－39）、式（10－40）及 $J_S^*(x_S, x_M) = e^{-\rho t} V_S(x_S, x_M)$ 可得最优利润值函数：

$$J_S^*(x_S, x_M) = e^{-\rho t} V_S(x_S, x_M)$$

$$= e^{-\rho t}(a_1^* x_S^2 + b_1^* x_M^2 + c_1^* x_S x_M + d_1^* x_S + e_1^* x_M + f_1^*) \quad (10-41)$$

同理可得：

$$J_M^*(x_S, x_M) = e^{-\rho t} V_M(x_S, x_M)$$
$$= e^{-\rho t}(a_2^* x_S^2 + b_2^* x_M^2 + c_2^* x_S x_M + d_2^* x_S + e_2^* x_M + f_2^*)$$

$$(10-42)$$

$$J_R^*(x_S, x_M) = e^{-\rho t} V_R(x_S, x_M)$$
$$= e^{-\rho t}(a_3^* x_S^2 + b_3^* x_M^2 + c_3^* x_S x_M + d_3^* x_S + e_3^* x_M + f_3^*)$$

$$(10-43)$$

因此碳税政策下，分散决策情形三级供应链系统最优总利润值函数为：

$$J^*(x_S, x_M) = J_S^*(x_S, x_M) + J_M^*(x_S, x_M) + J_R^*(x_S, x_M) \qquad (10-44)$$

10.1.2　集中决策情形

在碳补贴政策下，供应商、制造商、零售商以供应链系统总利润最大为原则，合作确定 z_S、z_M 和 p 的值。此时供应链系统的决策问题为：

$$\max_{z_S, z_M, p} J^C = \int_0^\infty e^{-\rho t}\big[(p - c_S - c_M - c_R)(D_0 + \theta_S x_S + \theta_M x_M - \theta_R p)$$
$$- 0.5\eta_S(1 - s_S)z_S^2 - 0.5\eta_M(1 - s_M)z_M^2\big]dt \qquad (10-45)$$

类似分散决策情形，记 t 时刻以后，三级供应链系统长期利润的最优价值函数为：

$$J^{C*}(x_S, x_M) = e^{-\rho t} V(x_S, x_M)$$

则 $V(x_S, x_M)$ 对于任意 $x_S \geq 0$，$x_M \geq 0$ 必须满足如下的 HJB 方程：

$$\rho V = \max_{z_S, z_M, p}\big[(p - c_S - c_M - c_R)(D_0 + \theta_S x_S + \theta_M x_M - \theta_R p) - 0.5\eta_S(1 - s_S)z_S^2$$
$$- 0.5\eta_M(1 - s_M)z_M^2 + V^S(\alpha_S z_S - \beta_S x_S) + V^M(\alpha_M z_M - \beta_M x_M)\big]$$

$$(10-46)$$

其中，V^S 和 V^M 表示 $V(x_S, x_M)$ 对 x_S 和 x_M 的偏导数。由式（10-46）

的一阶条件可得：

$$z_S^* = \frac{\alpha_S V^S}{\eta_S(1-s_S)} \tag{10-47}$$

$$z_M^* = \frac{\alpha_M V^M}{\eta_M(1-s_M)} \tag{10-48}$$

$$p^* = \frac{D_0 + \theta_S x_S + \theta_M x_M}{2\theta_R} + \frac{c_S + c_M + c_R}{2} \tag{10-49}$$

将式（10-47）~式（10-49）代入式（10-46），整理得：

$$\rho V = \frac{[D_0 + \theta_S x_S + \theta_M x_M - \theta_R(c_S + c_M + c_R)]^2}{4\theta_R} + \frac{\alpha_S^2(V^S)^2}{2\eta_S(1-s_S)}$$

$$+ \frac{\alpha_M^2(V^M)^2}{2\eta_M(1-s_M)} - \beta_S V^S x_S - \beta_M V^M x_M \tag{10-50}$$

由式（10-50）可知，价值函数是关于状态变量 x_S、x_M 的二次式，因而假设：

$$V(x_S, x_M) = a x_S^2 + b x_M^2 + c x_S x_M + d x_S + e x_M + f \tag{10-51}$$

其中，a、b、c、d、e、f 为待定系数。将式（10-51）及其对 x_S、x_M 的偏导数代入式（10-50）中，对比式（10-50）左右两边的同类项系数，可得 6 个待定系数为变量的方程组如式（10-52）~式（10-57）所示。

$$\rho a = \frac{\theta_S^2}{4\theta_R} + \frac{2\alpha_S^2 a^2}{\eta_S(1-s_S)} + \frac{\alpha_M^2 c^2}{2\eta_M(1-s_M)} - 2\beta_S a \tag{10-52}$$

$$\rho b = \frac{\theta_M^2}{4\theta_R} + \frac{\alpha_S^2 c^2}{2\eta_S(1-s_S)} + \frac{2\alpha_M^2 b^2}{\eta_M(1-s_M)} - 2\beta_M b \tag{10-53}$$

$$\rho c = \frac{\theta_S \theta_M}{2\theta_R} + \frac{2\alpha_S^2 ac}{\eta_S(1-s_S)} + \frac{2\alpha_M^2 bc}{\eta_M(1-s_M)} - \beta_S c - \beta_M c \tag{10-54}$$

$$\rho d = \frac{\theta_S[D_0 - \theta_R(c_S + c_M + c_R)]}{2\theta_R} + \frac{2\alpha_S^2 ad}{\eta_S(1-s_S)}$$

$$+ \frac{\alpha_M^2 ce}{\eta_M(1 - s_M)} - \beta_S d \qquad (10 - 55)$$

$$\rho e = \frac{\theta_M [D_0 - \theta_R(c_S + c_M + c_R)]}{2\theta_R} + \frac{\alpha_S^2 cd}{\eta_S(1 - s_S)}$$

$$+ \frac{2\alpha_M^2 be}{\eta_M(1 - s_M)} - \beta_M e \qquad (10 - 56)$$

$$\rho f = \frac{[D_0 - \theta_R(c_S + c_M + c_R)]^2}{4\theta_R} + \frac{\alpha_S^2 d^2}{2\eta_S(1 - s_S)} + \frac{\alpha_M^2 e^2}{2\eta_M(1 - s_M)} \qquad (10 - 57)$$

求解式（10 - 52）~ 式（10 - 57）组成的非线性方程组，可得 6 个待定系数的值。类似前面的分散决策情形，难以求出上述非线性方程组参数形式的解析解，如果将参数取为特定的数值，可求出非线性方程组的近似解，求解思路为：①由式（10 - 52）~ 式（10 - 54）解出 a、b、c 的值；②由式（10 - 55）、式（10 - 56）解出 d、e 的值；③由式（10 - 57）解出 f 的值。假设由式（10 - 52）~ 式（10 - 57）解出的值用 a^*、b^*、c^*、d^*、e^*、f^* 表示。

得到 6 个待定系数的值后，据式（10 - 51）、式（10 - 47）~ 式（10 - 49）可得碳补贴政策下，集中决策三级低碳供应链长期动态策略如式（10 - 58）~ 式（10 - 60）所示。

$$z_S^* = \frac{\alpha_S(2a^* x_S + c^* x_M + d^*)}{\eta_S(1 - s_S)} \qquad (10 - 58)$$

$$z_M^* = \frac{\alpha_M(2b^* x_M + c^* x_S + e^*)}{\eta_M(1 - s_M)} \qquad (10 - 59)$$

$$p^* = \frac{D_0 + \theta_S x_S + \theta_M x_M}{2\theta_R} + \frac{c_S + c_M + c_R}{2} \qquad (10 - 60)$$

由式（10 - 58）~ 式（10 - 60）可得，①碳补贴政策及集中决策情形下，产品零售价与 D_0、θ_S、θ_M 正相关，与 θ_R 负相关，且随状态变量 x_S、x_M 的变化动态变化，这一结论与碳补贴政策下的分散决策情形相同；

②供应商、制造商的单位"产品"生产成本，零售商的单位产品销售成本，有 $1/2$ 通过零售商的零售价传导给了消费者；③对比分散决策与集中决策情形下产品零售价容易发现，当条件 $D_0 + \theta_S x_S + \theta_M x_M > \theta_R(c_S + c_M + c_R)$ 成立时，分散决策情形下的产品零售价大于集中决策情形下产品零售价，特别地，当 $c_R = 0$ 时，考虑到式（10-37），此结论一定成立。

将式（10-58）、式（10-59）代入状态方程式（9-1）（本章状态方程与第9章相同），根据联立微分方程组的解法，可求得碳补贴政策下集中决策时，三级供应链供应商与制造商减排量 x_S、x_M 的最优轨迹：

$$x_S^*(t) = A_1 e^{\lambda_1 t} + A_2 e^{\lambda_2 t} + u_1 \tag{10-61}$$

$$x_M^*(t) = \frac{\eta_S(1-s_S)\lambda_1 - 2\alpha_S^2 a^* + \beta_S \eta_S(1-s_S)}{\alpha_S^2 c^*} A_1 e^{\lambda_1 t}$$

$$+ \frac{\eta_S(1-s_S)\lambda_2 - 2\alpha_S^2 a^* + \beta_S \eta_S(1-s_S)}{\alpha_S^2 c^*} A_2 e^{\lambda_2 t} + u_2 \tag{10-62}$$

式（10-61）、式（10-62）中，

$$u_1 = \frac{\alpha_S^2 \alpha_M^2 c^* e^* - 2\alpha_S^2 \alpha_M^2 b^* d^* + \alpha_S^2 \beta_M \eta_M(1-s_M)d^*}{[2\alpha_S^2 a^* - \beta_S \eta_S(1-s_S)][2\alpha_M^2 b^* - \beta_M \eta_M(1-s_M)] - \alpha_S^2 \alpha_M^2 (c^*)^2}$$

$$u_2 = \frac{\alpha_S^2 \alpha_M^2 c^* d^* - 2\alpha_S^2 \alpha_M^2 a^* e^* + \alpha_M^2 \beta_S \eta_S(1-s_S)e^*}{[2\alpha_S^2 a^* - \beta_S \eta_S(1-s_S)][2\alpha_M^2 b^* - \beta_M \eta_M(1-s_M)] - \alpha_S^2 \alpha_M^2 (c^*)^2}$$

$$\lambda_1 = \frac{\alpha_S^2 a^*}{\eta_S(1-s_S)} + \frac{\alpha_M^2 b^*}{\eta_M(1-s_M)} - 0.5\beta_S - 0.5\beta_M + 0.5\sqrt{\Delta_2}$$

$$\lambda_2 = \frac{\alpha_S^2 a^*}{\eta_S(1-s_S)} + \frac{\alpha_M^2 b^*}{\eta_M(1-s_M)} - 0.5\beta_S - 0.5\beta_M - 0.5\sqrt{\Delta_2}$$

$$A_1 = \frac{2\alpha_S^2 \eta_M(1-s_M)a^* - 2\alpha_M^2 \eta_S(1-s_S)b^*}{2\eta_S \eta_M(1-s_S)(1-s_M)\sqrt{\Delta_2}}(x_{S0} - u_1)$$

$$+ \frac{\alpha_S^2 c^*}{\eta_S(1-s_S)\sqrt{\Delta_2}}(x_{M0} - u_2)$$

$$A_2 = \frac{\begin{aligned}&2\alpha_M^2\eta_S(1-s_S)b^* - 2\alpha_S^2\eta_M(1-s_M)a^*\\&+\eta_S\eta_M(1-s_S)(1-s_M)(\beta_S-\beta_M+\sqrt{\Delta_2})\end{aligned}}{2\eta_S\eta_M(1-s_S)(1-s_M)\sqrt{\Delta_2}}(x_{S0}-u_1)$$
$$-\frac{\alpha_S^2 c^*}{\eta_S(1-s_S)\sqrt{\Delta_2}}(x_{M0}-u_2)$$

λ_1、λ_2、A_1、A_2 表达式中，

$$\Delta_2 = \left[\frac{2\alpha_S^2 a^*}{\eta_S(1-s_S)}+\beta_M-\beta_S-\frac{2\alpha_M^2 b^*}{\eta_M(1-s_M)}\right]^2 + \frac{4\alpha_S^2\alpha_M^2(c^*)^2}{\eta_S\eta_M(1-s_S)(1-s_M)}$$

由式（10-51）、式（10-61）、式（10-62）及 $J^{C*}(x_S, x_M) = e^{-\rho t}V(x_S, x_M)$ 可得三级供应链系统最优利润值函数：

$$J^{C*}(x_S, x_M) = e^{-\rho t}V(x_S, x_M) = e^{-\rho t}(a^* x_S^2 + b^* x_M^2$$
$$+ c^* x_S x_M + d^* x_S + e^* x_M + f^*) \tag{10-63}$$

10.1.3　三级供应链的协调研究

碳补贴政策下，对于三级供应链的协调仍可考虑第 9 章提出的三个博弈方相互威慑讨价还价方法。由于第 9 章已给出了此方法的详细内容，此处不再重复。

10.2　数值算例

10.2.1　碳补贴政策下分散决策、集中决策的数值算例及灵敏度分析

根据参数应满足的条件，假设 $D_0 = 20$，$x_{S0} = 0$，$x_{M0} = 0$，$c_S = 0.2$，

$c_M = 0.3$，$c_R = 0.1$，$\alpha_S = 0.2$，$\beta_S = 0.3$，$\alpha_M = 0.4$，$\beta_M = 0.6$，$e_{S0} = 2$，$e_{M0} = 3$，$\theta_S = 1$，$\theta_M = 1$，$\theta_R = 1$，$\eta_S = 2$，$\eta_M = 2$，$s_S = 0.2$，$s_M = 0.2$，$\rho = 0.9$。将这些参数值代入碳补贴政策下分散决策、集中决策模型，利用 Matlab 软件辅助求解，可得到三级供应链相关变量及各自策略的数值结果。

对于分散决策情形，可得到（舍弃了减排量、努力水平小于 0 等相关变量的取值及均衡策略）：

$a_1^* = 0.0419$，$b_1^* = 0.0299$，$c_1^* = 0.0698$，$a_2^* = 0.0209$，$b_2^* = 0.0149$，$c_2^* = 0.0349$，$d_1^* = 2.0338$，$e_1^* = 1.6255$，$d_2^* = 1.0163$，$e_2^* = 0.8123$，$f_1^* = 26.3403$，$f_2^* = 13.1621$，$a_3^* = 0.0105$，$b_3^* = 0.0075$，$c_3^* = 0.0175$，$d_3^* = 0.5094$，$e_3^* = 0.4070$，$f_3^* = 6.5995$，

$$x_S^*(t) = 0.1715 - 0.1723e^{-0.2979t} + 0.0008e^{-0.5970t},$$

$$x_M^*(t) = 0.1371 - 0.0020e^{-0.2979t} - 0.1351e^{-0.5970t},$$

$$z_S^*(t) = 0.2572 - 0.0018e^{-0.2979t} - 0.0012e^{-0.5970t},$$

$$w_S^*(t) = 10.0543 - 0.0872e^{-0.2979t} - 0.0672e^{-0.5970t},$$

$$z_M^*(t) = 0.2056 - 0.0015e^{-0.2979t} - 0.0010e^{-0.5970t},$$

$$w_M^*(t) = 15.2815 - 0.1307e^{-0.2979t} - 0.1007e^{-0.5970t},$$

$$p^*(t) = 17.8450 - 0.1525e^{-0.2979t} - 0.1175e^{-0.5970t}。$$

因而，

$$J_S^*(x_{S0}, x_{M0}) = 26.3403,$$

$$J_M^*(x_{S0}, x_{M0}) = 13.1621,$$

$$J_R^*(x_{S0}, x_{M0}) = 6.5995。$$

故有：

$$J^*(x_{S0}, x_{M0}) = J_S^*(x_{S0}, x_{M0}) + J_M^*(x_{S0}, x_{M0}) + J_R^*(x_{S0}, x_{M0}) = 46.1019。$$

对于集中决策情形，可得到（舍弃了减排量小于 0 时相关变量的取值及最优策略）：

$a^* = 0.1703$，$b^* = 0.1209$，$c^* = 0.2829$，$d^* = 8.2981$，$e^* = 6.6124$，$f^* = 107.9299$，

$$x_S^*(t) = 0.7405 - 0.7680e^{-0.2908t} + 0.0275e^{-0.5765t}，$$

$$x_M^*(t) = 1.1847 - 0.0762e^{-0.2908t} - 1.1085e^{-0.5765t}，$$

$$z_S^*(t) = 1.1107 - 0.0354e^{-0.2908t} - 0.0380e^{-0.5765t}，$$

$$z_M^*(t) = 1.7771 - 0.0589e^{-0.2908t} - 0.0651e^{-0.5765t}，$$

$$p^*(t) = 11.2626 - 0.4221e^{-0.2908t} - 0.5405e^{-0.5765t}。$$

因而有：

$$J^{C*}(x_{S0}，x_{M0}) = 107.9299。$$

由本节中分散决策、集中决策的计算结果可知，①在碳补贴政策下，无论是分散决策还是集中决策，供应商、制造商各自的减排量都随时间推移逐渐增大到某稳定值，但分散决策时供应商、制造商的减排量稳定值明显低于集中决策时各自的减排量稳定值，这表明集中决策（即供应链三方合作）有利于供应商、制造商减排；②在碳补贴政策下，无论是分散决策还是集中决策，供应商、制造商的减排努力水平都随时间推移逐渐增大到某稳定值，但供应商、制造商各自在分散决策时的努力水平稳定值明显低于集中决策时相应的努力水平稳定值；③在碳补贴政策下，分散决策时的产品零售价稳定值高于集中决策时的产品零售价稳定值，说明集中决策时为了扩大产品市场需求，增加系统总利润，会降价出售产品；④在碳补贴政策下，分散决策时供应链总利润小于集中决策时供应链总利润，这与已有二级低碳供应链文献的结论类似，也符合系统的一般原理（表 10 - 1、表 10 - 2 的灵敏度分析可得类似结论，不再重复阐述）。

为了提供更多的管理启示，以上述参数取值为基准，对 s_S、s_M、α_S、α_M、θ_S、θ_M 及 θ_R 在分散决策及集中决策两种情形下进行灵敏度分析，结果如表 10-1、表 10-2 所示。

表 10-1　　　　　碳补贴政策下分散决策灵敏度分析结果

基准	$z_{S\infty}$	$w_{S\infty}$	$z_{M\infty}$	$w_{M\infty}$	p_∞	$x_{S\infty}$	$x_{M\infty}$	J^*
	0.2572	10.0543	0.2056	15.2815	17.8450	0.1715	0.1371	46.1019
$s_S = 0.10$	0.2284	10.0446	0.2053	15.2669	17.8281	0.1523	0.1369	46.0858
$s_S = 0.15$	0.2420	10.0492	0.2055	15.2737	17.8360	0.1613	0.1370	46.0934
$s_S = 0.25$	0.2745	10.0601	0.2057	15.2902	17.8552	0.1830	0.1372	46.1117
$s_S = 0.30$	0.2943	10.0668	0.2059	15.3001	17.8668	0.1962	0.1373	46.1227
$s_M = 0.10$	0.2570	10.0465	0.1826	15.2698	17.8314	0.1713	0.1217	46.0772
$s_M = 0.15$	0.2571	10.0502	0.1934	15.2752	17.8378	0.1714	0.1289	46.0888
$s_M = 0.25$	0.2574	10.0590	0.2194	15.2884	17.8532	0.1716	0.1463	46.1167
$s_M = 0.30$	0.2576	10.0643	0.2352	15.2964	17.8624	0.1717	0.1568	46.1337
$\alpha_S = 0.10$	0.1278	9.9893	0.2040	15.1840	17.7313	0.0426	0.1360	45.9933
$\alpha_S = 0.15$	0.1922	10.0161	0.2047	15.2245	17.7785	0.0961	0.1365	46.0384
$\alpha_S = 0.25$	0.3231	10.1036	0.2068	15.3554	17.9313	0.2693	0.1379	46.1839
$\alpha_S = 0.30$	0.3902	10.1646	0.2083	15.4468	18.0380	0.3902	0.1389	46.2847
$\alpha_M = 0.30$	0.2562	10.0238	0.1537	15.2358	17.7917	0.1708	0.0769	46.0048
$\alpha_M = 0.35$	0.2567	10.0380	0.1796	15.2569	17.8164	0.1711	0.1048	46.0498
$\alpha_M = 0.45$	0.2579	10.0729	0.2317	15.3093	17.8775	0.1719	0.1738	46.1611
$\alpha_M = 0.50$	0.2586	10.0937	0.2580	15.3406	17.9140	0.1724	0.2150	46.2275
$\theta_S = 0.8$	0.2051	10.0230	0.2048	15.2345	17.7902	0.1367	0.1366	46.0497
$\theta_S = 0.9$	0.2311	10.0377	0.2052	15.2566	17.8161	0.1541	0.1368	46.0743
$\theta_S = 1.1$	0.2835	10.0726	0.2060	15.3090	17.8771	0.1890	0.1374	46.1325
$\theta_S = 1.2$	0.3099	10.0928	0.2065	15.3392	17.9124	0.2066	0.1377	46.1661
$\theta_M = 0.8$	0.2563	10.0292	0.1641	15.2438	17.8011	0.1709	0.1094	46.0221

续表

基准	$z_{S\infty}$	$w_{S\infty}$	$z_{M\infty}$	$w_{M\infty}$	p_∞	$x_{S\infty}$	$x_{M\infty}$	J^*
	0.2572	10.0543	0.2056	15.2815	17.8450	0.1715	0.1371	46.1019
$\theta_M = 0.9$	0.2568	10.0410	0.1848	15.2616	17.8218	0.1712	0.1232	46.0598
$\theta_M = 1.1$	0.2577	10.0690	0.2265	15.3034	17.8707	0.1718	0.1510	46.1487
$\theta_M = 1.2$	0.2583	10.0851	0.2475	15.3277	17.8989	0.1722	0.1650	46.2001
$\theta_R = 0.8$	0.3250	12.6436	0.2597	19.1654	22.3763	0.2167	0.1731	58.4593
$\theta_R = 0.9$	0.2873	11.2026	0.2296	17.0038	19.8545	0.1915	0.1531	51.5875
$\theta_R = 1.1$	0.2327	9.1178	0.1860	13.8767	16.2061	0.1551	0.1240	41.6219
$\theta_R = 1.2$	0.2124	8.3395	0.1698	12.7093	14.8441	0.1416	0.1132	37.8941

表 10 - 2　　　　碳补贴政策下集中决策灵敏度分析结果

基准	$z_{S\infty}^C$	$z_{M\infty}^C$	p_∞^C	$x_{S\infty}^C$	$x_{M\infty}^C$	J^{C*}
	1.1107	1.7771	11.2626	0.7405	1.1847	107.9299
$s_S = 0.10$	0.9831	1.7696	11.2176	0.6554	1.1798	107.8190
$s_S = 0.15$	1.0430	1.7731	11.2387	0.6953	1.1821	107.8711
$s_S = 0.25$	1.1878	1.7817	11.2898	0.7918	1.1878	107.9967
$s_S = 0.30$	1.2763	1.7868	11.3211	0.8509	1.1912	108.0731
$s_M = 0.10$	1.1032	1.5690	11.1907	0.7354	1.0460	107.6478
$s_M = 0.15$	1.1063	1.6660	11.2241	0.7375	1.1107	107.7798
$s_M = 0.25$	1.1148	1.9028	11.3059	0.7432	1.2685	108.0996
$s_M = 0.30$	1.1203	2.0486	11.3563	0.7469	1.3657	108.2955
$\alpha_S = 0.10$	0.5399	1.7276	10.9659	0.1800	1.1517	107.1878
$\alpha_S = 0.15$	0.8193	1.7479	11.0875	0.4097	1.1653	107.4951
$\alpha_S = 0.25$	1.4188	1.8161	11.4966	1.1824	1.2107	108.4974
$\alpha_S = 0.30$	1.7495	1.8661	11.7968	1.7495	1.8661	109.2042

续表

基准	$z_{S\infty}^{C}$	$z_{M\infty}^{C}$	p_{∞}^{C}	$x_{S\infty}^{C}$	$x_{M\infty}^{C}$	J^{C*}
	1.1107	1.7771	11.2626	0.7405	1.1847	107.9299
$\alpha_M = 0.30$	1.0818	1.2982	10.9852	0.7212	0.6491	106.8313
$\alpha_M = 0.35$	1.0950	1.5330	11.1122	0.7300	0.8943	107.3374
$\alpha_M = 0.45$	1.1290	2.0322	11.4385	0.7527	1.5242	108.6129
$\alpha_M = 0.50$	1.1502	2.3003	11.6419	0.7668	1.9169	109.3910
$\theta_S = 0.8$	0.8765	1.7530	11.1181	0.5843	1.1687	107.5717
$\theta_S = 0.9$	0.9924	1.7643	11.1858	0.6616	1.1762	107.7404
$\theta_S = 1.1$	1.2316	1.7914	11.3488	0.8211	1.1943	108.1406
$\theta_S = 1.2$	1.3556	1.8074	11.4447	0.9037	1.2049	108.3730
$\theta_M = 0.8$	1.0868	1.3911	11.0332	0.7245	0.9274	107.0236
$\theta_M = 0.9$	1.0980	1.5810	11.1403	0.7320	1.0540	107.4489
$\theta_M = 1.1$	1.1251	1.9802	11.4012	0.7501	1.3202	108.4689
$\theta_M = 1.2$	1.1413	2.1914	11.5570	0.7609	1.4609	109.0680
$\theta_R = 0.8$	1.4325	2.2920	14.3519	0.9550	1.5280	137.7231
$\theta_R = 0.9$	1.2517	2.0028	12.6165	0.8345	1.3352	121.1082
$\theta_R = 1.1$	0.9976	1.5962	10.1769	0.6651	1.0641	97.2220
$\theta_R = 1.2$	0.9049	1.4478	9.2869	0.6033	0.9652	88.3495

表 10 – 1 中，$z_{S\infty}$、$w_{S\infty}$、$z_{M\infty}$、$w_{M\infty}$、p_{∞}、$x_{S\infty}$、$x_{M\infty}$、J^* 依次序分别表示在碳补贴政策及分散决策情形下，当 $t \to \infty$ 时，供应商最优减排努力水平的稳定值，低碳原材料最优批发价的稳定值，制造商最优减排努力水平的稳定值，低碳产品最优批发价的稳定值，零售商确定的低碳产品最优零售价的稳定值，单位原材料最优减排量的稳定值，单位产品最优减排量的稳定值，供应链最优总利润。表 10 – 2 中，$z_{S\infty}^{C}$、

$z_{M\infty}^C$、p_∞^C、$x_{S\infty}^C$、$x_{M\infty}^C$、J^{C*} 依次序分别表示在碳补贴政策及集中决策情形下，当 $t \to \infty$ 时，供应商最优减排努力水平的稳定值，制造商最优减排努力水平的稳定值，低碳产品最优零售价的稳定值，单位原材料最优减排量的稳定值，单位产品最优减排量的稳定值，供应链最优总利润。表 10－1、表 10－2 结合前面内容可得如下结论。

（1）在碳补贴政策下，无论分散决策还是集中决策，随着政府对供应商的碳减排成本补贴比例 s_S 值的增加，供应商与制造商最优减排努力水平的稳定值，产品最优零售价的稳定值，单位原材料及单位产品最优减排量的稳定值，供应链最优总利润都会增加。可能的原因是随着 s_S 值的增加，相当于供应商的减排成本系数减少，即供应商单位原材料减排成本减小，减排就变得更"轻松"或更"容易"，在政府更大的减排"激励"下，供应商自然愿意投入更大的减排努力，这使单位原材料最优减排量的稳定值增加。同时，因供应商、制造商间的博弈关系，供应商的减排努力及单位原材料最优减排量的稳定值增加使制造商的减排努力及单位产品最优减排量的稳定值增加。根据低碳偏好相关假设，产品减排量稳定值增加使零售商提高了产品的零售价格稳定值。另外，随着 s_S 值的增加，意味着三级供应链系统面临越来越好的外部环境，因而供应链最优总利润会增加。根据类似的原因有：随着政府对制造商的碳减排成本补贴比例 s_M 值的增加，供应商与制造商最优减排努力水平的稳定值，产品最优零售价的稳定值，单位原材料及单位产品最优减排量的稳定值，供应链最优总利润都会增加。

（2）在碳补贴政策下，无论分散决策还是集中决策，随着供应商减排努力对减排率的影响系数 α_S 值的增加，供应商、制造商最优减排努力水平的稳定值，产品最优零售价的稳定值，单位原材料及单位产品最优减排量的稳定值，供应链最优总利润都会增加。可能的原因是随着 α_S 值的增加，供应商减排效率提高了，相当于单位努力的"痛苦"减轻了，所以供应商愿意更加努力减排，这使单位原材料最优减排量的稳定值提高。类似本节观点，因供应商、制造商间的博弈关系，供应商的减排努力及单位原材料最优减排量的稳定值增加使制造商的减排努力及单位产品最优减排量的稳定值增加。在单位原材料及单位产品最优减排量的稳定值提高条件下，考虑到消费者的低碳偏好，产品最优零售价的稳定值会提高。另外，减排效率提高相当于供应链系统出现了技术进步，这使供应链最优总利润增加。根据类似原因有：随着制造商减排努力对减排率的影响系数 α_M 值的增加，供应商与制造商最优减排努力水平的稳定值，产品最优零售价的稳定值，单位原材料及单位产品最优减排量的稳定值，供应链最优总利润都会增加。

（3）在碳补贴政策下，无论分散决策还是集中决策，随着单位原材料减排量、单位产品减排量对产品需求的影响系数 θ_S、θ_M 值的增加，供应商与制造商最优减排努力水平的稳定值，产品最优零售价的稳定值，单位原材料及单位产品最优减排量的稳定值，供应链最优总利润都会增加。可能的原因是随着 θ_S 或 θ_M 值的增加，产品市场需求增加，使供应商、制造商碳排放增加，从而对环境的伤害增加。在消费者低碳偏好背景下，供应商与制造商都会更加努力地减排，这导致单位原材料与单位产品最优减排量的稳定值增加，而单位原材料与单位产品最优减排量的稳定值增加使产品最优零售价的稳定值会提高。最后，产品需求及零售价格增加，使供应链最优总利润增加。

（4）在碳补贴政策下，无论分散决策还是集中决策，随着消费者价格敏感系数 θ_R 值增加，供应商与制造商最优减排努力水平的稳定值，产品最优零售价的稳定值，单位原材料及单位产品最优减排量的稳定值，供应链最优总利润都会减少。原因是根据式（9 - 2），θ_R 对市场需求的影响与 θ_S 或 θ_M 正好相反，故有与 θ_S 或 θ_M 相反的结论。

10.2.2　碳补贴政策下三级供应链集中决策总利润的协调分配

由本节前述数值算例及其灵敏度分析可知，在碳补贴政策下，供应链分散决策总利润都小于集中决策总利润。下面以数值算例中的基准参数取值情况说明集中决策剩余利润如何分配的问题，即三级供应链系统的利润协调问题。将前面的基准参数值代入第 9 章提出的三个博弈方相互威慑讨价还价相应模型可得：

$\Delta J = 61.8280$，$\delta_{12} = 0.3332$，$\delta_{21} = 0.6668$，$\delta_{13} = 0.2004$，$\delta_{31} = 0.7996$，$\delta_{23} = 0.3340$，$\delta_{32} = 0.6660$，$\delta_{23,1} = 0.5713$，$\delta_{1,23} = 0.4287$，$\delta_{13,2} = 0.2855$，$\delta_{2,13} = 0.7145$，$\delta_{12,3} = 0.1432$，$\delta_{3,12} = 0.8568$，$v_{11}^* = 46.7794$，$v_{12}^* = 12.8896$，$v_{13}^* = 2.1590$，$v_{21}^* = 52.8429$，$v_{22}^* = 6.3311$，$v_{23}^* = 2.6540$，$v_{31}^* = 51.7641$，$v_{32}^* = 8.6187$，$v_{33}^* = 1.4452$。显然有，$v_{21}^* > v_{31}^*$，$v_{23}^* > v_{13}^*$，所以博弈方 1、博弈方 3 暂时"结盟"，则根据式（9 - 73）可得：

$J_S^{C*} = 79.1832$，

$J_M^{C*} = 19.4932$，

$J_R^{C*} = 9.2535$。

即在基准参数取值情况下，供应商、制造商、零售商分别得到利润 79.1832、19.4932、9.2535，此利润均大于分散决策情形下各自的利润，因而在碳补贴政策下实现了三级供应链系统的 Pareto 改善及利润协调。

10.3　管理启示

通过碳补贴政策下的理论模型及数值算例的分析，可得如下的管理启示。

（1）在碳补贴政策下，供应商、制造商、零售商应当全面合作，采取集中决策方式，这样既有利于供应商、制造商的减排，也有利于扩大消费者的市场需求，从而增加消费者剩余，产生社会效益，同时还有利于增加三级供应链的利润，增加三级供应链经济效益。但全面合作的前提是合作剩余利润的合理分配，可考虑第 9 章给出的供应链三方相互威慑讨价还价分配方法。这一点与碳税政策下的启示类似。

（2）在碳补贴政策下，随着政府对供应商、制造商的碳减排成本补贴比例 s_S、s_M 值的增加，单位原材料及单位产品最优减排量的稳定值，供应链最优总利润都会增加。因而，在政府财力允许的情况下，可适当加大对供应商、制造商的碳减排成本补贴比例。

（3）在碳补贴政策下，供应商或制造商只要有一方减排效率得到提高，不但会使减排效率提高的企业自身减排量增加，也会因"溢出效应"使另一方减排量增加（这是与许多文献中的二级供应链的不同之处），同时三级供应链总利润也会增加。基于此，供应商、制造商自身应加强减排技术创新或减排技术引进、利用意识，提高减排效率。

（4）在碳补贴政策下，由于消费者价格敏感系数 θ_R 值增加既不利于供应商、制造商减排，也不利于供应链总利润的增加。因此，供应商与制造商可以通过为零售商分担一定销售成本的方式激励零售商采取措施，降低消费者对低碳产品价格的敏感度，如营造良好的消费环境和购物氛围，多宣传低碳产品相对非低碳产品的好处，提供支付宝、微信等多种虚拟货币支付方式等。

（5）在碳补贴政策下，根据分散决策与集中决策情形的推导过程及数值算例可知，供应商的单位原材料生产成本、制造商的单位产品生产成本，零售商的单位产品销售成本之和（似一个整体）作用于二次价值函数中的常数项，使二次价值函数中的常数项因此项成本变小，使分散决策下供应链成员企业的利润、集中决策下供应链总利润都会变小。这意味着供应链成员企业有动力去合作降低三者总成本，如为降低生产成本合作进行生产技术创新，同时这也为实践中供应链全面合作进行集中决策提供了额外的有利条件，使集中决策更易实现。这一点与碳税政策下的启示类似。

参 考 文 献

[1] 蔡东，胡七丹，郭春香. 碳交易下供应链中的技术创新激励合约设计 [J]. 工业工程，2019，22（5）：133-140.

[2] 蔡立燕，刘俊，王傅强. 碳交易机制下存在冲突行为的供应链协调研究 [J]. 铁道科学与工程学报，2016，13（5）：1000-1006.

[3] 蔡乌赶，李广培. 碳交易框架下企业生态创新策略研究 [J]. 中国管理科学，2018，26（12）：168-176.

[4] 曹斌斌，肖忠东，祝春阳. 考虑政府低碳政策的双销售模式供应链决策研究 [J]. 中国管理科学，2018，26（4）：30-40.

[5] 曹细玉，覃艳华，王静，等. 碳限额及交易下低碳补贴和低碳宣传成本分摊的双渠道供应链联合减排策略 [J]. 工业工程，2022，25（1）：28-36.

[6] 曹细玉，覃艳华，张杰芳. 基于政府不同补贴模式下的供应链碳减排策略与协调 [J]. 华中师范大学学报（自然科学版），2017，51（1）：93-99.

[7] 曹细玉，张杰芳. 碳减排补贴与碳税下的供应链碳减排决策优化与协调 [J]. 运筹与管理，2018，27（4）：57-61.

[8] 曹裕，李青松，胡韩莉. 不同政府补贴策略对供应链绿色决策的影响研究 [J]. 管理学报，2019，16（2）：297-305.

[9] 陈玲丽, 郭鹏, 韩二东. 碳税下基于模糊理论的供应链决策优化模型 [J]. 计算机集成制造系统, 2017, 23 (4): 860-866.

[10] 程发新, 袁猛, 孙立成, 等. 复合碳减排政策下闭环供应链网络均衡决策 [J]. 系统工程学报, 2019, 34 (4): 483-496.

[11] 程茜, 汪传旭, 徐朗. 考虑利他偏好的供应链定价和减排决策 [J]. 工业工程与管理, 2018, 23 (2): 159-166.

[12] 程永伟, 穆东. 供应链的碳税模式及最优税率 [J]. 系统管理学报, 2016, 25 (4): 752-758.

[13] 程永伟, 穆东, 马婷婷. 混合碳政策下供应链减排决策优化 [J]. 系统管理学报, 2017, 26 (5): 947-956.

[14] 邓若冰, 吴福象. 研发模式、技术溢出与政府最优补贴强度 [J]. 科学学研究, 2017, 35 (6): 842-852.

[15] 丁志刚, 徐琪. 碳限额与交易政策下供应链低碳技术投资时机研究 [J]. 北京理工大学学报 (社会科学版), 2015, 17 (5): 9-14.

[16] 樊世清, 汪晴, 陈莉. 政府补贴下的三级低碳供应链减排博弈研究 [J]. 工业技术经济, 2017, 36 (11): 12-20.

[17] 付秋芳, 忻莉燕, 马士华. 惩罚机制下供应链企业碳减排投入的演化博弈 [J]. 管理科学学报, 2016, 19 (4): 56-70.

[18] 甘秋明, 赵道致. 基于碳税的制造商——供应商减排研发合作研究 [J]. 西北工业大学学报 (社会科学版), 2015, 35 (4): 57-63.

[19] 高波, 石书生. 时间价格敏感需求下供应链协调研究 [J]. 工业工程, 2011, 14 (3): 39-43.

[20] G. 甘道尔夫. 经济动态学 [M]. 王小明, 李永军, 张亚

红，等译．北京：中国经济出版社，2003：200 – 208.

[21] 龚智强，谢政，戴丽．三方相互威慑讨价还价模型 [J]．经济数学，2015，32（2）：87 – 92.

[22] 郭继东，马书刚．总量－交易机制下制造商占优的供应链减排博弈分析 [J]．企业经济，2017，(6)：17 – 22.

[23] 胡培，代雨宏．基于消费者行为的低碳供应链定价策略研究 [J]．软科学，2018，32（8）：73 – 77.

[24] 江佳秀，何新华，胡文发．考虑碳补贴和企业社会责任的三级供应链减排策略 [J]．系统工程，2022，40（1）：97 – 106.

[25] 李剑，苏秦．考虑碳税政策对供应链决策的影响研究 [J]．软科学，2015，29（3）：52 – 58.

[26] 李敏，刘青．技术创新补贴和碳税约束下政府与企业行为博弈研究 [J]．东南大学学报（哲学社会科学版），2015，17（4）：91 – 99.

[27] 李晓妮，韩瑞珠．低碳经济下政府政策对供应链企业决策影响研究 [J]．科技管理研究，2016，(1)：240 – 245.

[28] 李友东，赵道致．考虑政府补贴的低碳供应链研发成本分摊比较研究 [J]．软科学，2014，28（2）：21 – 26.

[29] 李友东，赵道致，夏良杰．低碳供应链纵向减排合作下的政府补贴策略 [J]．运筹与管理，2014，23（4）：1 – 11.

[30] 李媛，赵道致．基于供应链低碳化的政府及企业行为博弈模型 [J]．工业工程，2013，16（4）：1 – 6.

[31] 李媛，赵道致．收益共享寄售契约下考虑碳减排的供应链绩效 [J]．管理工程学报，2016，30（3）：188 – 194.

[32] 林志炳，陈莫凡．基于企业社会责任的绿色制造策略及供

应链协调［J］.计算机集成制造系统，2020，26（11）：3108－3117.

［33］林志炳.考虑企业社会责任的绿色供应链定价与制造策略研究［J］.管理工程学报，2022，36（3）：131－138.

［34］刘超，慕静.随机需求与政府补贴条件下的低碳供应链协调［J］.运筹与管理，2016，25（4）：142－149.

［35］刘名武，万谧宇，付红.碳交易和低碳偏好下供应链低碳技术选择研究［J］.中国管理科学，2018，26（1）：152－162.

［36］龙超，王勇.碳税与补贴政策下三级供应链的减排合作研究［J］.预测，2018，37（5）：50－55.

［37］楼高翔，张洁琼，范体军，等.非对称信息下供应链减排投资策略及激励机制［J］.管理科学学报，2016，19（2）：42－52.

［38］鹿艳芬，张桂涛，孙浩，等.考虑碳税和产品绿色度的双渠道供应链网络均衡模型［J］.数学的实践与认识，2018，48（22）：53－64.

［39］孟卫军，姚雨，申成然.基于碳税的供应链合作减排补贴策略研究［J］.科技管理研究，2018，（9）：247－254.

［40］庞庆华，沈一，杨田田，等.考虑碳税和政府补贴政策的供应链碳减排协调研究［J］.江西理工大学学报，2017，38（6）：39－44.

［41］秦立公，张勇.碳限额与碳交易下考虑时间偏好差异的供应链联合减排动态博弈［J］.工业工程，2022，25（5）：55－64.

［42］邱若臻，黄小原.具有产品回收的闭环供应链协调模型［J］.东北大学学报（自然科学版），2007，28（6）：883－886.

［43］单而芳，王艳.基于碳税征收的供应链合作博弈分析［J］.工业工程，2017，20（4）：87－93.

［44］石松，颜波，石平．考虑公平关切的自主减排低碳供应链决策研究［J］．系统工程理论与实践，2016，36（12）：3079－3091．

［45］王道平，王婷婷，张博卿．基于微分博弈的供应链合作减排和政府补贴策略［J］．控制与决策，2019，34（8）：1733－1744．

［46］王道平，王婷婷．政府补贴下供应链合作减排与促销的动态优化［J］．系统管理学报，2021，30（1）：14－27．

［47］王道平，王婷婷．政府奖惩下供应链合作减排与低碳宣传的动态优化［J］．运筹与管理，2020，29（4）：113－120．

［48］王君，程先学，蒋雨珊，等．碳税政策下考虑参考碳排放的供应链成员行为选择研究［J］．中国管理科学，2021，29（7）：128－138．

［49］王垒，王苗，蔺康康．不同复合碳政策组合对异质性供应链决策的影响分析［J］．工业工程与管理，2020，25（1）：60－68．

［50］王一雷，朱庆华，夏西强．基于消费偏好的供应链上下游联合减排协调契约博弈模型［J］．系统工程学报，2017，32（2）：188－198．

［51］王勇，龙超．碳交易政策下三级供应链双领域减排合作［J］．系统管理学报，2019，28（4）：763－770．

［52］魏守道．碳交易政策下供应链减排研发的微分博弈研究［J］．管理学报，2018，15（5）：782－790．

［53］魏守道，周建波．碳税政策下供应链低碳技术研发策略选择［J］．管理学报，2016，13（12）：1834－1841．

［54］吴育华，刘喜华，郭均鹏．经济管理中的数量方法［M］．北京：经济科学出版社，2008：169－174．

［55］武志辉，陈东彦．动态背景下考虑顾客退货影响的供应链

协调问题 [J]. 控制与决策, 2020, 35 (1): 250 - 256.

[56] 夏良杰, 白永万, 秦娟娟, 等. 碳交易规制下信息不对称供应链的减排和低碳推广博弈研究 [J]. 运筹与管理, 2018, 27 (6): 37 - 45.

[57] 夏良杰, 郝旺强, 吴梦娇. 碳税规制下基于转移支付的供应链减排优化研究 [J]. 经济经纬, 2015, 32 (4): 114 - 120.

[58] 夏西强. 基于政府不同策略普通/低碳产品制造商竞争机理研究 [J]. 软科学, 2017, 31 (4): 139 - 144.

[59] 向小东, 陈美燕. 供应链企业信息共享演化博弈研究 [J]. 福州大学学报 (哲学社会科学版), 2011, 25 (5): 26 - 30.

[60] 向小东. 供应链合作伙伴选择的信号传递博弈模型研究 [J]. 数学的实践与认识, 2010, 40 (18): 65 - 72.

[61] 向小东, 李翀. 三级低碳供应链联合减排及宣传促销微分博弈研究 [J]. 控制与决策, 2019, 34 (8): 1776 - 1788.

[62] 向小东. 碳税政策下三级供应链减排微分博弈及协调研究 [J]. 数学的实践与认识, 2021, 51 (8): 25 - 38.

[63] 向小东. 碳限额与交易政策下三级供应链减排微分博弈及协调研究 [J]. 福州大学学报 (哲学社会科学版), 2020, 34 (3): 35 - 43.

[64] 谢鑫鹏, 赵道致. 低碳供应链企业减排合作策略研究 [J]. 管理科学, 2013, 26 (3): 108 - 119.

[65] 熊榆, 罗青林. 碳税约束下零售商减排成本分担合同研究 [J]. 科技管理研究, 2016, (9): 204 - 209.

[66] 熊中楷, 张盼, 郭年. 供应链中碳税和消费者环保意识对碳排放影响 [J]. 系统工程理论与实践, 2014, 34 (9): 2245 - 2252.

[67] 徐春秋，赵道致，原白云．低碳环境下供应链差异化定价与协调机制研究 [J]．运筹与管理，2015，24（1）：19-26．

[68] 徐春秋，赵道致，原白云．政府补贴政策下产品差别定价与供应链协调机制 [J]．系统工程，2014，32（3）：78-86．

[69] 杨惠霄，骆建文．碳税政策下的供应链减排决策研究 [J]．系统工程理论与实践，2016，36（12）：3092-3102．

[70] 杨仕辉，范刚．基于转移支付契约的两级供应链低碳减排博弈分析 [J]．安全与环境工程，2016，23（2）：11-18．

[71] 杨仕辉，付菊．基于消费者补贴的供应链碳减排优化 [J]．产经评论，2015，22（6）：104-115．

[72] 杨仕辉，付菊，杨景茜．碳补贴：生产企业 or 消费者？——基于集中决策两级低碳供应链优化视角 [J]．山东财经大学学报，2017，29（2）：78-85．

[73] 杨仕辉，孔珍珠，杨景茜．碳补贴政策下低碳供应链企业一体化策略分析 [J]．产经评论，2016，7（6）：27-38．

[74] 杨仕辉，王平．基于碳配额政策的两级低碳供应链博弈与优化 [J]．控制与决策，2016，31（5）：924-928．

[75] 叶同，关志民，陈大宇．碳政策下考虑异质消费者的供应链动态优化 [J]．工业工程与管理，2018，23（1）：14-22．

[76] 易明，程晓曼．碳价格政策视角下企业绿色创新决策研究 [J]．软科学，2018，32（7）：74-78．

[77] 游达明，朱桂菊．低碳供应链生态研发、合作促销与定价的微分博弈分析 [J]．控制与决策，2016，31（6）：1047-1056．

[78] 俞超，汪传旭，高鹏．不同市场权力结构下的制造商低碳技术创新策略 [J]．计算机集成制造系统，2019，25（2）：491-499．

[79] 俞超，汪传旭，任阳军．基于消费者补贴的多产品供应链碳减排和价格决策 [J]．上海海事大学学报，2018，39（1）：67-73．

[80] 张汉江，张佳雨，赖明勇．低碳背景下政府行为及供应链合作研发博弈分析 [J]．中国管理科学，2015，23（10）：57-66．

[81] 张李浩，宋相勃，张广雯，等．基于碳税的供应链碳减排技术投资协调研究 [J]．计算机集成制造系统，2017，23（4）：883-891．

[82] 张学龙，王军进，沈瑶婷．考虑碳排放权交易的低碳供应链批发价格协调研究 [J]．数学的实践与认识，2016，46（5）：95-101．

[83] 张艳丽，胡小建，杨海洪，等．政府补贴下考虑消费者策略行为的绿色供应链决策模型 [J]．预测，2017，36（2）：57-63．

[84] 张玉忠，柏庆国．碳税政策下时变需求依赖库存与价格的供应链协调模型 [J]．运筹学学报，2017，21（2）：1-12．

[85] 张云丰，秦滢，龚本刚．碳税政策下三级供应链碳减排与定价决策及社会福利研究 [J]．系统科学与数学，2023，43（5）：1177-1206．

[86] 赵道致，原白云，夏良杰，等．碳排放约束下考虑制造商竞争的供应链动态博弈 [J]．工业工程与管理，2014，19（1）：65-71．

[87] 赵道致，原白云，徐春秋．低碳环境下供应链纵向减排合作的动态协调策略 [J]．管理工程学报，2016，30（1）：147-154．

[88] 赵道致，原白云，徐春秋．考虑产品碳排放约束的供应链协调机制研究 [J]．预测，2014，33（5）：76-80．

[89] 郑月龙，张龄月，白春光，等．考虑政府碳减排补贴与谈判的供应链碳中和契约研究：博弈的视角 [J]．中国人口·资源与环境，2023，33（1）：171-185．

[90] 支帮东，陈俊霖，刘晓红. 碳限额与交易机制下基于成本共担契约的两级供应链协调策略 [J]. 中国管理科学，2017，25（7）：48-56.

[91] 周建波，魏守道. 低碳技术研发创新形式的策略选择 [J]. 哈尔滨商业大学学报（社会科学版），2018，（2）：74-81.

[92] 周维良，杨仕辉. "胡萝卜"还是"大棒"：驱动企业减排政策效应研究 [J]. 商业研究，2018，（5）：152-162.

[93] 周艳菊，胡凤英，周正龙，等. 最优碳税税率对供应链结构和社会福利的影响 [J]. 系统工程理论与实践，2017，37（4）：886-900.

[94] 朱晨，马静，李翚. 双重补贴下考虑低碳商誉的供应链决策和协调 [J]. 控制与决策，2023，38（11）：3261-3270.

[95] 朱庆华，夏西强，王一雷. 政府补贴下低碳与普通产品制造商竞争研究 [J]. 系统工程学报，2014，29（5）：640-651.

[96] 卓四清，韩雪. 碳补贴和时滞效应下低碳供应链微分博弈研究 [J]. 运筹与管理，2022，31（8）：7-14.

[97] 卓四清，韩雪. 碳补贴与零售商竞争下供应链合作方式的微分博弈研究 [J]. 管理工程学报，2023，37（2）：80-89.

[98] Bo Li, Weichun Chen, Chuanchao Xu, et al. Impacts of government subsidies for environmental-friendly products in a dual-channel supply chain [J]. Journal of Cleaner Production, 2018, 171: 1558-1576.

[99] Chen Xu, Hao Gang. Sustainable pricing and production policies for two competing firms with carbon emissions tax [J]. International Journal of Production Research, 2015, 53 (21): 6408-6420.

[100] Fouad El Ouardighi, Konstantin Kogan. Dynamic conformance

and design quality in a supply chain: an assessment of contract's coordinating power [J]. Annals of Operations Research, 2013, 211 (1): 137 – 166.

[101] Gaoxiang Lou, Hai Yang Xia, Jie Qiong Zhang, et al. Investment strategy of emission-reduction technology in a supply chain [J]. Sustainability, 2015, 7 (8): 10684 – 10708.

[102] Honghu Gao, Shifeng Liu, Daning Xing, et al. Optimization strategy of cooperation and emission reduction in supply chain under carbon tax policy [J]. Journal of Discrete Mathematical Sciences and Cryptography, 2018, 21 (4): 825 – 835.

[103] Huixiao Yang, Wenbo Chen. Retailer-driven carbon emission abatement with consumer environmental awareness and carbon tax: Revenue-sharing versus Cost-sharing [J]. Omega, 2018, 78: 179 – 191.

[104] Jen – Yi Chen, Stanko Dimitrov, Hubert Pun. The impact of government subsidy on supply chains' sustainability innovation [J]. Omega, 2019, 86: 42 – 58.

[105] Jian Cao, Xuemei Zhang, Gengui Zhou. Supply chain coordination with revenue-sharing contracts considering carbon emissions and governmental policy making [J]. Environmental Progress & Sustainable Energy, 2016, 35 (2): 479 – 488.

[106] Jianquan Guo, Lu He, Mitsuo Gen. Optimal strategies for the closed-loop supply chain with the consideration of supply disruption and subsidy policy [J]. Computers & Industrial Engineering, 2019, 128: 886 – 893.

[107] Jianteng Xu, Yuyu Chen, Qingguo Bai. A two-echelon sustainable supply chain coordination under cap-and-trade regulation [J].

Journal of Cleaner Production, 2016, 135: 42 – 56.

[108] Jing Cong, Tao Pang, Hongjun Peng. Optimal strategies for capital constrained low-carbon supply chains under yield uncertainty [J]. Journal of Cleaner Production, 2020, 256: 120339.

[109] Jingna Ji, Zhiyong Zhang, Lei Yang. Carbon emission reduction decisions in the retail-/dual-channel supply chain with consumers' preference [J]. Journal of Cleaner Production, 2017, 141: 852 – 867.

[110] Jiuh – Biing Sheua, Yenming J. Chen. Impact of government financial intervention on competition among green supply chains [J]. International Journal of Production Economics, 2012, 138 (1): 201 – 213.

[111] Kening Liu, Huaming Song. Contract and incentive mechanism in low-carbon R&D cooperation [J]. Supply Chain Management: An International Journal, 2017, 22 (3): 270 – 283.

[112] Krishnendu Shaw, Mohd Irfan, Ravi Shankar, et al. Low carbon chance constrained supply chain network design problem: a benders decomposition based approach [J]. Computers & Industrial Engineering, 2016, 98: 483 – 497.

[113] Lan Bai, Xianliang Shi, Honghu Gao, et al. Supply chain emission reduction optimization under consumer carbon sensitivity and carbon tax policy [J]. Environmental Engineering and Management Journal, 2018, 17 (7): 1645 – 1656.

[114] Lei Yang, Chenshi Zheng, Minghui Xu. Comparisons of low carbon policies in supply chain coordination [J]. Journal of Systems Science and Systems Engineering, 2014, 23 (3): 342 – 361.

[115] Lei Yang, Jingna Ji, Chenshi Zheng. Impact of asymmetric car-

bon information on supply chain decisions under low-carbon policies [J]. Discrete Dynamics in Nature and Society, 2016 (6): 1 – 16.

[116] Liangjie Xia, Tingting Guo, Juanjuan Qin, et al. Carbon emission reduction and pricing policies of a supply chain considering reciprocal preferences in cap-and-trade system [J]. Annals of Operations Research, 2018, 268 (1 – 2): 149 – 175.

[117] Licheng Sun, Xiaoxiao Cao, Majed Alharthi, et al. Carbon emission transfer strategies in supply chain with lag time of emission reduction technologies and low-carbon preference of consumers [J]. Journal of Cleaner Production, 2020, 264: 121664.

[118] Luo Ruiling, Fan Tijun. Influence of government subsidies on carbon reduction technology investment decisions in the supply chain [C]. International Conference on Service Systems and Service Management, 2015.

[119] Maxime C. Cohen, Ruben Lobel, Georgia Perakis. The impact of demand uncertainty on consumer subsidies for green technology adoption [J]. Management Science, 2016, 62 (5): 1235 – 1258.

[120] Min Yu, Jose M. Cruz, Dong "Michelle" Li. The sustainable supply chain network competition with environmental tax policies [J]. International Journal of Production Economics, 2019, 217: 218 – 231.

[121] Na Ma, Gaoxiang Lou. Supply chain contract arrangements of carbon abatement with consumer preferences [J]. Applied Mechanics and Materials, 2012, 261: 759 – 764.

[122] Nikunja Mohan Modak, Debabrata Kumar Ghosh, Shibaji Panda, et al. Managing green house gas emission cost and pricing policies in

a two-echelon supply chain [J]. CIRP Journal of Manufacturing Science and Technology, 2018, 20: 1 – 11.

[123] Qiang Hou, Jiayi Sun. Investment strategy analysis of emission-reduction technology under cost subsidy policy in the carbon trading market [J]. Kybernetes, 2020, 49 (2): 252 – 284.

[124] Qingguo Bai, Jianteng Xu, Satyaveer S. Chauhan. Effects of sustainability investment and risk aversion on a two-stage supply chain coordination under a carbon tax policy [J]. Computers & Industrial Engineering, 2020, 142: 106324.

[125] Qinpeng Wang, Daozhi Zhao, Longfei He. Contracting emission reduction for supply chains considering market low-carbon preference [J]. Journal of Cleaner Production, 2016, 120: 72 – 84.

[126] Raghu Nandan Giri, Shyamal Kumar Mondal, Manoranjan Maiti. Government intervention on a competing supply chain with two green manufacturers and a retailer [J]. Computers & Industrial Engineering, 2019, 128: 104 – 121.

[127] Seyed Reza Madani, Morteza Rasti – Barzoki. Sustainable supply chain management with pricing, greening and governmental tariffs determining strategies: A game-theoretic approach [J]. Computers and Industrial Engineering, 2017, 105: 287 – 298.

[128] Shan Yu, Qiang Hou, Jiayi Sun. Investment game model analysis of emission-reduction technology based on cost sharing and coordination under cost subsidy policy [J]. Sustainability, 2020, 12 (6): 2203 – 2221.

[129] Shaofu Du, Lili Zhu, Liang Liang, et al. Emission-dependent

supply chain and environment-policy-making in the "cap-and-trade" system [J]. Energy Policy, 2013, 57: 61 – 67.

[130] Shaojian Qu, Yongyi Zhou. A study of the effect of demand uncertainty for Low – Carbon products using a newsvendor model [J]. International Journal of Environmental Research and Public Health, 2017, 14 (11): 1 – 24.

[131] Shihui Yang, Jun Yu. Low-carbonization game analysis and optimization in a two-echelon supply chain under the carbon-tax policy [J]. Journal of Chinese Economic and Foreign Trade Studies, 2016, 9 (2): 113 – 130.

[132] Shilin Zhan, Zhengang Shu, Hao Jiang. Research on two-echelon green supply chain decision under government subsidy [J]. American Journal of Industrial and Business Management, 2018, 8 (3): 487 – 495.

[133] Steffen Jørgensen, Guiomar Martín – Herrán, Georges Zaccour. Dynamic games in the economics and management of pollution [J]. Environmental Modeling and Assessment, 2010, 15 (6): 433 – 467.

[134] Tsan – Ming Choi. Carbon footprint tax on fashion supply chain systems [J]. International Journal of Advanced Manufacturing Technology, 2013, 68 (1 – 4): 835 – 847.

[135] Wei Yu, Haitao Shang, Ruizhu Hanc. The impact of carbon emissions tax on vertical centralized supply chain channel structure [J]. Computers & Industrial Engineering, 2020, 141: 106303.

[136] Wen Jiang, Xu Chen. Optimal strategies for low carbon supply chain with strategic customer behavior and green technology investment [J]. Discrete Dynamics in Nature and Society, 2016 (5): 1 – 13.

[137] Xiang Xiaodong, Li Mingyue. Study on monitoring and incentive models for supply chain partnership [C]. The International Conference on Management Science and Artificial Intelligence, 2010.

[138] Xie J X, Wei J C. Coordinating advertising and pricing in a manufacturer-retailer channel [J]. European Journal of Operational Research, 2009, 197 (2): 785 – 791.

[139] Xing Yin, Xiaolin Chen, Xiaolin Xu, et al. Tax or subsidy? optimal carbon emission policy: a supply chain perspective [J]. Sustainability, 2020, 12 (4): 1 – 13.

[140] Xin Ma, William Ho, Ping Ji, et al. Coordinated pricing analysis with the carbon tax scheme in a supply chain [J]. Decision Sciences, 2018, 49 (5): 863 – 900.

[141] Xiutian Shi, Hau – Ling Chan, Ciwei Dong. Value of bargaining contract in a supply chain system with sustainability investment: an incentive analysis [J]. IEEE Transactions on Systems, Man, and Cybernetics: Systems, 2020, 50 (4): 1622 – 1634.

[142] Xujin Pu, Zhiping Song, Guanghua Han. Competition among supply chains and governmental policy: considering consumers' low-carbon preference [J]. International Journal of Environmental Research and Public Health, 2018, 15 (9): 1985 – 2005.

[143] Xu Qi, Xiao Lijun. A decision-making model of low-carbon supply chain based on government subsidy [J]. International Journal of Business and Management, 2016, 11 (2): 221 – 231.

[144] Yafei Zu, Lianghua Chen, Yi Fan. Research on low-carbon strategies in supply chain with environmental regulations based on differential

game [J]. Journal of Cleaner Production, 2018, 177: 527 – 546.

[145] Yeliang Sun, Dong Mu, Qian Zhang. Research on emission re-duction decisions in multi-echelon supply chain with low-carbon policy con-sidered [C]. International Conference on Logistics, 2016.

[146] Yi Yuyin, Li Jinxi. The effect of governmental policies of carbon taxes and energy-saving subsidies on enterprise decisions in a two-echelon supply chain [J]. Journal of Cleaner Production, 2018, 181: 675 – 691.

[147] Yong Liu, Bing-ting Quan, Qian Xu, et al. Corporate social responsibility and decision analysis in a supply chain through government subsidy [J]. Journal of Cleaner Production, 2019, 208: 436 – 447.

[148] Yongwei Cheng, Dong Mu, Yi Zhang. Mixed carbon policies based on cooperation of carbon emission reduction in supply chain [J]. Discrete Dynamics in Nature and Society, 2017 (1): 4379124.

[149] Yuyin Yi, Jinxi Li. Cost-sharing contracts for energy saving and emissions reduction of a supply chain under the conditions of government subsidies and a carbon tax [J]. Sustainability, 2018, 10 (3): 895 – 927.

[150] Zhang C T, Liu L P. Research on coordination mechanism in three-level green supply chain under non-cooperative game [J]. Applied Mathematical Modelling, 2013, 37: 3369 – 3379.

后　记

　　本书是在福建省社科规划项目"低碳政策下三级供应链减排运营微分博弈及协调机制研究"（项目批准号：FJ2018B039）的成果的基础上进一步研究、扩展而成的，并获得了福州大学经济与管理学院"福建省高峰学科"相关经费资助，同时获得了福州大学的"福建省软科学、福建省社科配套经费"部分资助。

　　本书能够顺利出版，经历了确定主题、项目申请、项目研究、编写目录、书稿写作、书稿校对等漫长过程。在此过程中得到了很多的支持与帮助，感谢帮助本书出版的所有相关单位及相关人员。尤其要感谢福建省社科规划项目的经费资助，感谢福建省高峰学科的经费资助，感谢福州大学的配套经费资助，感谢经济科学出版社应用经济分社李雪女士等工作人员对本书出版提供的支持与帮助。